MICHAEL COLLINS PIPER

STAATSGEHEIMNISSE

Verbrechen, Verschwörung und Vertuschung im 20. Jahrhundert

Eine Sammlung der Schriften von Michael Collins Piper Interview mit dem Autor und Rezensionen seiner Werke

ⓞMNIA VERITAS.

MICHAEL COLLINS PIPER

Michael Collins Piper war ein US-amerikanischer politischer Schriftsteller und Radiomoderator. Er wurde 1960 in Pennsylvania, USA, geboren. Er war ein regelmäßiger Mitarbeiter von The Spotlight und dessen Nachfolger American Free Press, Zeitungen, die von Willis Carto unterstützt wurden. Er starb 2015 in Coeur d'Alène, Idaho, in den USA.

Staatsgeheimnisse
Verbrechen, Verschwörung und Vertuschung im 20. Jahrhundert

Dirty Secrets
Crime, Conspiracy & Cover-Up During the 20th Century

Erstdruck in den USA: Juni 2005 American Free Press

Übersetzt und herausgegeben von
Omnia Veritas Limited

☉MNIA VERITAS.
www.omnia-veritas.com

EINLEITUNG

Ein Prophet ohne Ehre

Von Mark Glenn

„Wenn Sie wissen wollen, was in diesem Land vor sich geht, werden Sie es hier finden", sagte mir der Mann, der auf einer Rüstungsmesse hinter einem Tisch stand. Ich konnte sehen, dass sein Tisch mit allen möglichen Dokumenten gefüllt war, die denen auf dem Papier ähnelten, das er mir gerade gereicht hatte, sowie mit vielen anderen Büchern und Zeitungen. Ich schaute mir die Publikationen an, die er verkaufte, und erinnerte mich, dass ich ein Buch mit dem Titel *Behind Communism (Hinter dem Kommunismus)* gesehen hatte, und ich nahm mir vor, auf dieses Buch zurückzukommen. *Die Zionskontroverse* war ein anderes, das zu diesem Zeitpunkt ein wenig zu schwer verdaulich erschien. Es gab auch Zeitungen, eine mit dem Titel *Criminal Politics (Kriminalpolitik)* und eine andere, die aufgrund ihres professionellen Aussehens meine Aufmerksamkeit wirklich auf sich zog. Sie hieß schlicht *und* einfach *The Spotlight*.

Ich begann, *The Spotlight* zu durchsuchen, und stellte fest, dass mir ein Großteil der Informationen über Banken, die Vereinten Nationen und Israel sehr fremd war, aber nicht so fremd, dass ich es hätte sein müssen. Ich stieß auf einen Artikel über die Ermordung von JFK, was an sich schon ziemlich interessant gewesen wäre, aber es war der Name des Autors, der meine Aufmerksamkeit erregte, da er stolz seinen zweiten Vornamen erwähnte. Und das in einem Land, in dem die Menschen dies selten tun. Es gab keinen Bindestrich zwischen den beiden Namen und aus irgendeinem Grund wurde dieser zweite Vorname als integraler und unteilbarer Teil seiner Identität angesehen, und so wollte er auch bekannt sein. Was ich daraus gelernt habe, ist, dass sein zweiter Vorname, den er so stolz bei sich trug, wahrscheinlich der Name einer wichtigen Person in seiner Familie war und dass er stolz darauf war, sich mit dieser Person zu verbinden. Sein Name war Michael Collins Piper.

Neben der Tatsache, dass er seinen zweiten Vornamen benutzte, gab es auch etwas in seinem Vornamen, das mich zu seinem Artikel hinzog. Michael war der Name des Erzengels, dessen Bild ich immer gesehen hatte, als ich als kleiner Junge in der Kirche war. Ich hatte dieses Bild eines Engels, der ein Schwert schwingt und bereit ist, damit auf seinen Todfeind, den Teufel, einzuschlagen, der unter den Füßen dieses himmlischen Kriegers niedergesunken war und nichts tun konnte, schon immer geliebt. Ich mochte diesen Namen schon immer und hatte geplant, dass mein erster Sohn, wenn ich das Glück haben sollte, einen zu bekommen, ebenfalls diesen Namen tragen würde.

Es spielte keine Rolle, ob der Mann hinter dem Tisch wusste, dass ich ein großer Fisch war oder nicht. Ich war interessiert und er hatte mich am Haken. Ich steckte das Geldbündel wieder in die Tasche und saß da, las den Artikel über JFK und kümmerte mich nicht um die Leute um mich herum. Wenn der Mann, der hinter mir am Waffentisch saß, etwas tat oder sagte, das auf seine Enttäuschung hindeutete, hörte ich ihn nicht.

Der Artikel über JFK ähnelte einer schönen jungen Frau, die ich vor einigen Jahren im Italienischunterricht gesehen hatte; und wie sie konnte ich meinen Blick nicht von ihr abwenden. Ich verschlang jedes Wort dieses Artikels so schnell wie möglich, ohne an die intellektuelle Verdauungsstörung zu denken, die später daraus resultieren könnte. Ich war erschüttert von dem, was Michael Collins Piper sagte: dass eine ausländische Regierung - die angeblich ein Verbündeter Amerikas war - für die Ermordung unseres Präsidenten verantwortlich war. Er legte das alles sehr knapp und professionell dar, und nichts an seinem Vortrag roch nach akademischer Nachlässigkeit. Er sprach nicht über UFOs, Bigfoot oder das Ungeheuer von Loch Ness. Seine Doktorarbeit (und seine Präsentation) ähnelte nichts, was mir in meinen Geschichtsvorlesungen an der Universität begegnet war, auch wenn es offensichtlich war, dass es sich nicht um eine vorherrschende Theorie handelte. Ich drehte mich zu dem Mann hinter dem Tisch um, der mich angezogen hatte.

„Wollen Sie damit sagen, dass *Israel* John F. Kennedy getötet hat?", fragte ich schockiert. Er muss mich beobachtet haben, während ich den Artikel las, denn seine und meine Augen trafen sich, sobald ich zu ihm aufblickte. Das Gesicht des Mannes war ernst und er nickte einige Male langsam von oben nach unten, ohne zu blinzeln. „Es gibt noch viel mehr als das, mein Sohn", fügte er hinzu. Ich verschlang so viele Zeitungen von *The Spotlight*, wie ich nur konnte. Ich warf auch einen Blick auf die Bücher, die er zu verkaufen hatte, aber ich beschloss , dass die Zeitungen vorerst genügen würden. Obwohl mir das damals nicht klar war, handelte es sich um einen dieser lebensverändernden Momente, auf die der Einzelne zurückblickt und alle damit verbundenen Nebenwirkungen feststellen kann.

Im Rampenlicht begann ich, die Texte eines Schriftstellers namens Michael Collins Piper zu lesen. Ohne dass Herr Piper es merkte, sollte ich in den folgenden Jahren zu seiner Zweitbesetzung werden, und er sollte mein Mentor werden. Aus mehreren Kilometern Entfernung unterrichtete er mich, wie ein Jedi-Meister einen Padwan-Schüler unterrichtet. Während andere „avantgardistische" Schriftsteller von UFOs und Reptilien sprachen, baute er methodisch und akribisch das Bild einer Bestie aus, die die Kontrolle über die mächtigste Nation der Welt übernommen hatte. Wie ein Sonderstaatsanwalt listete er die Namen, Ereignisse, Daten und Besonderheiten der gefährlichsten kriminellen Verschwörung auf, die es in der Geschichte je gegeben hatte, und erhielt dafür nur wenig Anerkennung. Der Rest der Widerstandsbewegung war mehr an schwarzen Hubschraubern und UN-Truppen interessiert, die in den nationalen Wäldern stationiert waren, als daran, die Mechanismen der zionistischen Agenda zu verstehen. Nachdem ich jahrelang den Worten meines Großvaters zugehört hatte, kam schließlich etwas in Gang und ich begann, alles zu verstehen. Das lag vor allem an dem, was ich von Michael Collins Piper in einer populistischen Wochenzeitung namens *The Spotlight* gelernt hatte, die später von *American Free Press* abgelöst wurde.

Ohne es zu wissen, hatte Piper mich gelehrt, die Hintergründe dessen zu lesen, was in der politischen Welt vor sich ging, und insbesondere die Verwicklung dieses als Zionismus bekannten Gebildes. Dank seiner Analyse war es, als hätte ich eine Spezialbrille erhalten, ähnlich der, die man braucht, um einen dreidimensionalen Film zu sehen, ohne die das Bild unscharf und zweidimensional bleibt. Ich habe schon vor langer Zeit aufgehört, mich mit Leuten wie Rush Limbaugh und G. Gordon Liddy zu treffen, denn die Informationen, mit denen diese Männer (die in den letzten Jahren extrem populär geworden sind) versuchten, dem amerikanischen Volk hausieren zu gehen, waren vergleichsweise ein Kinderspiel. Sie waren Leichtgewichte, gelinde gesagt, denn es wurde klar, dass sie in Wirklichkeit die Bestie schützten, indem sie die Aufmerksamkeit auf andere Themen lenkten.

Schließlich ist der Tag gekommen, an dem ich all die Jahre des Studiums auf die Probe stellen kann. Wie jeder Postgraduierte, der einen Hochschulabschluss anstrebt, muss eine Dissertation dem Prüfungsausschuss vorgelegt werden. Es reicht nicht aus, viele Jahre lang an Vorlesungen teilzunehmen, um einen Hochschulabschluss zu erlangen. Er oder sie muss das, was er oder sie gelernt hat, in die Praxis umsetzen. Ich stand kurz davor, von meinem Mentor losgelöst und in den Krieg geschickt zu werden, wobei ich die Techniken anwenden sollte, die er mir beigebracht hatte, aber mit meinem eigenen Stil und meiner eigenen Spürnase.

Meine Dissertation begann an einem Tag, der Amerika für immer verändert hat - dem 11. September 2001 - und es bleibt abzuwarten, ob diese Veränderung zum Guten oder zum Schlechten sein wird. Um ehrlich zu sein, war ich nicht so überrascht wie die meisten Amerikaner von dem, was an diesem Tag geschah. Wie viele andere, die mit der Gewissheit gelebt haben, dass sich ein teuflisches Programm seinen Weg an die Spitze dieses Landes bahnt, hatte ich schließlich die Hand dieses Programms in vielen Dingen erkannt... Ruby Ridge, Waco, der Bombenanschlag auf das World Trade Center im Jahr 1993 und das bis dahin wichtigste von allen, Oklahoma City.

Die Tatsache, dass ich nicht überrascht war, hielt mich nicht davon ab, die Medienberichterstattung zu verfolgen, die den ganzen Tag über stattfand. Ich hatte aus Pipers Büchern gelernt, dass die Tagesordnung in den ersten Stunden nach solchen Operationen sehr vernachlässigt werden kann und dass in dieser Zeit die wichtigsten Informationen durch die Maschen der Zensur fallen. Piper hat jahrelang in ihren Artikeln gezeigt, wie in den ersten Stunden nach einer Operation noch entscheidendes Material vorhanden ist, um die Wahrheit darüber herauszufinden, was wirklich passiert ist. Diese Lektion lernte ich nach Oklahoma City, als *in* den Stunden nach der Explosion Berichte auftauchten, denen zufolge sich noch mehrere Bomben *im* Alfred-P.-Murrah-Gebäude *befanden*. Doch , am Ende des Tages gab es keine Erwähnung dieser Objekte, trotz der Tatsache, dass es unbearbeitetes Videomaterial gab, das in den ersten Stunden von Millionen von Menschen gesehen wurde und das zeigte, wie Teams von Bombenentschärfern vorsichtig mit Sprengkörpern umgingen.

Am 11. September verfolgte ich mit fanatischer Konzentration die ersten Berichte, um sicherzugehen, dass es sich nicht um irgendeinen Unfall handelte. Als ich erfuhr, dass ein zweites Flugzeug in die Trade Towers gerast war, wusste ich, dass eine Operation im Gange war. Nach allem, was ich vor und nach der Wahl Bushs gelesen hatte, deutete alles darauf hin, dass Amerika im Nahen Osten erneut in den Krieg ziehen würde, aber diesmal in einem weitaus größeren Ausmaß als in den vergangenen zehn Jahren. Zwei Monate vor dem 11. September hatte ich in den Zeitungen Artikel über die geplanten Operationen gelesen, die in Afghanistan vorbereitet wurden. George Bush Jr., der Sohn des Mannes, der 1991 Amerika zum ersten Mal in einen Krieg zugunsten des jüdischen Staates geführt hatte, hatte sich damals (zweifellos unter der Leitung seines Vaters) mit Personen umgeben, die alle mit großen Ölinteressen verbunden waren. Er hatte die Unterstützung der „Israel First"-Lobby und verfügte über eine beispiellose Menge an Geld für seinen Wahlkampf.

Was das alles bedeutete, war mir klar: Es war nur eine Frage von Minuten, bis die den Zionisten gehörenden US-Medien die Schuld auf eine schäbige, übel riechende und mörderische muslimische Organisation schieben würden, um einen groß angelegten Krieg im Nahen Osten zu rechtfertigen. Wie sich herausstellte, war es nur eine Frage von Minuten. Ein paar Stunden später klingelte mein Telefon wie verrückt. Alle meine Freunde, die von meiner Herkunft aus dem Nahen Osten wussten, wollten wissen, was ich davon hielt. Es war eine ärgerliche Erfahrung, wenn ich ehrlich bin. Selbst diejenigen, die dem Regierungs-/Medienkomplex in den letzten Jahren misstraut hatten, neigten in solchen Momenten immer noch dazu, „nach Hause zu Mama" zu gehen und weigerten sich, meinen Aussagen auch nur die geringste Glaubwürdigkeit zu schenken.

Wenn ich Dinge wie den Zionismus und sein Ziel, alles Land und alles Öl im Nahen Osten an sich zu reißen, erklärte, erntete ich nur gleichgültige Blicke und peinliches Schweigen. Wie der Rest von Amerika bevorzugten sie eine „Drive-Through"-Version der Wahrheit, die schnell zubereitet und leicht verdaulich war.

Außerdem schien der islamische Fundamentalismus für Individuen wie sie, deren politisches Leben ereignislos war, viel interessanter zu sein. Die meisten von ihnen waren konservative Christen, die es leid waren, dass ihr Glaube und ihre Werte angegriffen wurden, und die daher ihre aufgestaute Wut an dem ausließen, was damals ein sehr bequemes Ziel war, nämlich an den Mitgliedern der muslimischen Welt. Trotz all meiner Argumente gelang es mir nicht, sie davon zu überzeugen, dass sie von denselben Leuten über den Tisch gezogen wurden, die dafür verantwortlich waren, dass die christliche Kultur in der Kanalisation aufgegeben wurde.

Und in diesem Moment, ganz bescheiden, wurde mir klar, wie anstrengend es war, zu versuchen, einem Volk die Wahrheit zu bringen, das sie nicht hören wollte... zu versuchen, sie dazu zu bringen, einen Elefanten in einem Raum zu sehen, den man unmöglich übersehen konnte, den sie aber nicht anerkennen wollten. Ich raufte mir die Haare und es hatte nur ein paar Monate gedauert. Dann begann ich, Menschen zu bewundern, die seit Jahren das Gleiche taten und trotzdem weitermachten. Sie waren, um mit den Worten Jesu zu sprechen, die ersten, die sich der jüdischen supremakistischen Agenda widersetzten, *ehrlose Propheten in ihrem eigenen Haus;* und für mich war derjenige, der diese Liste anführte, Michael Collins Piper.

In diesem Moment erkannte ich meine Verantwortung in dieser Angelegenheit an - die Verantwortung, nicht tatenlos zuzusehen, wie diese Männer, die Michael Collins Pipers der Welt, all die Arbeit zu unserem Besten erledigten. Sie waren die Wächter, die versuchten, die Natur dieser Bestie zu enthüllen, die uns alle zu verschlingen drohte. Wenn sie nicht buchstäblich ihr Leben, ihre Freiheit und ihr Streben nach Glück für den Rest von uns riskiert hätten, wären wir heute nur noch eine Statistik. Die Gangster, die sie zu entlarven versuchten, waren wie Vampire, die das Tageslicht mehr als alles andere fürchteten, und in diesem Fall war das Tageslicht die Wahrheit, die Männer wie Michael Collins Piper über ihre Taten beleuchteten. Er und andere wie er waren keine Übermenschen, sie konnten nicht viel tun und nicht weit kommen, und wenn es keine Menschen gab, die bereit waren, die Fackel zu übernehmen, dann würde das Feuer mit Sicherheit sterben... und das war der Moment, in dem ich beschloss, diese Fackel meinerseits zu übernehmen.

Mark Glenn
11. September 2005

Mark Glenn ist der Autor von *No Beauty in the Beast: Israel ohne Mascara*

ABSCHNITT 1

AUFSÄTZE

KAPITEL I

Die Monica-Gate/Israel-Verbindung

Hillary Clinton könnte Recht haben: Es gibt eine „rechte Verschwörung", die darauf abzielt, ihren Mann zu vernichten. Aber erwarten Sie nicht, dass Hillary Ihnen sagt, welche „Rechte" hinter dieser Verschwörung steckt und wie der Skandal genutzt wird, um die US-Politik im Nahen Osten zu manipulieren.

Hillary Clintons Argument, dass eine „rechte Verschwörung" in Amerika hinter dem aktuellen Sex- und Meineidskandal steckt, der ihren Mann zu Fall bringen könnte, weist einen gravierenden Mangel auf: Schließlich waren es die großen amerikanischen Medien - allen voran *The Washington Post* und *Newsweek*, zu denen sich *die New York Times* und das *Time* Magazine gesellten - sowie die großen Netzwerke, die den Skandal aufbauschten und suggerierten, er könnte Bill Clinton zum Verhängnis werden. *Newsweek* selbst ließ George Stephanopoulos, einen langjährigen Vertrauten Clintons, über Clintons „Verrat" schreiben, und der junge Stephanopoulos, der heute Kommentator bei ABC ist, ging sogar auf Sendung, um die Möglichkeit eines Rücktritts und einer Anklage zu erwähnen.

Und niemand hat jemals eine dieser großen Medien beschuldigt, das Sprachrohr der „Rechten" - oder zumindest der amerikanischen „Rechten" - zu sein.

Allerdings könnte die First Lady mit ihrer Behauptung, dass eine „rechte Verschwörung" den „Monica-gate"-Skandal dynamisiert, den Finger auf etwas gelegt haben. Aber rechnen Sie nicht damit, dass die First Lady es wagen wird, den Verdacht aufzuwerfen, dass es nicht nur Teile der amerikanischen Rechten waren, die dazu beigetragen haben, den Skandal ins öffentliche Bewusstsein zu rücken.

Tatsächlich finden Sie, wenn Sie tief genug graben, eine Verbindung, die bis zur harten „Rechten" in Israel reicht und bis zum „Monica-gate" hier in Washington zurückverfolgt werden kann.

Es ist also vielleicht kein Zufall, dass zur gleichen Zeit, als die amerikanischen Sup porters des israelischen rechten Flügels - des Likud-Blocks - eine große (und bittere) PR-Kampagne gegen Präsident Clinton starteten, die großen amerikanischen Medien den Ball aufnahmen und plötzlich Behauptungen über eine neue „Sexcapade" Clintons in die Welt hinausposaunten.

Betrachten wir einige grundlegende Fakten (die von den Mainstream-Medien selbst berichtet wurden), die inmitten der ganzen Aufregung um die in die Welt gesetzten Behauptungen irgendwie untergegangen sind.

Erstens: Obwohl sich die Medien auf die ehemalige Mitarbeiterin des Weißen Hauses, Linda Tripp, und ihre Freundin Lucianne Goldberg als Hauptinitiatoren des „Monica-gate" konzentrierten, wies *die Washington Post* in einem am 28. Januar 1998 am Ende der Zeitung begrabenen Artikel eher umwegig darauf hin, dass die Anwälte von Paula Jones „zunächst mehrere anonyme Informationen erhielten, wonach Lewinsky eine sexuelle Beziehung zum Präsidenten gehabt haben könnte". Offenbar wurde der Präsident erst, nachdem Paula Jones' Anwälte Miss Lewinsky kontaktiert hatten, darüber informiert, dass seine (angebliche) Beziehung zu Lewinsky aufgedeckt worden war.

Zu diesem Zeitpunkt scheint es klar zu sein, dass weder Tripp noch Goldberg die Quelle waren, da sie andere Interessen hatten, die sie in der Clinton-Lewinsky-Affäre ausnutzen konnten. Vielmehr wandte sich Tripp direkt an den Sonderstaatsanwalt Kenneth Starr.

Daher lautet die große Frage: Wer informierte die Anwälte von Paula Jones darüber, dass es in der Beziehung des Präsidenten zu Monica Lewinsky eine „rauchende Pistole" geben könnte

Monica Lewinsky war - zumindest bis vor kurzem, wie es scheint - eine treue Anhängerin Clintons, und es war sicherlich nicht sie, die den Anwälten die Geschichte offenbarte. Folglich muss jemand aus dem engen Kreis des Präsidenten - oder ein Spion - die Beziehung des

Präsidenten zu Miss Lewinsky (ob sie nun unschuldig ist oder nicht) gegenüber Jones' Anwälten offengelegt haben.

Könnte es sein, dass es sich um ein Mitglied des Al-Gore-Lagers handelt, das dem Weißen Haus nahesteht und den Vizepräsidenten in das Oval Office bringen möchte? Dies ist natürlich Spekulation, aber nicht außerhalb des Bereichs des Möglichen.

Aber gehen wir noch einen Schritt weiter. Obwohl Michael Isikoff von *Newsweek* (herausgegeben vom Meyer-Graham-Imperium, dem auch *die Washington Post* gehört) der erste Journalist war, der die Geschichte offiziell „ausgrub", stellt sich nun heraus, dass laut der *Post*, die am 28. Januar 1998 beiläufig berichtete, ein gewisser William Kristol - allgemein als „Chefredakteur des konservativen *Weekly Standard*" beschrieben - einer der ersten gewesen war, der die Behauptungen „öffentlich erwähnte".

Die Rolle Kristols, der als einer der „Ersten" die Geschichte veröffentlichte, ist für das Verständnis der Gesamtsituation von entscheidender Bedeutung. Kristol ist nicht nur der Strohmann des milliardenschweren Medienmoguls Rupert Murdoch - einem wichtigen Verbündeten des Likud, Israels Hardliner -, sondern Kristol selbst ist der Sohn des Journalisten Irving Kristol und der Historikerin Gertrude Himmelfarb, zwei selbsternannten „ehemaligen Marxisten", die zu „neokonservativen" Figuren geworden sind, die seit langem enge Verbindungen zur „antikommunistischen Rechten" in Israel unterhalten.

Der junge Kristol ist wie seine Eltern ein „Likudnik" und hat die Entscheidung von Präsident Clinton, Israel „den Rücken zu kehren", scharf kritisiert.

Wichtig ist auch, dass Kristol wie Clinton in die Bilderberg-Gruppe eingeweiht wurde, das hochrangige Konklave der außenpolitischen Elite, das von den Familien Rockefeller und Rothschild dominiert wird, obwohl Kristol (offensichtlich) mit dem „republikanischen" Flügel der Bilderberg-Gruppe identifiziert wird.

Am 26. Januar 1998, als die Lewinsky-Affäre begann, sich auszuweiten und Clinton zu verschlingen, veröffentlichte Kristol einen an Clinton gerichteten Brief, in dem sie den Präsidenten drängte, einen Militärschlag gegen Israels verhassten Feind, den Irak, zu starten.

Der Brief wurde von Kristol und einer Vielzahl anderer prominenter amerikanischer Unterstützer der israelischen „Rechten" unterzeichnet, darunter der ehemalige Abgeordnete Vin Weber, ein langjähriger enger Verbündeter des Sprechers des Repräsentantenhauses Newt Gingrich, und Richard Perle, ehemaliger stellvertretender Verteidigungsminister und heute hochbezahlter Berater für israelische Interessen im Rüstungsbereich.

Zweitens ist es im Lichte der Verbindung zwischen Kristol und Murdoch interessant, dass Murdochs Fernsehsender Fox im Wesentlichen die Last in den Medien des Establishments anführt, indem er andere Netzwerke zur Konkurrenz zwingt.

Der Sender Fox News strahlte die Affäre fast ununterbrochen rund um die Uhr aus, selbst wenn andere Sendungen ausgestrahlt wurden. Selbst als andere Sendungen ausgestrahlt wurden, wurden sie aufgrund der neuesten Entwicklungen im Clinton-Skandal, so banal sie auch sein mögen, unterbrochen.

Eine Boulevardzeitung des Senders Fox ließ sogar einen angeblichen Spezialisten für „Körpersprache" ein Video von Clinton und Miss Lewinsky in einer Warteschlange ansehen, woraufhin der angebliche Spezialist erklärte, Clinton behandle das Mädchen, als sei sie „die First Lady".

Darüber hinaus wurden einige der schäbigsten Geschichten, die im Rahmen dieses aufkeimenden Skandals veröffentlicht wurden, von der *New York Post* sowie von anderen Nachrichtenpublikationen, die Herrn Murdoch gehören, veröffentlicht.

Es ist auch anzumerken, dass Starr in den letzten Tagen die Verfolgung des Skandals „verlangsamt" hat, der, wenn er in all seinen Facetten untersucht wird, auslaufen könnte. Schließlich ist noch nichts bewiesen.

Selbst der Verbraucherschützer Ralph Nader wies öffentlich darauf hin, dass die Presse trotz des Medienrummels und der Berichterstattung über bloße Behauptungen berichtet habe, als handele es sich um harte Fakten.

Könnte es sein, dass eine mächtige Lobbygruppe abwartet, um zu sehen, wie Clinton auf den Irak reagiert

Bei einer öffentlichen Veranstaltung in Charlotte, North Carolina, sorgte der Sprecher des Repräsentantenhauses, Newt Gingrich (R-Ga.), ein glühender Anhänger des Netanjahu-Regimes, kürzlich für Buhrufe in der überwiegend republikanischen Menge, als er erklärte, die Behandlung des israelischen Premierministers durch den Präsidenten sei „unter der Würde Amerikas".

Gingrich bezog sich auf Clintons Bemühungen, den israelischen Führer zu einer versöhnlicheren Haltung zu bewegen, um ein Friedensabkommen im Nahen Osten zu erreichen.

In der Zwischenzeit hat die First Lady in dem Bemühen, ihren Mann erneut zu unterstützen, den Prediger Jerry Falwell und seinen Freund, Senator Jesse Helms (R-N.C.), als Teil der „rechten Verschwörung" bezeichnet, die ihren Präsidenten angreifen will.

Was Hillary nicht erwähnte, war, dass Falwell und Helms - wieder einmal - der harten „Rechten" des Likud in Israel besonders nahe stehen und sich kategorisch gegen die Unterstützung aussprechen, die Präsidentin Clinton offenbar den Rivalen des Likud in der israelischen Arbeitspartei zukommen lässt, die sich viel stärker für den Friedensprozess ausgesprochen hat.

Frau Clinton unterstützte Herrn Netanjahu nicht bei den israelischen Wahlen, die die derzeitige extremistische Likud-Koalition an die Macht brachten, und sie war politisch peinlich berührt, als Herr Netanjahu gewann, indem er die Liberalen unter der Führung des gemäßigteren Herrn Shimon Peres besiegte. Letzterer predigte Frieden; Netanyahu keine Kompromisse.

Wie *The Spotlight* am 2. Februar 1998 berichtete, hatte sich der israelische Premierminister bereits vor seinem offiziellen Treffen mit Präsident Clinton mit Reverend Jerry Falwell, einem der schärfsten Kritiker Clintons, getroffen (und an einer Pro-Likud-Veranstaltung teilgenommen).

Spotlight stellte fest, dass sogar *die Washington Post* am 22. Januar 1998 enthüllt hatte, dass „ein hoher Beamter Netanjahus erklärt hatte, dass der israelische Führer bereit sei, auf den Widerstand des Weißen Hauses zu reagieren, indem er seine „eigene Munition" in den politischen Kreisen der USA zeige" - nämlich Falwell und die plakative pro-zionistische „Christliche Rechte".

In Israel selbst, so die *Post* vom 24. Januar 1998, habe sich die Presse „der Behauptungen Clintons bemächtigt". Die *Post* führt weiter aus, dass „das Interesse besonders groß zu sein scheint, weil Monica Lewinsky Jüdin ist".

In der Ausgabe der israelischen Tageszeitung *Yedioth Aharonoth* vom 22. Januar 1998 kommentierte Nahum Barnea ironisch: „Wir dachten unschuldig, dass das Schicksal des Friedensprozesses in den Händen einer , in Prag geborenen Jüdin namens Madeleine Albright liege. Offenbar liegt das Schicksal des Friedensprozesses in nicht geringerem Maße in den Händen einer anderen Jüdin, der 24-jährigen Monica Lewinsky aus Beverly Hills, die vor drei Jahren einen lustigen Sommer als Praktikantin im Weißen Haus verbracht hat".

Interessant ist, dass zu dem Zeitpunkt, als Barneas Kommentare in der *Newsweek-Ausgabe* vom 2. Februar 1998, die dem Skandal eine Sonderausgabe widmete, wiederholt wurden, *Newsweek* Barneas Worte sorgfältig editiert hatte, so dass sie nun wie folgt lauten: „Es stellt sich heraus, dass das Schicksal des Friedensprozesses von einer anderen Frau abhängt.

Tatsächlich zwang der Lewinsky-Skandal den Präsidenten dazu, sich in Bezug auf die Förderung Israels zurückzuziehen, sehr zur Freude des israelischen Likud.

Am 27. Januar ließ *die Washington Post* erneut die Katze aus dem Sack und erklärte: „Letzte Woche hat Clinton gezeigt, dass er die Israelis nicht dazu zwingen kann, ihre Verantwortung für den militärischen Rückzug zu übernehmen. Diese Woche [nach dem Skandal] ist sie noch weniger in der Lage, schon allein deshalb, weil die Mitglieder ihrer eigenen Partei, ganz zu schweigen von den Republikanern, eine Politik des verstärkten Drucks auf Israel nicht unterstützen werden".

Wer die Entwicklung des Clinton-Skandals verfolgt, muss sich sicherlich fragen, warum die Medien des Establishments in vielen

Fällen tatsächlich vorschnell urteilen, während sie gleichzeitig vergeblich versuchen, ein Bild der Unparteilichkeit zu zeichnen.

Es ist ein bisschen so, als ob es irgendwo an der Wand einen großen Schalter mit der Aufschrift „Get Clinton" gäbe und jemand ihn umlegt.

KAPITEL II

Ein Freund von Roosevelt erklärt: „FDR wusste im Voraus von Pearl Harbor".

Dutzende Bücher und Hunderte von Monografien wurden geschrieben, um zu beweisen, dass FDR weit im Voraus wusste, dass die Japaner ihren Angriff auf Pearl Harbor am 7. Dezember 1941 planten. Dennoch gab dies nur einer von FDRs Mitarbeitern zu.

Der amerikanische Journalist Joseph Leib, ein ehemaliger Mitarbeiter von Präsident Franklin D. Roosevelt, erfuhr eine Woche vor dem Anschlag, dass die Japaner kurz vor einem Angriff auf Pearl Harbor standen. Und zu seinem Entsetzen erfuhr er auch, dass FDR selbst von dem bevorstehenden Angriff wusste und beabsichtigte, ihn stattfinden zu lassen.

Leib, Gründer des ersten Clubs Roosevelt for President, erfuhr am Samstag, den 28. November 1941, von dem bevorstehenden Angriff. Es geschah Folgendes. An diesem Tag erhielt Leib einen dringenden Anruf von Außenminister Cordell Hull. Dieser bat Leib, ihn in der Nähe des Weißen Hauses zu treffen, und beide machten sich zu Fuß auf den Weg zum Lafayette Park, der gegenüber der Residenz des Staatsoberhaupts lag. Das ranghöchste Mitglied des Kabinetts beginnt Leib eine Geschichte zu erzählen, die den jungen Journalisten verblüfft.

Hull bricht in Tränen aus und erklärt dann die Gründe für seine Verwirrung. Hull erklärt Leib, dass die Japaner in den nächsten Tagen einen Angriff auf Pearl Harbor planen. Als Beweis übergibt der Außenminister Leib eine Abschrift der japanischen Funksprüche, die der US-Geheimdienst abgefangen hat.

Hull erklärt Leib, dass er sich aus einem einzigen Grund dafür entschieden hat, ihm diese Geschichte zu erzählen: In der Vergangenheit war Leib ein zuverlässiger Vertrauter. „Du bist der

Einzige, dem ich vertrauen kann", sagt Hull zu Leib, der sehr aufgeregt ist.

Leib forderte Hull daraufhin auf, weitere Details zu nennen. Daraufhin gab Hull zu, dass das Vorwissen über den bevorstehenden japanischen Angriff bis ins Weiße Haus selbst reichte.

Roosevelt will, dass wir in den Krieg ziehen", erklärt Hull, „und er ist bereit, einen Angriff auf Hawaii zu riskieren, um ihm die Gelegenheit zu geben, uns in den Krieg zu ziehen. Der Präsident ist über die Pläne genauestens informiert, ebenso wie [J. Edgar] Hoover beim FBI.

„Deshalb kann ich keine Pressekonferenz abhalten und das öffentlich darlegen", sagte Hull. „Der Präsident würde mich verpfeifen und niemand würde mir glauben.

Nachdem Leib dem Außenminister versprochen hatte, seine Quelle nicht preiszugeben, eilte er in die Büros von *United Press* und nahm eine Kopie der Abschrift der japanischen Radioüberwachung mit.

Bei *United Press* legte Leib die Geschichte dem Büroleiter Lyle Wilson vor. Wilson weigert sich, die Geschichte zu glauben, und Leib ist gezwungen, sich anderweitig zu betätigen.

Harry Frantz, ehemaliger Kabelredakteur bei *United Press*, erklärte sich bereit, die sensationelle Geschichte von Leib weiterzugeben, doch die endgültige Fassung war unvollständig. Nur eine einzige Zeitung auf der ganzen Welt veröffentlichte die Geschichte.

Die Ausgabe des *Honolulu Advertiser* vom 20. November titelte „Japaner könnten über das Wochenende angreifen" und stellte fest, dass die US-Streitkräfte auf Hawaii in Alarmbereitschaft waren. Doch der Artikel erwähnte nicht, wie Leib geschrieben hatte, dass das Ziel des japanischen Angriffs Hawaii - genauer gesagt Pearl Harbor in Honolulu - selbst sein würde.

Die Spekulationen der Militärs, die mit einem japanischen Angriff rechneten, aber nichts von der entschlüsselten Geheimbotschaft wussten, konzentrierten sich auf andere US-Einrichtungen im Pazifik, die näher an Japan lagen.

Die Journalisten waren über diese Spekulationen informiert. Hätte der *Advertiser* einen Artikel erhalten, der das Datum eines erwarteten Anschlags enthielt, aber verwirrend genug war, um das anvisierte Ziel zu verschleiern, wären die Schlagzeile und der Artikel, die er veröffentlichte, eine vernünftige Reaktion gewesen.

Im November 1941 war Honolulu eine „Militärstadt", und die von den Japanern im Pazifik durchgeführten Militäroperationen interessierten die Leser des *Advertiser* viel mehr als die Bewohner des Festlandes.

Wenn die Japaner eine amerikanische Einrichtung im Westpazifik angegriffen hätten, hätte dies zweifellos eine massive Bewegung von Marinepersonal und -material aus der Gegend von Honolulu beschleunigt, was die Redakteure dieser Zeitung viel empfänglicher für jede noch so verwischte Geschichte dieser Art gemacht hätte.

In einem Gespräch mit dem Autor im Februar 1984 betonte Leib, dass „wenn ich meine Geschichte zu diesem Zeitpunkt - in der Woche vor Pearl Harbor - hätte veröffentlichen können, Pearl Harbor nie stattgefunden hätte".

Tatsächlich wurde Cordell Hulls Behauptung, das FBI sei über den bevorstehenden Angriff auf Pearl Harbor informiert gewesen, einen Monat nach dem Angriff auf Pearl Harbor in einem kurzen Artikel im *Washington Times-Herald* aufgestellt. In späteren Ausgaben derselben Zeitung wurde dieser wichtige Artikel jedoch auf Druck von FBI-Direktor Hoover gestrichen. „Wir hatten damals keine freie Presse", sagte Leib, „und wir haben auch heute keine freie Presse".

Der Angriff auf Pearl Harbor überraschte Leib ebenso wenig wie Roosevelt. Doch ein Vorfall kurz nach dem Angriff überraschte Leib: Wilson von *United Press* rief Leib in sein Büro und überreichte ihm die von Roosevelt persönlich redigierte Pressemitteilung mit der Abschrift von FDRs „Tag der Schande"-Rede, in der er den Kongress aufforderte, Japan den Krieg zu erklären.

Leib fragte Wilson, warum er ihm dieses wertvolle Dokument gegeben habe. „Steve Early hat es mir gegeben", antwortete Wilson und bezog sich damit auf seinen engen Freund, der der Pressesprecher von FDR war. „Ich habe ihm gesagt, dass Sie mir die Geschichte vom bevorstehenden Angriff gebracht haben, ich sie aber nicht benutzt habe. Das war seine Art, mir zu danken".

„Wenn ich diese Geschichte benutzt hätte", bedauerte Wilson, „hätten wir Tausende von Leben retten können".

Wie Leib später bemerkte, hatte Roosevelt die USA jedoch bereits in die europäischen Konflikte verwickelt und damit den Boden für den Krieg bereitet. „Wir hatten acht Monate vor dem Krieg Leute im Ausland". In Bezug auf die Ergebnisse des Krieges bleibt Leib im Rückblick zynisch. „Wir, , haben den Zweiten Weltkrieg nicht gewonnen. Wir haben ihn verloren. Es waren die Sowjets, die den Zweiten Weltkrieg gewonnen haben.

Wir haben der UdSSR alles gegeben. Wir haben den Roten alles gegeben. „Und sogar vor Pearl, als Hitler nach Moskau drängte, haben wir 1,5 Milliarden Dollar ausgegeben, um die UdSSR zu retten. Hat das einen Sinn? Genau das ist passiert: Wir haben der UdSSR alles gegeben". Leib kommt zu dem Schluss, dass er nicht glaubt, dass es sich um einen Unfall handelte. „Es war beabsichtigt.

Leib erinnert sich, dass er FDR während des Präsidentschaftswahlkampfs 1932 gefragt hatte, was er tun würde, wenn er gewählt würde. „Er antwortete, dass eines der ersten Dinge, die er tun würde, die Anerkennung der UdSSR sein würde. Leib fragte FDR, warum er das tun wolle, und der Präsidentschaftskandidat antwortete: „Nun, die Sowjets haben einen großen Markt für unsere Produkte".

Leib war ratlos. Er wusste, dass die sowjetische Wirtschaft hinterherhinkte, und fragte FDR: „Wie werden sie unsere Produkte bezahlen?" FDR antwortete: „Nun, wir werden ihnen das Geld leihen."

Mit einer gewissen Ironie erinnerte Leib später daran, dass FDR einmal einen Brief an den britischen Premierminister Winston Churchill geschrieben hatte, in dem er ihm mitteilte, dass er den sowjetischen Diktator Josef Stalin um seinen Finger drehen könne. „In Wirklichkeit", so Leib, „ist genau das Gegenteil passiert.

Stalin hat Roosevelt um den Finger gewickelt". Und das führte natürlich dazu, dass die Sowjets eine Generation lang durch Osteuropa expandierten.

Leib's Erinnerungen an FDR, die Zeit des New Deal und den Zweiten Weltkrieg waren ziemlich genau. Mit einer gewissen Traurigkeit erinnerte er sich daran, wie FDR den Außenminister Cordell Hull, den er sehr mochte, behandelte. „Sie wären erstaunt, was Roosevelt mit ihm angestellt hat. Leib erzählt, dass Hull ihm eines Tages eine lange Liste von Unwürdigkeiten vorlegte, die er (Hull) von FDR erlitten hatte.

Laut Leib war „Hull kein New Dealer. Er war sehr verletzt von all dem, was vor sich ging. Aber er war des Senats müde, in dem er viele Jahre gedient hatte, und hatte sich bereit erklärt, in der Verwaltung zu dienen".

Laut Leib hat Hull nur aus einem Grund nie versucht, den Verrat des Präsidenten in Pearl Harbor zu melden: „Hull war ein alter Mann, und wenn er den Präsidenten gemeldet hätte, wollte er nicht unter dem Druck stehen, dem ich ausgesetzt war".

Leib merkt an: „Nach allem, was ich gegen Roosevelt getan habe, könnte man meinen, dass er mich öffentlich der Aufwiegelung beschuldigt hätte. Aber er hat es hinter den Kulissen getan".

Leib erinnerte an den berüchtigten „Aufruhrprozess", bei dem Kritiker von FDRs Außenpolitik in Wirklichkeit wegen Aufruhrs angeklagt wurden (bevor die Anklage fallengelassen und der Fall nach dem Tod des vorsitzenden Richters für ungültig erklärt wurde).

Leib erinnert sich mit besonderem Abscheu an die Behandlung des berühmten amerikanischen Dichters Ezra Pound. „Er trieb Roosevelt [mit seinen Radiosendungen aus Italien] in den Wahnsinn. Roosevelt hatte den Generalstaatsanwalt Francis Biddle so sehr bedrängt, um Pound zu bekommen, und schließlich hatten sie Erfolg. Biddle wollte es nicht, aber sie haben es schließlich geschafft. Ich finde, was sie Pound angetan haben, ist eine Schande".

(Nach dem Krieg war Pound über zehn Jahre lang im St. Elizabeth's Hospital, einer psychiatrischen Einrichtung in Washington, inhaftiert, nachdem er wegen falscher Anschuldigungen des Verrats offiziell für „verrückt" und verhandlungsunfähig erklärt worden war).

Die Erinnerungen, die Leib an „Roosevelt, den Mann" hat, sind ebenso präzise. „Man konnte ihm nicht glauben, was er sagte. Roosevelt war ein perfider Mann, und niemand stand ihm wirklich nahe. Jeder glaubte, ihm nahe zu sein, aber das war nicht der Fall.

„Ich habe gesehen, wie Roosevelt mit Leuten sprach, die ihm den Eindruck vermittelten, dass er mit ihnen übereinstimmte, obwohl das Gegenteil der Fall war". Leib erinnert sich z. B. an eine Gelegenheit, als FDR noch Gouverneur von New York war. Leib sah, wie FDR eine Gruppe von Verlegern bezirzte, die zu Besuch gekommen waren, aber kaum waren sie gegangen, gab Roosevelt eine Pressemitteilung heraus, die eine Botschaft enthielt, die genau das Gegenteil von dem war, was er den Verlegern gesagt hatte.

Mit einer gewissen Belustigung erinnerte Leib an die Wirkung von FDRs berühmten „Kamingesprächen". Leib betonte, dass „FDR die gleichen Kamingespräche führte, als er Gouverneur war: „Als er Gouverneur war, führte FDR die gleichen Kamingespräche und man nannte ihn einen Clown und sagte: „Hört euch diese Weichei-Stimme an." Als er jedoch Präsident wurde und das Gleiche tat, sagte man: „Was für ein wunderbarer Redner! Aber als er Präsident wurde und das Gleiche tat, sagten sie: 'Oh, was für ein wunderbarer Redner und was für eine große Persönlichkeit! Das ist es, was gute Werbung für jemanden bewirkt", sagte Leib. „Roosevelt war effektiv, schrecklich effektiv", erinnerte sich Leib.

„Zu viel". Tatsächlich war Leib durchaus qualifiziert, eine solche Einschätzung abzugeben. Er begann seine Karriere als glühender Anhänger Roosevelts, als nationaler Schlüsselorganisator der FDR-Präsidentschaftskampagne im Jahr 1932.

Über Verwandte lernte Leib Roosevelt 1928 kennen, als dieser die gescheiterte Präsidentschaftskampagne des Demokraten Al Smith unterstützte. Roosevelt kandidierte damals für seine erste Amtszeit als Gouverneur von New York. Im Jahr 1930, als FDR für eine zweite Amtszeit kandidierte, gründete Leib den ersten Club Roosevelt for President. Ende 1930 leitete Leib fast 100 Roosevelt-for-President-Clubs in 21 verschiedenen Staaten.

Leib kam nach dem Sieg bei den Präsidentschaftswahlen 1932 mit FDR nach Washington und lernte dort viele der hohen Beamten kennen, die FDR umgaben. Der oben erwähnte Staatssekretär Hull war einer derjenigen, mit denen er sich anfreundete.

Leib wurde jedoch zunehmend unzufrieden, als er den New Deal am Werk sah. Die National Recovery Administration, für die Leib arbeitete, untergrub kleine Unternehmen zugunsten von Großunternehmen, und die Agricultural Adjustment Administration, für die Leib ebenfalls arbeitete, ermutigte Landwirte, ihre Ernten, Milchprodukte und Tiere zu vernichten, während Millionen von Amerikanern kurz vor dem Verhungern standen.

Als Folge davon erklärte Leib: „Fast alle Männer, mit denen ich für Roosevelt gearbeitet habe, haben sich gegen ihn gewandt". Leib selbst trennte sich bald von FDR und begann, unabhängig zu arbeiten, indem er von Washington aus Reden, Pressemitteilungen und Zeitungsartikel verfasste.

„Acht Monate nach FDRs Wahl für seine zweite Amtszeit [1936] sagte ich voraus, dass er für eine dritte Amtszeit kandidieren würde, und alle lachten über mich". Tatsächlich war es Leib's Beharren auf der Enthüllung von FDRs Plan, eine dritte Amtszeit anzustreben, das zu Leib's Bruch mit seinem einstigen Helden und Mentor führte.

Leib stützt seine Anschuldigung, dass FDR eine dritte Amtszeit in Erwägung zog, auf einen Brief, den Franklin D. Roosevelt Jr. an ihn geschrieben hatte (Leib) und in dem er erklärte: „Die Notwendigkeit, eine solche Frage zu entscheiden, hat sich noch nicht ergeben, denn was wir heute denken, könnte in drei Jahren im Lichte von Umständen, die sich unserem Einfluss entziehen, wie etwa der Lage im Ausland, revidiert werden müssen". Das war, wie Leib anmerkt, drei Jahre vor dem Kriegseintritt der USA und zwei Jahre vor Hitlers Überfall auf Polen am 1. September 1939.

Dennoch bewarb sich FDR um eine dritte Amtszeit und nutzte, wie von Leib vorhergesagt, die „äußere Situation" - den Krieg - als einen der Gründe, um das amerikanische Volk um Unterstützung zu bitten, um mit der Tradition zu brechen, dass es keine dritte Amtszeit gibt.

In der Folge war Leib daher maßgeblich an der Verabschiedung des 22. Verfassungszusatzes beteiligt, der die Anzahl der Wahlperioden eines Präsidenten auf zwei begrenzte.

In einer Rede aus dem Jahr 1984 beklagte Leib die guten Erinnerungen, die viele Amerikaner, darunter der damalige Präsident Ronald Reagan, an Franklin D. Roosevelt hatten. „Das scheint universell zu sein", stellte er fest. „Ich fürchte, dass wir aufgrund dessen weiterhin Fehler machen werden und die Verantwortlichen ungeschoren davonkommen.

Leib selbst hatte jedoch gute Erinnerungen an einige der damaligen Führungsfiguren. „Burton Wheeler war wahrscheinlich ein ehrlicher Mann. Gerald Nye war ein anderer. Hamilton Fish war eine gute Seele. Robert Taft auch. Er war ein guter und ehrlicher Mann. Douglas MacArthur hätte ein guter Präsident sein können. Er war sicherlich ein besserer General als viele andere".

Nach Ausbruch des Krieges leitete Leib als unabhängiger Journalist eine persönliche Untersuchung der Profite aus Rüstungsgeschäften ein, die zu einer echten Untersuchung des Kongresses zu diesem Thema führte.

Leib wurde auch dafür gewürdigt, dass er das Sicherheitsbüro der Luftwaffe in Kriegszeiten erfolgreich reorganisiert und die fehlerhaften Produktionsmethoden für Flugzeuge korrigiert hatte. „Ich habe das nicht für irgendeine Belohnung getan", erklärte er. „Ich war zufrieden, weil ich wusste, dass ich Leben und Geld gerettet hatte.

Leib erhielt für seine Bemühungen eine besondere Auszeichnung vom Luft- und Raumfahrtverteidigungskommando und wurde von vielen Kongressmitgliedern für seine Arbeit weitgehend anerkannt. Mehrere Resolutionen, die die Verleihung der Ehrenmedaille des Kongresses an Leib forderten, wurden dem Kongress bei verschiedenen Gelegenheiten vorgelegt.

Darüber hinaus diente Leib selbst in der US-Armee und war danach sehr aktiv in Veteranengruppen. Er setzte sich in der Region Washington, D.C., in Arlington, Virginia, zur Ruhe, wo er auch verstarb.

KAPITEL III

Israelischer Angriff auf die *USS Liberty*

Hier erhalten Sie einen Einblick in die schockierenden Umstände rund um die Ermordung von 34 Amerikanern durch die israelischen Streitkräfte im Rahmen eines Terroranschlags, von dem nur wenige Amerikaner wissen. Tito Howards neuer Film *Loss of Liberty* ist der Dokumentarfilm, den Sie sich nicht entgehen lassen sollten und der all diese Details und noch viel mehr erzählt.

Am 8. Juni 1967 wurde die *U.S.S. Liberty*, ein im Mittelmeer fahrendes US-Kriegsschiff, plötzlich und absichtlich von den Marine- und Luftstreitkräften des Staates Israel angegriffen. Der Angriff fand mitten an einem sonnigen Nachmittag statt. Die amerikanische Flagge an Bord der *Liberty* wehte deutlich in der Brise. Drei unmarkierte israelische Flugzeuge, die von drei Torpedobooten begleitet wurden, führten den brutalen Angriff durch.

Der Angriff begann mit Raketen und wurde dann mit Napalm fortgesetzt, einer brennenden Chemikalie, die sich mit schrecklichen Ergebnissen an der menschlichen Haut festsetzte. Die Torpedoboote beschossen dann das Deck der *Liberty* mit ihren Maschinengewehren, während die amerikanischen Seeleute versuchten, die durch das Napalm verursachten Brände zu löschen. *Die Liberty* wurde daraufhin nicht nur einmal, sondern dreimal torpediert.

Wie durch ein Wunder sank es nicht. Vierunddreißig Amerikaner starben bei dem Vorfall und 171 weitere wurden verletzt. Als die Nachricht von dem Angriff das Weiße Haus erreichte, ließ Präsident Lyndon B. Johnson den Befehlshaber der Sechsten Flotte alarmiert, damit er sich auf eine Vergeltungsaktion vorbereitete, da er davon ausging, dass die Ägypter dafür verantwortlich waren. Später, als der Präsident erfuhr, dass die Israelis verantwortlich waren, hob er die Warnung wieder auf.

Die amerikanische Presse berichtete kaum über diese Tragödie. Die wenigen verfügbaren Informationen deuten darauf hin, dass es sich um einen „tragischen Fehler" handelte. Darüber hinaus unterschätzten die Medien die Zahl der Toten.

Anschließend wurde unter der Leitung von Admiral John S. McCain, dem Oberbefehlshaber der US-Marinestreitkräfte in Europa, eine Untersuchungskommission unter der Leitung von Konteradmiral I. C. Kidd. McCain und Kidd wussten es besser, , aber sie gaben trotzdem bekannt, dass der Angriff ein „Fall von Identitätsverwechslung" war.

(McCains Berichterstattung über Israels Massaker an den Jungen der US-Marine schmiedete eine einzigartige Verbindung zwischen der Familie McCain und Israel, so dass heute McCains Sohn John, der republikanische Senator von Arizona, Israels Lieblingsrepublikaner ist). Den Überlebenden der *Liberty* wurde befohlen, „zu schweigen". Jedem, der etwas sagte, wurde mit einem Kriegsgericht gedroht. „Wenn jemand Fragen stellte, mussten die Matrosen sagen, dass es sich um einen Unfall handelte. Die Überlebenden wurden über die ganze Welt verteilt, damit kein Mensch an denselben Ort geschickt wurde.

Der Vorfall wurde beiläufig in verschiedenen Medien erwähnt, aber zum ersten Mal wurde die schockierende Geschichte landesweit in *The Spotlight* am 26. April 1976 erzählt.

Doch bereits einen Monat nach der Tragödie, am 15. Juli 1967, teilte der Newsletter *The Washington Observer*, der von Personen herausgegeben wurde, die mit der Liberty Lobby, der populistischen Institution mit Sitz in Washington, verbunden sind, seinen Lesern mit, dass der israelische Angriff auf das US-Schiff tatsächlich vorsätzlich gewesen sei.

Es besteht kein Zweifel daran, dass die Israelis nicht nur vorhatten, *die Liberty* zu versenken, sondern auch die gesamte Besatzung zu töten, damit keine lebenden Zeugen auftauchen konnten, die mit dem Finger auf die Israelis zeigten. Die Israelis hofften, die Schuld für das Verbrechen auf die Araber abwälzen zu können - eine Technik der „falschen Flagge", die Israel bei seinen zahlreichen Terrorakten seit langem anwendet.

Israelische Verteidiger verlangen zu wissen, warum die Israelis die vollständige Zerstörung der *Liberty* und den Massenmord an allen an Bord wünschen würden. Die Erklärung ist einfach: Die *Liberty* war ein Spionageschiff - angeblich das damals modernste der Welt -, das Informationen sammelte, die gezeigt hätten, dass Israel entgegen der öffentlichen Propagandalinie Israels den damals laufenden Sechstagekrieg von 1967 durch den Versuch, seine Gebietsgewinne auszuweiten, intensivieren wollte und gleichzeitig einen Einmarsch in die arabischen Gebiete des Westjordanlands und des Gazastreifens plante. Dies hätte auch gezeigt, dass Israel und nicht die arabischen Staaten der eigentliche Aggressor war und die Absicht hatte, in Syrien einzumarschieren.

Ein *Spotlight-Bericht* vom 21. November 1977 verwickelte den Chef der CIA-Gegenspionage, James J. Angleton, in die Orchestrierung des Angriffs auf die *Liberty* mit Israel. Als treuer Anhänger Israels leitete er die Verbindung zwischen der CIA und dem israelischen Geheimdienst Mossad und spielte eine Schlüsselrolle bei der Unterstützung Israels beim Aufbau seines Atomwaffenarsenals (unter Missachtung von Präsident John F. Kennedy). Angleton glaubte, dass die Zerstörung der *Liberty* als ein Vorfall wie „Pearl Harbor" oder „Remember the Maine" genutzt werden könnte, um die amerikanische Leidenschaft gegen die Araber zu entfachen.

1983 wurde ein streng geheimer Bericht, der 1967 vom Rechtsberater des US-Außenministers erstellt worden war, zum ersten Mal (ohne Fanfaren) veröffentlicht. In diesem Bericht wurden Israels Behauptungen, der Angriff sei ein Fehler gewesen, bewertet. Der Bericht belegte, dass Israels Behauptungen Lügen waren. Zum Beispiel:

- Die Israelis behaupteten, dass sich die *Liberty* mit einer hohen (und daher verdächtigen) Geschwindigkeit von 28 bis 30 Knoten bewegte. In Wirklichkeit trieb das Schiff mit nur 5 Knoten.

- Die Israelis behaupteten, die *Liberty* habe sich geweigert, sich zu identifizieren. Tatsächlich wurden die einzigen Signale von den israelischen Torpedobooten erst nach dem Start des Angriffs gesendet, sodass 25 Seeleute bereits tot waren, als die *Liberty* von einem israelischen Torpedo getroffen wurde.

- Die Israelis behaupteten, *die Liberty* habe weder eine amerikanische Flagge noch ein Erkennungszeichen getragen. Tatsächlich wehte auf der *Liberty* nicht nur eine amerikanische Flagge im Wind, sondern nachdem diese Flagge heruntergeholt worden war, wurde eine andere, viel größere Flagge von den amerikanischen Seeleuten gehisst, als sie merkten, dass sie von Kräften angegriffen wurden, die mit „unserem Verbündeten Israel" auffällig „befreundet" waren. Außerdem waren der Name und die Identifikationsnummern der *Liberty* deutlich auf dem Rumpf zu sehen, der gerade erst gestrichen worden war.

Überlebenden der *Liberty* zufolge hatte das israelische Flugzeug das Schiff vor Beginn des Angriffs tatsächlich mehrere Stunden lang nicht weniger als 13 Mal umkreist. Einige Seeleute der *Liberty* grüßten sogar die „freundlichen" Israelis vom Deck des Schiffes aus, ohne zu wissen, dass sie kurz darauf vernichtet werden würden.

Im Folgenden finden Sie einige Kommentare von amerikanischen Überlebenden des israelischen Angriffs auf die „*Liberty*". Ihre Ansichten spiegeln die vieler anderer Überlebender wider. Könnten all diese US-Militärs „irren" oder „lügen" - wie die Verteidiger Israels behaupten -, was die Schuld Israels an dem tragischen Fall der *Liberty*

- Ernie Gallo: „Am Tag vor [dem Angriff] war ich oben, als israelische Flugzeuge kamen - und zwar sehr nah, so dass wir den Piloten zuwinken konnten - und sie waren so nah, dass wir zurückwinken konnten".

- Rick Aimetti: „Es war ein sehr klarer Tag. Es war warm, die Sonne schien, es wehte eine schöne Brise und ich erinnere mich noch genau, wie ich die [amerikanische] Flagge im Wind flattern hörte."

- Phil Tourney: „Es gab etwa dreizehn Ausfahrten unseres Schiffes von sechs Uhr mittags bis zwölf Uhr mittags. Wir hatten eine allgemeine Quartierübung, die etwa fünfundvierzig Minuten dauerte".

- Stan White: „Ich ging auf die Brücke, ein Flugzeug flog vorbei und ich schaute ins Cockpit. Es winkte mir zu. Ich habe gewunken. Das zeigt, wie nah sie uns waren. Sie wussten, wer wir sind".

- George Golden: „Von all den Aufklärungsflügen, die sie an diesem Morgen unternahmen - sie beobachteten unser Schiff sechs bis sieben

Stunden lang - hatten sie eine gute Vorstellung von dem, was sie taten, und sie schlugen uns hart und schnell mit allem, was sie hatten".

- James Smith: „Ich war während des gesamten Angriffs auf der Brücke, um Brände zu bekämpfen und andere Arbeiten zur Schadensbegrenzung durchzuführen. Gleichzeitig konnte ich die Düsenflugzeuge beobachten, die über mir flogen, und ich beobachtete auch die amerikanische Flagge, die am Mast wehte. Zu keinem Zeitpunkt hing diese Flagge am Mast".

Joe Meadors: „Meine einzige Aufgabe während des Angriffs war es, dafür zu sorgen, dass die Flagge wehte, also ging ich alle paar Minuten auf die Signalbrücke am Mast.

Amerikanische Überlebende des brutalen Terrorangriffs Israels auf die *USS Liberty* sagten, dass die Art des Angriffs zweifellos ein Kriegsverbrechen darstellte.

Lloyd Painter, ein Überlebender, erinnert sich: „Ich habe persönlich miterlebt, wie die Rettungsflöße, die in der Nähe vorbeifuhren, mit Maschinengewehrfeuer beschossen wurden. Die Besatzungsmitglieder der israelischen Torpedoboote feuerten mit Maschinengewehren auf die Rettungsflöße und stellten sicher, dass, wenn sich jemand in den Flößen befunden hätte, er nicht überlebt hätte". Ein anderer Überlebender, Don Bocher, betonte, dass die Pläne, das Schiff zu verlassen, aufgehoben wurden, weil die Rettungsflöße zerstört worden waren. Tatsächlich ist es ein Kriegsverbrechen, auf die Rettungsflöße eines in Seenot geratenen Schiffes zu schießen.

Josey Toth Linen, deren Bruder Stephen auf der *Liberty* starb, betont ebenfalls: „Mein Bruder wurde auf das Deck des Schiffes geschickt, um herauszufinden, wer die Flugzeuge waren und woher sie kamen. Sie trugen keine Markierungen. Das war gegen die Genfer Kriegsregeln.... Er wurde von den Flugzeugen niedergemäht".

Folglich hat Israel bei seinem ungerechtfertigten Angriff auf das befreundete amerikanische Schiff tatsächlich Kriegsverbrechen begangen.

David Lewis, ein Überlebender, fügt hinzu: „Wenn [das Schiff] gesunken wäre, hätte man wohl Ägypten beschuldigt, als die Trümmer am nächsten Tag an die Küste gespült worden wären.... Die Kampfhubschrauber, da bin ich mir sicher, hätten die Überlebenden eingesammelt, wenn wir das Schiff verlassen hätten. Sie wurden losgeschickt, um uns zu erledigen. Die Flugzeuge wurden geschickt, um uns in Einzelhaft zu nehmen, damit wir kein SOS-Signal absetzen konnten. Die Torpedoboote wurden geschickt, um uns zu versenken.

„Und die Hubschrauber wurden losgeschickt, um die Überlebenden zu bergen. Es war eine perfekt durchgeführte Militäroperation. Wenn Sie sich die Fotos der *Liberty* nach dem Angriff ansehen, werden Sie sehen, dass sie beim ersten Maschinengewehrfeuer zielsuchende Raketen einsetzten, die die Abstimmungssektion jedes Senders auf dem Schiff zerstörten. In weniger als zwei Sekunden haben sie unsere gesamte Kommunikationsfähigkeit unterdrückt".

Der Kapitän des Schiffes, W. L. McGonagle, schloss sich den Sorgen der anderen Überlebenden an und stellte fest, dass „die Heftigkeit des Angriffs darauf hinzudeuten schien, dass die Angreifer die Absicht hatten, das Schiff zu versenken: „Die Heftigkeit des Angriffs zeigte, dass die Angreifer die Absicht hatten, das Schiff zu versenken.

Vielleicht hofften sie, dass es keine Überlebenden geben würde, um nicht für den Angriff verantwortlich gemacht zu werden, nachdem er stattgefunden hatte".

KAPITEL IV

Ein Amerikaner indianischer Abstammung meldet sich zu Wort: Der Holocaust ist vorbei; genug ist genug

Die Kontroverse „Wer erschoss John F. Kennedy?" hat ebenso viel Aufmerksamkeit erregt wie „Der Holocaust". Es war daher vielleicht unvermeidlich, dass sich diese beiden Kontroversen, die nichts miteinander zu tun haben, schließlich ein für alle Mal miteinander verwickelten. Ohne es zu wollen, spielte ich eine Rolle in diesem seltsamen Phänomen.

Im Sommer 1997 wurde ich eingeladen, auf einem Seminar eines Community College *in* Orange County, Kalifornien, über mein Buch *Final Judgment: The Missing Link in the JFK Assassination Conspiracy* (*Das letzte Urteil: Das fehlende Glied in der JFK-Attentatsverschwörung*) zu sprechen. Die These des Buches ist, dass der israelische Geheimdienst Mossad neben der CIA und dem Verbrechersyndikat Meyer Lansky eine führende Rolle bei der Ermordung von Präsident Kennedy gespielt hat.

Fast augenblicklich wurden der Seminarsponsor und ich von einer landesweiten Mediensperre getroffen, die von der Anti-Defamation League (ADL) von B'nai B'rith angestiftet worden war. Die ADL erklärte der Presse (die die Behauptung freundlicherweise wiedergab), dass ich ein „Holocaust-Leugner" sei und dass man mir allein aus diesem Grund die Gelegenheit verweigern sollte, mein Buch zu diskutieren.

In Wirklichkeit hat mein Buch absolut nichts mit dem Holocaust zu tun, aber offenbar hatte die ADL festgestellt, dass der beste Weg, mich in den Augen der Öffentlichkeit und der akademischen Gemeinschaft zu diskreditieren, darin bestand, die ultimative Verleumdung in die Welt zu setzen, nämlich dass ich (Gott bewahre) „den Holocaust geleugnet" hätte.

Entschlossen, die Aufmerksamkeit von dem abzulenken, was mein Buch wirklich behandelt - die Rolle des israelischen Mossad bei der Ermordung von JFK -, hatte die ADL offensichtlich beschlossen, dass Behauptungen über meine angeblichen Ansichten zum Holocaust der beste Weg waren, die Öffentlichkeit zu erschüttern und einen Sturm der Entrüstung auszulösen - einen „Holocaust" sozusagen -, um mich daran zu hindern, gehört zu werden.

Vielleicht hätte ich nicht überrascht sein sollen. Immerhin erklärte der israelische Historiker Yehuda Bauer gegenüber der *Associated Press* (wie *The* (Portland) *Oregonian* am 21. Dezember 1988 berichtete), dass „jeder Politiker heute den Holocaust benutzt, um seine politische Agenda zu untermauern".

Tatsächlich besteht kein Zweifel daran, dass „der Holocaust" für den Staat Israel zu einem mächtigen politischen Instrument in der globalen Arena geworden ist.

Am 24. April 1998 machte der israelische Premierminister Binyamin Netanyahu bei einer Gedenkfeier in Auschwitz deutlich, dass er die USA - oder die Welt - niemals „den Holocaust" vergessen lassen werde. Er stellte auch klar, dass, ja, sogar die USA, die in den europäischen Krieg eingriffen, um Hitler zu stoppen, ebenfalls für den „Holocaust" verantwortlich waren. Laut dem israelischen Premierminister „genügte es, die Eisenbahnstrecken zu bombardieren. Die Alliierten bombardierten Ziele in der Nähe. Die Piloten mussten nur auf ihr Fadenkreuz zielen. Glauben Sie, dass sie es nicht wussten? Sie wussten es.

Sie haben nicht bombardiert, weil die Juden damals keinen Staat und keine militärische und politische Kraft hatten, um sich zu schützen".

Kurz gesagt: Wenn man glaubt, dass die Nazis tatsächlich an einem Massenvernichtungsprogramm - Massenvergasungen - in Auschwitz beteiligt waren, dann haben die Alliierten wissentlich Juden sterben lassen.

Dies wird sicherlich die Millionen amerikanischer Veteranen des Zweiten Weltkriegs überraschen, die ihr Leben riskierten, um die europäischen Juden aus Hitlers Klauen zu retten. Diese Behauptung wird auch die Millionen Amerikaner zum Nachdenken bringen, die ihre

Väter und Söhne in diesem tragischen Krieg haben sterben sehen. Nun wird uns jedoch gesagt, dass es, weil Hitler sechs Millionen Juden tötete und die Alliierten sie sterben ließen, die Pflicht jedes auf diesem Planeten lebenden Nichtjuden sei, Buße zu tun beim Staat Israel, der winzigen Nation, die „aus der Asche des Holocaust aufersteht".

Es war daher fast unvermeidlich, dass die Frage nach dem „Holocaust" auf die eine oder andere Weise in die Debatte - oder Nicht-Debatte, je nachdem - über die These meines Buches eingebracht wurde, die es wagte, etwas weniger als Angenehmes über Israel zu sagen.

Letztendlich wurde wegen der Holocaust-Frage dieses Universitätsseminar über die Ermordung von JFK abgesagt und ich hatte nie die Gelegenheit, über das Buch oder, wenn ich es so nennen darf, über den Holocaust zu sprechen.

Aber diese „Holocaust-Leugnung"-Behauptungen haben mich zum Nachdenken über dieses Thema gebracht - und ich denke, ich muss der ADL dafür danken.

Tatsächlich erfuhr ich zum ersten Mal, dass die ADL behauptete, ich sei ein „Holocaust-Leugner", als mich ein junger Journalist der *Los Angeles Times* kontaktierte und anfing, mir Fragen über den Holocaust zu stellen.

Gleich zu Beginn sagte ich dem Journalisten Folgendes: „Zunächst einmal geht es in meinem Buch um die Ermordung von JFK: „Zunächst einmal geht es in meinem Buch um die Ermordung von JFK. Es hat nichts mit dem Holocaust zu tun. Das Attentat auf JFK fand 1963 statt. Der Holocaust endete 1945. Meine Meinung darüber, was während des Holocausts geschah oder nicht geschah, hat nichts mit meinem Buch über die Ermordung von JFK zu tun. Das ist ein ganz anderes Thema".

Doch der Journalist lässt sich nicht beirren. „Er fragte mich, was ich über den Holocaust denke. Ich antwortete ihm, dass mich das Thema nicht sonderlich interessiere, dass es aber aufgrund eines scheinbar ununterbrochenen Stroms von Berichten, neuen Büchern, Fernseh- und Filmsoaps und anderen Medien-"Ereignissen" für jeden in der modernen Welt praktisch unmöglich sei, nicht von diesem Thema gehört zu haben.

Doch das stellte den Journalisten nicht zufrieden, und als alles gesagt und getan war, berichtete er auf den Seiten der *Los Angeles Times* Folgendes: „In Bezug auf seine Ansichten zum Holocaust sagte Piper, dass er die Zahl von 6 Millionen Juden, die durch die Hände der Nazis starben, anzweifle, und bezog sich dabei auf Behauptungen, dass die Zahl in Wirklichkeit viel niedriger sei und dass kein einziger Jude in den Gaskammern getötet worden sei".

Zunächst einmal hat die *Los Angeles Times* gelogen. Ich habe mich nie auf Behauptungen bezogen, wonach keine Juden in Gaskammern getötet worden seien. Tatsächlich ist der Ausdruck „Gaskammern" nicht ein einziges Mal über meine Lippen gekommen. Und ich habe auch *nicht* gesagt, wie die *Times* berichtete, dass ich die vielbeachtete Zahl von „sechs Millionen Juden", die durch die Hände der Nazis starben, anzweifle.

Stattdessen sagte ich auf die Frage, ob ich die Zahl „sechs Millionen" anzweifle, dass es neue Behauptungen (aus jüdischen Quellen) gebe, wonach die Zahl viel höher sei als die angepriesenen „sechs Millionen".

„Was die Zahlen angeht", sagte ich zu ihm, „habe ich die Zahl von sechs Millionen mein ganzes Leben lang gehört. Man kann sich nicht umdrehen, ohne etwas darüber in der Presse zu lesen, die ganze Zeit.

Allerdings", so fügte ich hinzu, „haben einige jüdische Historiker in den letzten Jahren behauptet, dass diese Zahl sieben Millionen oder sogar acht Millionen betragen würde. Ich weiß also nicht, wie hoch diese Zahl ist". Ich war nicht dabei. Es geschah - was auch immer es war - mindestens 15 Jahre vor meiner Geburt und mehrere tausend Kilometer von der amerikanischen Kleinstadt entfernt, in der ich aufwuchs

Ich verwies den Journalisten auf die *Washington Post* vom 20. November 1996, die Ausgabe der renommierten *Jerusalem Post* für die Woche bis zum 23. November 1996 und die Ausgabe der in New York ansässigen *Jewish Press* vom 23. Mai bis 30. Mai 1997, die *alle* berichteten, dass die Zahl der jüdischen Opfer des Holocaust (von jüdischen Quellen) auf mindestens sieben Millionen oder sogar noch mehr aufgebläht worden sei. Die *Los Angeles Times* - *auf* Befehl der ADL - berichtete jedoch nicht über diese Information, weil sie natürlich nicht in die Propagandalinie passte, die sie zu fördern versuchte.

Obwohl die *Times* also vom Holocaust besessen war, berichtete sie nie darüber, was ich wirklich zu diesem viel diskutierten Thema zu sagen hatte, obwohl sie kostenlos hinzufügte, dass ein amerikanisch-jüdischer Autor, Gerald Posner, der ein Buch über den Holocaust geschrieben hat (sowie ein viel beworbenes Buch, in dem behauptet wird, dass hinter der Ermordung von JFK keine Verschwörung stecke), erklärte, dass meine spezielle These über die JFK-Verschwörung - dass der israelische Mossad darin verwickelt sei - „ähnlich der Idee sei, dass der Holocaust ein Hoax sei".". (Da ist er wieder, der alte Holocaust!)

Es ist jedoch recht interessant, dass die ADL, da sie bis vor kurzem behauptete, dass „Holocaustleugnung" darin bestehe, „zu leugnen, dass der Holocaust jemals stattgefunden hat", darauf achtet, dass die so genannte „Holocaustleugnungsbewegung" Details des Holocaust bestreitet, wie z. B. die tatsächliche Zahl der Juden, die starben. Doch trotz all dessen, trotz der wachsenden Zahl von Presseartikeln über die tatsächliche Zahl der Toten, wird der Diskurs über die „Leugnung des Holocaust" fortgesetzt.

Und während ich damit beschäftigt war, die Fragen der Medien zu meiner Haltung in der Holocaust-Frage abzuwehren - als ob ich irgendwie dazu verpflichtet wäre, Stellung zu beziehen -, gab es noch etwas anderes, das ich schnell hervorhob: Mein Vater und drei seiner Brüder waren während des Zweiten Weltkriegs an der Rettung von Holocaust-Opfern beteiligt. Mit anderen Worten: Sie waren Mitglieder der US-Armee. Zwei Piper-Jungen waren in der US-Armee, einer war Pilot bei der Marine und mein Vater war ein Soldat der US-Armee.

Die Soldaten der Luftwaffe waren Seeleute, die an erbitterten Kämpfen im Pazifik teilnahmen. Sie riskierten ihr Leben, um gegen Nazi-Deutschland und das kaiserliche Japan zu kämpfen und das zu beenden, was wir heute als „Holocaust" bezeichnen. Mein Vater erkrankte an Malaria und verbrachte Monate in einem Krankenhaus für Kriegsveteranen, um sich zu erholen. Die anderen drei hatten mehr Glück.

Jedenfalls schickte meine arme Großmutter ihre vier Jungen ans Ende der Welt und lebte zwei Jahre lang allein und fragte sich, ob sie jemals lebend nach Hause zurückkehren würden. Ich weiß noch, wie erschrocken und ängstlich ich als Kind war, als mein Vater einmal zu mir sagte: „Denk an die arme Nina (meine Großmutter) und daran, dass sie hier in diesem großen, alten Haus nachts allein sitzen und sich um ihre Jungen sorgen musste.''

Ich erinnere mich noch (obwohl er bei mir war) an den Schrecken, den ich bei dem Gedanken empfand, dass mein Vater in den Dschungeln Asiens abgeschlachtet werden würde. Ich erinnere mich, dass ich ein berühmtes und sehr entsetzliches Foto eines gefangenen australischen Piloten gesehen habe, der kurz davor war, von den Japanern geköpft zu werden, und dachte: „Das hätte mein Vater sein können''. Ich bin also mit einem starken Bewusstsein für die Übel des Krieges und seine Folgen aufgewachsen.

Wie viele amerikanische Veteranen des Zweiten Weltkriegs war mein Vater ein glühender Verehrer von Franklin Roosevelt. Einmal stand er sogar als stolzer Marine bei einer Revue nur wenige Schritte von FDR und seinem kleinen Hund Fala entfernt. Dies ist wahrscheinlich seine liebste Erinnerung.

Obwohl FDR nichts geschrieben hatte, verbrachte mein Vater, der ein großer Leser war, einen Großteil seiner Freizeit damit, die Kriegserinnerungen von Winston Churchill, die Schriften von William Shirer und alle anderen „anerkannten'' Standards zu diesem Thema zu studieren.

Ich erinnere mich (als ich noch ein Schulkind war), wie mein Vater mir das weltberühmte Foto eines kleinen jüdischen Jungen zeigte, der Angst hatte und seine Arme zum Zeichen des Schreckens erhob, während ein Nazi-Soldat auf ihn zielte. „Das haben diese dreckigen Nazis den Juden angetan'', wiederholte mein Vater. Ich muss dieses Foto mindestens zehnmal gesehen haben, zusammen mit seinem Kommentar.

Wie ich jedoch Jahre später erfuhr, waren drei verschiedene jüdische „Holocaust-Überlebende'' in eine schreckliche Skunk-Schlacht verwickelt, um herauszufinden, wer wirklich der „von den Nazis vergaste kleine jüdische Junge'' gewesen war. Wie dem auch sei, die immer noch maßgebliche *New York Times* (die ich mir angewöhnt habe, „Holocaust Update'' zu nennen) berichtete am 28. Mai 1982, dass „einige Leute, die davon überzeugt sind, dass die Symbolkraft des Fotos gemindert würde, wenn gezeigt würde, dass der Junge überlebt hat, sich weigern, [diese Behauptungen] in Betracht zu ziehen''.

Jedenfalls hatte mein Vater, als sein viel zu kurzes Leben 1990 endete, begonnen, am Holocaust zu zweifeln. In meinem letzten Gespräch mit meinem Vater, wenige Stunden vor seinem Tod am 21. Juli 1990, erzählte ich ihm (wobei ich versuchte, uns beide von seinem sehr realen Leiden abzulenken), dass ich gerade einen Artikel im *Londoner Daily Telegraph* gelesen hatte, der am 17. Juli in der *Washington Times* abgedruckt war und in dem behauptet wurde, dass...

> Polen hat seine Schätzung der Anzahl der von den Nazis im Todeslager Auschwitz getöteten Menschen von 4 Millionen auf etwas mehr als eine Million gesenkt... Die neue Studie könnte die Kontroverse über das Ausmaß von Hitlers „Endlösung" neu entfachen...

> Franciszek Piper, Direktor des Historischen Komitees des Museums Auschwitz-Birkenau, erklärte gestern, dass nach neueren Forschungen mindestens 1,3 Millionen Menschen in das Lager deportiert wurden, von denen etwa 223.000 überlebten.

> Unter den 1,1 Millionen Opfern befanden sich 960.000 Juden, zwischen 70.000 und 75.000 Polen, fast alle der 23.000 ins Lager geschickten Sinti und Roma und 15.000 sowjetische Kriegsgefangene.

> Shmuel Krakowsky, Forschungsleiter der israelischen Gedenkstätte Yad Vashem für die jüdischen Opfer des Holocaust, sagte, dass die neuen polnischen Zahlen korrekt seien. Die Zahl von vier Millionen war Hauptmann Rudolf Hoess, dem Nazi-Kommandanten des Todeslagers, entschlüpft. Einige glaubten ihm, doch er war übertrieben...

> Die Tafeln, die an den Tod von vier Millionen Opfern erinnern, wurden Anfang des Monats aus dem Museum in Auschwitz entfernt.

Dieses Detail der Geschichte hat mich fasziniert, denn schließlich erinnere ich mich daran, in einem der Geschichtsbücher meiner Highschool gelesen zu haben, dass von den sechs Millionen Juden, die während des Holocausts starben, vier Millionen allein in Auschwitz gestorben sind.

Obwohl ich also nie ein großer Mathematiker war, war ich in der Lage zu verstehen, dass, wenn die neuen Fakten stimmten, die tatsächliche Zahl der Juden, die während des Holocaust starben, erheblich niedriger sein musste als die viel zitierte Zahl von „sechs Millionen".

Im Klartext: Wenn man die früheren „vier Millionen Juden, die in Auschwitz starben" von den beliebten „sechs Millionen" abzieht, bleiben zwei Millionen tote Juden übrig. Und wenn, wie die Behörden in Auschwitz heute behaupten, nur 960.000 von ihnen dort starben, bedeutet dies, dass 1.040.000 anderswo starben.

Vielleicht war mein Gedächtnis gestört. Vielleicht war das, was ich in meinen Highschool-Büchern eher gelesen hatte, nicht korrekt. Aber ich recherchierte ein wenig und erfuhr (durch einen Sonderbericht der ADL zu diesem Thema), dass die *New York Times* am 18. April 1945 berichtete, dass vier Millionen Menschen in Auschwitz gestorben waren. Und diese „Tatsache" wurde in den folgenden 50 Jahren immer wieder berichtet, ohne hinterfragt zu werden - anscheinend sogar im Geschichtsbuch meiner eigenen Highschool.

Jahrestag der Befreiung von Auschwitz berichteten jedoch die *Washington Post* und die *New York Times* selbst am 26. Januar 1995, dass die polnischen Behörden festgestellt hätten, dass höchstens 1,5 Millionen Menschen (aller Rassen und Religionen) - und nicht „vier Millionen" - in Auschwitz gestorben seien, und zwar aus allen Ursachen, einschließlich natürlicher Ursachen - insbesondere Hunger und Krankheit, ein Bericht, der an einen fünf Jahre zuvor veröffentlichten Bericht der *Londoner Sunday Times anknüpfte*.

Erst kürzlich hat sich eine so geschätzte Autorität zum Holocaust wie Walter Reich, der von 1995 bis 1998 Direktor des U.S. Holocaust Memorial Museum in Washington war, in das eingemischt, was man als „Zahlendebatte" bezeichnen könnte.

Am 8. September 1998, etwa zu der Zeit, als mich die kalifornischen Medien erneut als „Holocaustleugner" bezeichneten, veröffentlichte die *Washington Post* einen Artikel von Reich, in dem er den Konflikt zwischen jüdischen Gruppen und einer Gruppe polnischer Katholiken thematisierte, die Kreuze zum Gedenken an die in Auschwitz gestorbenen Christen aufstellen wollten.

Reich antwortete auf einen, wie er es beschrieb, „gut gemeinten"
Leitartikel der *Post* vom 31. August 1998 über das Rauschen. Reich
machte einen interessanten Kommentar, wonach der Leitartikel
„veranschaulicht, wie alte Fiktionen über Auschwitz als Tatsachen
akzeptiert wurden - Fiktionen, die immer wieder benutzt wurden, um
die Geschichte des Lagers zu verzerren". (Offensichtlich hatten die
Leitartikler der *Post* den drei Jahre zuvor veröffentlichten Bericht über
die Auschwitz-Zahlen nicht gesehen und entschieden sich stattdessen
dafür, „alte Fiktionen... als Tatsachen akzeptiert" zu wiederholen.

Was waren diese „alten Fiktionen... als Tatsachen akzeptiert"? (Und
über , wenn ich den Begriff „alte Fiktionen" in Bezug auf Auschwitz
verwendet hätte, hätte mich die ADL sicher als „Holocaustleugner"
bezeichnet) Jedenfalls hatte Reich Folgendes zu sagen

> Die *Post* identifizierte Auschwitz-Birkinau als das Todeslager,
> „in dem drei Millionen Juden und Millionen anderer von den
> Nazis ermordet wurden". Ein polnischer Historiker schätzte die
> Zahl der Toten kürzlich auf etwa 1,1 Millionen, andere
> Schätzungen gehen von bis zu 1,5 Millionen aus. Etwa 90% der
> Toten waren Juden.

> Die Zahlen der *Post* könnten zum Teil von der aufgeblähten
> Schätzung - sowjetischen Ursprungs und nach dem Krieg von
> den polnischen Behörden gebilligt - von etwa vier Millionen
> Toten abgeleitet worden sein. Diese und andere Zahlen in
> ähnlicher Größenordnung wurden so oft wiederholt, dass sie
> schließlich von vielen als wahr akzeptiert wurden, auch wenn
> Historiker in Polen und anderswo diese Zahl erheblich nach
> unten korrigiert haben.

> Für einige in Polen wurden die höheren Zahlen akzeptiert, weil
> sie das Leiden der Polen in Auschwitz während der deutschen
> Besatzung betonten: Je höher die Gesamtzahl der Opfer, desto
> größer muss die Zahl der katholischen Polen gewesen sein. In
> den letzten Jahren haben Forscher die Zahl der Polen, die in
> Auschwitz starben, auf weniger als 100.000 geschätzt, viel
> weniger als ursprünglich angegeben, aber unabhängig davon,
> welches Kriterium zugrunde gelegt wird, handelt es sich um eine
> tragisch hohe Zahl, die Auschwitz für immer als Ort des
> polnischen nationalen Verlustes markieren wird.

Nun, angesichts all der Probleme, die ich mit den literarischen Vertretern der ADL bei der *Los Angeles Times* über die Frage der „Zahlen" hatte, kann ich nicht anders, als Reichs Enthüllungen als sehr erhellend - und aufschlussreich - zu empfinden. Offen gesagt, sehe ich kein Problem in Reichs abschließenden Kommentaren zu Auschwitz und dem „Holocaust „: „Möge es in diesem Reich des grenzenlosen Bösen nur Worte der exakten Geschichte geben.

Ehrliche Menschen haben kein Problem mit Reichs Aufruf (im Essay), dass die Berichterstattung über Auschwitz „nur Worte der exakten Geschichte" enthalten sollte. Heute ist die Veröffentlichung einer neuen Anthologie über Auschwitz, die von der englischen Schriftstellerin Vivian Bird zusammengestellt wurde, ein erster wichtiger Schritt in Richtung „nur Worte der exakten Geschichte".

Auschwitz: The Final Count untersucht die „neuen" (oben beschriebenen) Berichte der Mainstream-Medien und liefert wesentliche zusätzliche Fakten, die berücksichtigt werden müssen, damit die vollständige Geschichte von Auschwitz endlich erzählt wird. Das 109 Seiten umfassende Buch ist eine Sammlung (ergänzt durch Kommentare von Bird) von vier bereits veröffentlichten, vollständigen Büchern über Auschwitz und den Holocaust.

Das Buch enthält eine faszinierende Einleitung von Bird, in der er dem wenig bekannten, aber gut dokumentierten Phänomen nachgeht, dass die Zahlen der offiziellen „Bilanz" von Auschwitz von einem „Höhepunkt" von 9.000.000 Toten auf einen Tiefpunkt von 73.137 (von denen 38.031 Juden waren) fielen. Die Leser werden feststellen, dass von den 26 sehr unterschiedlichen Zahlen, die Bird anführt, alle aus verschiedenen „verantwortlichen" und allgemein zugänglichen Quellen stammen. Keine der von Bird zitierten Zahlen stammt aus einer Quelle, die beschuldigt wird, den „Holocaust zu leugnen", was auch immer das bedeuten mag.

Es ist klar, dass die Zahl der in Auschwitz gestorbenen Menschen für das Verständnis dessen, was dort geschehen ist, von entscheidender Bedeutung ist. Doch die Zahlen ändern sich ständig. Wenn Birds Buch etwas beweist, dann ist es genau das.

Auschwitz ist jedoch mehr als nur die Entwicklung der Zahlen. Die in Birds Buch vorgestellten Essays bieten jeweils eine einzigartige und unterschiedliche Facette des Gesamtproblems

- *Die* Auschwitz-Lüge von Thies Christophersen ist eine Innenansicht von Auschwitz. Der deutsche Autor, ein Agrarwissenschaftler, wurde nicht als Häftling nach Auschwitz geschickt, sondern als Wissenschaftler, der an der Entwicklung von synthetischem Kautschuk forschte. Da Christophersen Seite an Seite mit dem Gefängnispersonal arbeitete, sah er den Alltag in Auschwitz mit eigenen Augen.

Auschwitz und war in den Nachkriegsjahren fassungslos, als er die Geschichten über „Vergasungen" und all die Schauergeschichten hörte, die wir heute mit Auschwitz verbinden.

Sein Essay *Die Auschwitz-Lüge*, der 1973 zum ersten Mal auf Deutsch veröffentlicht wurde, löste große Bestürzung *aus*. Christophersen wich jedoch nicht zurück und wurde infolgedessen zu verschiedenen Geldstrafen verurteilt oder inhaftiert, weil er es gewagt hatte, seine Augenzeugengeschichte zu erzählen.

Wer an „Doku-Fiction" über Auschwitz gewöhnt ist, wird in Christophersens Bericht eine neue Perspektive finden.

- *Zyklon B, Auschwitz, and the Trial of Dr. Bruno Tesch* ist der zweite Film in Birds Anthologie. Er wurde von einem erfahrenen Chemiker, dem verstorbenen Dr. William Lindsey, verfasst und ist ein sorgfältig dokumentierter Abriss des Kriegsverbrecherprozesses gegen Dr. Tesch, der schließlich verurteilt und gehängt wurde. Der unglückliche Tesch war Miteigentümer einer Firma, die das mittlerweile berüchtigte Pestizid Zyklon B im Großhandel (von den Herstellern) aufkaufte und dann (als Zwischenhändler) an die Behörden der deutschen Konzentrationslager lieferte.

Obwohl uns gesagt wurde, dass Zyklon B verwendet wurde, um Millionen von Juden zu Tode zu vergasen, zeigt Lindsey, dass die Verbindung als Insektizid und Desinfektionsmittel verwendet wurde, um nicht nur die Häftlinge in Auschwitz, sondern auch die Mitglieder der SS, die das Lager verwalteten, zu entlausen und ihre Kleidung, Schlafräume usw. auszuräuchern. Kurz gesagt: Zyklon B wurde eingesetzt, um das menschliche Leben zu erhalten und zu pflegen, und nicht, um es zu beenden. Lindseys Essay untersucht die betrügerischen Beweise und Zeugenaussagen im Tesch-Prozess und weidet ein weiteres wesentliches Element nicht nur der Auschwitz-Legende, sondern der gesamten Geschichte des Holocaust aus.

- Inside the Auschwitz „Gas Chambers" *ist das Werk von Fred A.* Leuchter, ein temperamentvoller amerikanischer Ingenieur, der früher als die vielleicht größte amerikanische Autorität für gerichtliche Vollstreckungsmechanismen bekannt war. Leuchter beschreibt, wie er wissenschaftliche Experimente an den Strukturen in Auschwitz durchführte, die laut Gerichtshistorikern zur Vernichtung einer großen Anzahl von Menschen genutzt wurden - die berüchtigten Gaskammern. Leuchter kam zu dem Schluss, dass eine solche Vergasung nicht stattgefunden haben konnte, wie es die offizielle Geschichte beschreibt. Weil er es wagte, seine Schlussfolgerungen auf zu präsentieren - die einzige bekannte Studie, die in den Gaskammern durchgeführt wurde - wurde Leuchter unerbittlich schikaniert. Doch er hatte Recht. Seine Schlussfolgerungen berühren den Kern der Auschwitz-Affäre.

- Der letzte Aufsatz *ist „Warum ist der Holocaust wichtig?"*, geschrieben von Willis A. Carto, Herausgeber von TBR, der darauf hinweist, dass der Holocaust an sich zu einer lukrativen Industrie geworden ist, die als äußerst wirksames politisches Instrument eingesetzt wird, nicht nur um Milliarden Dollar von deutschen und amerikanischen Steuerzahlern aus Israel herauszupressen, sondern auch um die USA zu zwingen, ihre Außenpolitik in einer Tel Aviv-freundlichen (und den nationalen Interessen der USA zuwiderlaufenden) Weise zu betreiben. Cartos Essay stellt den Holocaust in eine neue Perspektive.

Die Geschichte von Auschwitz und des Holocaust ist also viel komplexer, als es den Anschein hat. Die zusammengetragenen Fakten ergeben ein vielleicht viel interessanteres Bild von dem, was wirklich geschah.

Birds Buch wird in vielerlei Hinsicht das endgültige Urteil zu diesem Thema darstellen. *Auschwitz: The Final Count* wird viele empören, aber wie Bird sagt: „Für diejenigen, die die Fakten - und nicht die Mythen - über die Ereignisse des Zweiten Weltkriegs untersuchen wollen, dürfte dieses Buch mit einigen der wichtigsten Holocaust-Legenden aufräumen."

So viel zur Wahrheit über Auschwitz... Der Kreis hat sich geschlossen, und wie das alte Sprichwort sagt, wird die Wahrheit irgendwann ans Licht kommen. Doch die Geschichten über Auschwitz sind nicht die einzigen „alten Fiktionen... als Tatsachen akzeptiert", die heute im Lichte der Bemühungen, die Geschichte mit den Tatsachen in Einklang zu bringen, korrigiert werden.

Ich weiß zum Beispiel, dass eine meiner geliebten Highschool-Lehrerinnen - die verstorbene Lucy Buck Lehman, deren Integrität unbestritten war - mir einmal von den Schrecken erzählte, die sie als Rotkreuz-Helferin im Konzentrationslager Dachau in Deutschland am Ende des Zweiten Weltkriegs erlebt hatte. Sie sagte mir sehr bewegt: „Ich habe gesehen, was passiert ist: „Ich habe gesehen, was passiert ist. Ich habe die Gaskammer in Dachau gesehen, in der Tausende von Juden vergast wurden. Man kann den Holocaust nicht leugnen". Diese Lehrerin gehört zu denjenigen, die die Gaskammer gesehen haben, die Hunderten (vielleicht Tausenden) von Amerikanern gezeigt wurde, die bei Kriegsende durch das Lager gingen.

Doch Jahre später erfuhr ich, dass der Historiker Martin Broszat bereits am 19. August 1960 in der Hamburger Wochenzeitung *Die Zeit* berichtet hatte: „Weder in Dachau noch in Bergen-Belsen oder Buchenwald wurden Juden oder andere Häftlinge vergast. Die Gaskammer in Dachau wurde nie vollständig fertiggestellt oder in Betrieb genommen. Die Hunderttausende von Häftlingen, die in Dachau und anderen Konzentrationslagern des Alten Reiches umkamen, wurden vor allem Opfer der katastrophalen Hygiene- und Versorgungsbedingungen...".

Der Nazi-Jäger der Nachkriegszeit, Simon Wiesenthal, erklärte seinerseits in einem Brief, der am 24. Januar 1993 in der europäischen Ausgabe von *Stars and Stripes* veröffentlicht wurde: „Es stimmt, dass es auf deutschem Boden keine Vernichtungslager gab.... In Dachau wurde eine Gaskammer gebaut, die jedoch nie fertiggestellt wurde".

1995 stellte das American Jewish Committee (AJC) in *The Changing Shape of Holocaust* Memory fest, dass „es in Deutschland keine Tötungszentren als solche gegeben hat... [und] so schrecklich die Bedingungen in Dachau auch waren, seine Gaskammer wurde nie benutzt...".

So gab es zwar eine „Gaskammer" in Dachau - offensichtlich die, die meine Highschool-Lehrerin gesehen hatte -, doch wurde sie tatsächlich nie für den Zweck verwendet, für den sie sie hielt.

Die Schlussfolgerung, so vermute ich, lautet: Die Geschichte des „Holocaust" ist viel komplexer, als es den Anschein hat, und tatsächlich bilden alle Fakten zusammen eine viel interessantere Geschichte darüber, was passiert ist oder nicht passiert ist, und, was noch wichtiger ist, darüber, wie „alte Fiktionen... als Tatsachen akzeptiert" dazu benutzt werden, eine lukrative Propagandaindustrie nicht nur in den USA, sondern weltweit zu unterstützen: das Geschäft mit dem sogenannten „Holocaust".

Die Frage, ob man glaubt, dass „sechs Millionen Juden während des Holocaust starben" oder nicht, scheint zur letzten und entscheidenden Prüfung der Respektabilität geworden zu sein. Wie lange wird es dauern, frage ich in aller Aufrichtigkeit, bis die Amerikaner einen Treueschwur auf diesen Glaubensartikel leisten müssen

Die Verbindung, die in dem durch mein Buch ausgelösten Medienrummel zwischen der Ermordung von JFK und dem Holocaust hergestellt wird, ist eher ironisch gemeint. Es handelt sich in Wirklichkeit um ein weiteres „Zahlenspiel". Die „offizielle" Geschichte des JFK-Attentats lautet, dass ein Attentäter drei Schüsse auf den Präsidenten abfeuerte - doch inzwischen wissen wir, dass mehr als drei Schüsse von einem Attentäter abgegeben wurden. Die kritische Forschung zur JFK-Ermordungsverschwörung hat die Zahlen tatsächlich aufgebläht. Im Fall der „offiziellen" Geschichte des „Holocaust" hat die kritische (faktenbasierte) Forschung im Gegenteil die Zahlen deflationiert. Wir wissen heute, dass sechs Millionen Juden nicht während des Holocausts gestorben sind.

Und es gibt noch viele andere Dinge in unserer „Erinnerung" an den Holocaust, die nicht genau dem entsprechen, was wir als Wahrheit „wissen". Den Amerikanern wurde gesagt, dass der Zweite Weltkrieg ein Kampf um das Überleben der „jüdisch-christlichen Tradition" war.

In seinem Buch *The Holocaust in American Life* enthüllt Professor Peter Novick von der Universität Chicago jedoch zum ersten Mal in der Geschichte, dass der mittlerweile populäre Ausdruck „jüdisch-christliche Tradition" das Ergebnis einer zu politischen Zwecken zusammengeschusterten Kriegspropaganda ist und keinerlei Grundlage in der historischen Realität oder in den Annalen der jüdischen oder christlichen Lehre hat.

Novick zufolge „erfanden amerikanische Philosemiten während der Hitlerjahre den Begriff „jüdisch-christliche Tradition'', um die unschuldigen - oder nicht ganz so unschuldigen - Äußerungen zu bekämpfen, die von einem totalitären Angriff auf die „christliche Zivilisation'' sprachen. Kurz gesagt: Dieser Begriff wurde genau zu dem Zweck erfunden, das Konzept der „christlichen Zivilisation'' zu beseitigen.

Selbst in Kriegszeiten, so betont Novick, verharmloste die offizielle Propaganda der US-Regierung (und der jüdischen Gemeinschaft) gegen die Deutschen die Behandlung der Juden durch die Deutschen.

Novick zufolge hatte die Anti-Defamation League (ADL) der B'nai B'rith sogar große Angst davor, dass die Amerikaner den Juden die Schuld am Krieg zuschieben würden. Unmittelbar nach Pearl Harbor warnte der Direktor der ADL, ,: „Es wird Hunderttausende von trauernden Familien geben, von denen viele darauf konditioniert wurden, zu glauben, dass es sich um einen jüdischen Krieg handelt''.

Novick enthüllte, dass Leo Rosten - ein jüdischer Schriftsteller, der die Sonderabteilung für antideutsche Propaganda des Office of War Information leitete, die als Abteilung „Nature of the Enemy'' bekannt war - befürchtete, die von den Nazis an den Juden begangenen Gräueltaten zu sehr zu betonen. Rosten und die jüdischen Führer glaubten, dass es in den Reihen der US-Armee so viel Antisemitismus gab, dass die US-Soldaten Gefahr liefen, mit den Deutschen zu sympathisieren.

Laut Rosten: „Der Eindruck auf den Durchschnittsamerikaner ist viel stärker, wenn das Thema [der Kampf gegen Hitler und die Nazis] nicht ausschließlich jüdisch ist''. In diesem Sinne, so Novick, sollten die amerikanischen Propagandisten zeigen, dass die Nazis „der Feind aller sind, das Spektrum der Opfer der Nazis eher erweitern als einschränken''.

Zusammenfassend lässt sich sagen, dass der Begriff „jüdisch-christliche Tradition'' nichts anderes als Kriegspropaganda war. Dieser

Begriff ist ein Schwindel, der absolut nichts mit irgendeiner theologischen Lehre zu tun hat, abgesehen von der heutigen populären Wahrnehmung. Dieses Detail wirft ein neues Licht auf eine sehr gebräuchliche Wendung, die in allen öffentlichen Erklärungen, die es wagen, das Thema Religion anzusprechen, praktisch obligatorisch ist, ansonsten verboten.

Obwohl also die jüdische Gemeinschaft in den USA - und Novick verschweigt dies - eine wichtige Rolle im Kampf gegen traditionelle Erscheinungsformen religiöser Hingabe in den USA gespielt hat, war das erfundene Konzept der „jüdisch-christlichen Tradition" stets ein nützliches Propagandawerkzeug, um die Geschichte des Holocaust aufrechtzuerhalten.

Und im Gegensatz zu dem, was man Ihnen vielleicht erzählt hat, wurden die Überlebenden des Holocaust unmittelbar nach dem Zweiten Weltkrieg (selbst vom jüdischen Establishment) nicht so hoch geschätzt wie heute. Heute sind, wie Novick betont, diejenigen, die den Krieg überlebt haben - insbesondere diejenigen, die Zeit in den Konzentrationslagern verbracht haben - zu einem besonderen Status erhoben worden. Unmittelbar nach dem Krieg war die Einstellung gegenüber den Überlebenden jedoch nicht ganz dieselbe, wie Novick feststellt.

- Der jüdische Schriftsteller Samuel Lubell schrieb in der *Saturday Evening Post* vom 5. Oktober 1946, dass „es nicht das Überleben des Stärksten war, auch nicht das des Edelsten oder Vernünftigsten, und schon gar nicht das des Sanftmütigsten, sondern das des Zähesten".

- Laut einem jüdischen Beamten „waren es oft eher die Elemente des 'Ex-Ghettos' als die Oberschicht oder die White Collar-Kräfte, die überlebten... der kleine Dieb oder der Anführer der kleinen Diebe, die anderen Führung anboten oder Überlebenstechniken entwickelten".

- Ein hoher Beamter des American Jewish Committee schrieb, dass „diejenigen, die überlebt haben, nicht die Stärksten sind... sondern zum großen Teil die niedersten jüdischen Elemente sind, die durch List und tierische Instinkte dem schrecklichen Schicksal der raffinierteren und besseren Elemente, die unterlagen, entgehen konnten".

- David Sh'altiel, ein zukünftiger israelischer General, sagte, dass „diejenigen, die überlebten, lebten, weil sie egoistisch waren und sich vor allem um sich selbst kümmerten".

- David Ben-Gurion, der Gründungsvater Israels, sagte selbst, dass zu den Überlebenden „Menschen gehörten, die nicht überlebt hätten, wenn sie nicht das gewesen wären, was sie waren - harte, gemeine und egoistische Menschen, und was sie dort erlitten, diente dazu, die guten Eigenschaften zu zerstören, die ihnen noch geblieben waren".

Novick behauptet, dass diese Wahrnehmungen, so negativ sie auch sein mögen, mit der Zeit verblassten, aber Tatsache ist, dass es sich um die Wahrnehmungen der damaligen Zeit handelte und nicht um etwas, über das man heute viel hört.

Gutmenschen aller Couleur stimmen den Worten des verstorbenen israelischen Premierministers Yitzhak Rabin zu, der 1995 Forderungen nach einer Untersuchung der lange vertuschten israelischen Kriegsverbrechen an christlichen und muslimischen palästinensischen politischen Gefangenen zurückwies: „Es gibt kein Interesse daran, die Ereignisse der Vergangenheit heraufzubeschwören, weder auf unserer noch auf ihrer Seite.

Rabin hatte Recht. Seine Worte können auch auf das Thema des Holocausts angewendet werden. Ich wiederhole: „Es hat keinen Sinn, die Ereignisse der Vergangenheit heraufzubeschwören - weder auf unserer noch auf ihrer Seite".

Wir haben von den Holocaust-Förderern *alles* gehört, *was* es zu hören gibt, und wir wissen, was sie zu sagen haben. Ihre Botschaft ist so allgegenwärtig, so präsent in Büchern, Zeitungen, Fernsehen und Radio, dass es im amerikanischen Leben praktisch unmöglich ist, dem Holocaust zu entgehen.

Ich für meinen Teil kümmere mich nicht offen darum, ob eine Handvoll Menschen empört darüber sind, dass ich ihre Agonie über die Ereignisse des Holocaust nicht teile, denn das ist nicht der Fall. Und ich lasse mich nicht dazu hinreißen, zu sagen, dass ich ihre Ansichten teile, nur um nicht als „Holocaustleugner" gebrandmarkt zu werden. Ich fühle mich nicht schuldig. Ich schäme mich nicht. Lassen Sie es sich gesagt sein: „Ich habe es satt, vom Holocaust zu hören".

Als Amerikaner indianischer Abstammung, dessen Vorfahren einen regelrechten Holocaust erlitten haben und dessen Volksgruppe auch heute noch in als „Reservate" bezeichneten Konzentrationslagern leidet, fällt es mir schwer, mit den amerikanischen Juden zu sympathisieren, die sich zwar über die Tragödien des Zweiten Weltkriegs beklagen, aber heute die mächtigste Gruppe auf dem Planeten bilden.

Für mich gibt es keine unruhigen Nächte, in denen man sich über die sechs Millionen, sieben Millionen oder vierzig Millionen - wie auch immer die aktuelle „Lieblingszahl" der Holocaust-Opfer lautet - Sorgen machen muss. Ich werde auch nicht von dem gestört, was die jüdische Schriftstellerin Sylvia Tennenbaum eine „psychische Störung" genannt hat, die offenbar von denjenigen Besitz ergriffen hat, die, wie sie es ausdrückt, nun dazu neigen, sich in Opferfantasien" zu diesem Thema zu „suhlen" - etwas, das ein anderer jüdischer Schriftsteller ätzend (und zu Recht) als „nekrophile Obsession" beschrieben hat.

Alfred Lilienthal, ein Pionier der amerikanisch-jüdischen Israelkritik, erklärte, der Holocaust sei „ein Kult, und zwar der vorherrschende Kult" unter denen, die von Israel besessen sind. Der jüdische Dissident Leon Wieseltier, Sohn von Holocaust-Überlebenden, äußerte sich ebenfalls in diesem Sinne und erklärte offen, dass die Zentralität des Holocausts für amerikanische Juden „praktisch einem Todeskult gleichkommt".

Wieseltier wagt es, sich zu fragen, wie viele amerikanische Juden „überhaupt etwas über mittelalterliche jüdische Dichter, den Reichtum der Kultur und jüdische Philosophen wissen".

Dank der Arbeit ehrlicher Forscher, die neue Fakten ans Licht gebracht und mit den Mythen der Vergangenheit aufgeräumt haben, können wir ins 21. Jahrhundert schreiten, indem wir den Holocaust von der Schiefertafel der Geschichtsdebatte streichen und neu anfangen.

Der Holocaust ist vorbei. Es gibt keinen Holocaust mehr. Zu viel ist zu viel.

KAPITEL V

Zionismus greift die Vereinten Nationen an

Die Organisation der Vereinten Nationen (UN) wurde von den One-World-Träumern, die einst in dieser Weltorganisation das Mittel zur Errichtung eines globalen Hegemons sahen, in die Ecke gedrängt, auf den Müll geworfen - zumindest zeitweise.

Die heutigen Imperialisten, Träger einer alten Philosophie, die jeder Form von Nationalismus außer ihrem eigenen feindlich gegenübersteht, betrachten heute die Vereinigten Staaten als treibende Kraft bei der Umsetzung der neuen Weltordnung, von der sie seit Generationen träumen. Die USA sind ihr „neues Jerusalem" und sie beabsichtigen, die militärische Macht Amerikas zur Erreichung ihrer Ziele einzusetzen.

Fast 50 Jahre lang haben die großen US-Medien den Amerikanern - und den Völkern der Welt - erzählt, dass die Vereinten Nationen „die letzte Hoffnung der Menschheit" seien. Dieses Thema war ein rituelles Mantra in den öffentlichen Schulen der USA. Jeder, der es wagte, die Vereinten Nationen zu kritisieren, wurde ausgegrenzt und als „Extremist" verurteilt, der der Menschheit selbst feindlich gesinnt war.

In den 1970er Jahren begannen sich die Dinge jedoch zu ändern. Als die Nationen der Dritten Welt ihren kolonialen Status überwanden und Israels Unterdrückung der christlichen und muslimischen Bevölkerung arabisch-palästinensischer Herkunft zu einem weltweiten Thema wurde, bekamen die Vereinten Nationen ein neues Gesicht - zumindest was das Monopol der amerikanischen Medien betraf. Plötzlich wurden die Vereinten Nationen doch nicht mehr als etwas so Wunderbares angesehen.

Als die Vereinten Nationen 1975 schließlich eine historische Resolution verabschiedeten, in der sie den Zionismus als eine Form des Rassismus verurteilten, schloss sich der Kreis.

Wegen ihrer direkten Herausforderung des Zionismus, der Grundlage für die Gründung des Staates Israel im Jahr 1948 (sowie der geistigen Hauptstadt eines aufstrebenden zionistischen Weltreichs), wurden die Vereinten Nationen von den Medien - von denen sich die meisten in den Händen zionistischer Familien und Finanzinteressen befinden - als unbestrittener Bösewicht dargestellt.

Plötzlich war die Kritik an den Vereinten Nationen durchaus „respektabel". In den USA machte eine aufstrebende Bewegung, die sogenannten „Neokonservativen", die von einer eng verbundenen Clique ehemaliger trotzkistischer jüdischer Kommunisten unter der Führung von Irving Kristol und seinem Handlanger Norman Podhoretz, dem Chefredakteur der einflussreichen Monatszeitschrift *Commentary* des American Jewish Committee, angeführt wird, *den* aufkommenden Angriff auf die Vereinten Nationen zu einem Kernstück ihrer Agenda.

Doch erst mit dem Amtsantritt der Regierung von Präsident George W. Bush im Januar 2001 wurde das Bestreben, „die USA aus den Vereinten Nationen und die Vereinten Nationen aus den USA herauszuholen" (oder Varianten davon), in den Rahmen der offiziellen Politikgestaltung Washingtons aufgenommen. (oder Varianten davon) in den Rahmen der offiziellen Politikgestaltung Washingtons aufgenommen.

Die Vereinnahmung des amerikanischen Establishments für nationale Sicherheit durch eine Schar von Bushs ernannten Neokonservativen - jeder von ihnen im Wesentlichen ein Schützling des bereits erwähnten Irving Kristol und seines Sohnes William Kristol, eines mächtigen Medienkommentators und politischen Entscheidungsträgers hinter den Kulissen - garantierte, dass die Kampagne gegen die Vereinten Nationen das Herzstück der Politik der Bush-Regierung sein würde.

Darüber hinaus fand die Anti-UN-Rhetorik in den amerikanischen Medien zunehmend Unterstützung. In der *New York Post* beispielsweise, einer Zeitung, die von Mortimer Zuckerman, dem ehemaligen Vorsitzenden der Konferenz der Präsidenten der wichtigsten jüdischen Organisationen Amerikas (dem Führungsgremium der zionistischen Bewegung Amerikas), herausgegeben wird, sprach eine Kolumnistin, Andrea Peyser, von den „antiamerikanischen und antisemitischen Ratten, die die Ufer des East River befallen".

Falls noch jemand daran zweifelt, dass der Grund für die Opposition gegen die UNO darin liegt, dass die Weltorganisation sich den Forderungen Israels widersetzt hat, sei auf den aufschlussreichen Kommentar von Cal Thomas hingewiesen, einem langjährigen Partner von Reverend Jerry Falwell, einem der vehementesten Verteidiger Israels im heutigen Amerika.

In einer Kolumne, die am 12. Dezember 2004 in der *Washington Times* veröffentlicht wurde, griff Thomas die seit langem bestehende Kritik an den Vereinten Nationen auf, die er früher - wie er selbst zugab - als die Arbeit einer „Minderheit" betrachtet hatte. Thomas erklärte, dass „die Welt ohne diese Organisation besser dran wäre".

Mit der Feststellung, dass viele Amerikaner nie der Meinung waren, dass die Vereinten Nationen eine gute Sache für Amerika wären, sagte Thomas, dass er immer der Meinung gewesen sei, dass diejenigen, die solche Dinge sagen, ignoriert werden sollten. Thomas schrieb Folgendes

> Zu meiner Zeit an der Universität kannte ich sie. Es waren die Randgruppen und sogar darüber hinaus, die glaubten, dass die Fluoridierung des öffentlichen Wassers eine kommunistische Verschwörung sei, um uns zu vergiften, dass Dwight Eisenhower ein verkappter Kommunist sei, dass die Trilaterale Kommission und der Rat für Auswärtige Beziehungen Teil der Kampagne für eine „einzige Weltregierung" seien, dass jüdische Bankiers die Weltwirtschaft lenkten und dass die USA sich aus den Vereinten Nationen zurückziehen sollten.

Laut Thomas: „Ohne der Paranoia und den Verschwörungstheorien anzuhängen, bin ich nun zu letzteren konvertiert". Thomas' diesbezügliche Behauptung ist eine offene Bloßstellung der Haltung der zionistischen Lobby gegenüber den Vereinten Nationen, nachdem die Weltorganisation ganz klar den Händen der zionistischen Bewegung entglitten ist und ihrer Meinung nach sozusagen als „nicht mehr handhabbar" oder „nicht mehr zu retten" gilt.

Tatsächlich besteht überhaupt kein Zweifel daran, dass die Zionisten die USA tatsächlich als den neuen Mechanismus wahrnehmen, mit dem sie ihre Ziele zu erreichen versuchen, indem sie die Vereinten Nationen ins Abseits drängen.

Das große Projekt einer neuen Weltordnung - im Zuge der neuen „imperialen" Rolle Amerikas - wurde ziemlich direkt in einem wichtigen zweiteiligen Grundsatzpapier vorgestellt, das in den Sommer- und Winterausgaben 2003 und 2004 des *Journal of International Security Affairs*, dem Organ des einflussreichen Jüdischen Instituts für Nationale Sicherheitspolitik (JINSA), veröffentlicht wurde.

Früher ein wenig bekannter Think Tank in Washington, ist das JINSA jetzt oft öffentlich als die treibende Kraft hinter Bushs heutiger Außenpolitik anerkannt. Ein Kritiker des JINSA, Professor Edward Herman, ging sogar so weit, das JINSA als „eine virtuelle Agentur der israelischen Regierung" zu bezeichnen.

Der Autor des JINSA-Artikels, Alexander H. Joffe, ein pro-israelischer Akademiker, hat regelmäßig in der JINSA-Zeitung geschrieben, was sicherlich die hohe Wertschätzung widerspiegelt, die die zionistische Elite seinen Ansichten entgegenbringt. Seine zweiteilige Serie trug den Titel *„Das Imperium, das nicht wagt, seinen Namen zu nennen"* und schlug folgendes Thema vor: „Amerika ist ein Imperium", was darauf hindeutet, dass dies, ja, eine sehr gute Sache ist.

Das neu zu errichtende Weltregime würde Amerika „zum Zentrum eines neuen internationalen Systems" in „einer Welt, die Amerika ähnelt und daher für alle sicher ist" machen. Allerdings ist das, wie Amerika „aussieht", das, was die Zionisten wollen, dass es aussieht - nicht unbedingt das, was das amerikanische Volk als Amerika wahrnimmt.

Joffe stellte unmissverständlich fest: Das Ende der Generalversammlung als glaubwürdiges Organ kann plausibel auf die berüchtigte Resolution „Zionismus ist Rassismus" von 1975 zurückgeführt werden" (die übrigens inzwischen aufgehoben wurde). Der JINSA-Autor behauptet, dass die Welt „dankbar" sein sollte, dass die Vereinten Nationen „diskreditiert, zu einer Farce degradiert und letztlich gelähmt" wurden.

Nach der Aufgabe der UNO als Vehikel für eine Weltregierung, schreibt Joffe, „haben wir nun die Gelegenheit und die Pflicht, neu anzufangen". Er warnt jedoch, dass selbst die aufstrebende Europäische Union (EU) eine Bedrohung für den Traum von einem Weltreich darstellt (zumindest natürlich aus der Sicht der zionistischen Bewegung).

Der Autor des JINSA behauptet, die EU sei eine „alternative Vision der internationalen Gemeinschaft", die, wie er offen sagt, „die authentische Gegenvision zu einem amerikanischen Imperium" sei.

Joffe zufolge besteht das größte Problem Europas und der EU darin, dass „die Kultur nach wie vor im Mittelpunkt der Probleme Europas steht".

Der Nationalismus ist eine Doktrin, die in Europa geboren wurde, genau wie seine bösartigen Mutanten: der Faschismus und der Kommunismus". (Als eifriger Verteidiger des israelischen Supernationalismus scheint der Autor die Logik seines Angriffs auf den Nationalismus anderer Völker nicht zu erkennen). Joffe beklagte, dass, obwohl „das neue europäische Reich in der Theorie multikulturell ist... in Wirklichkeit wird es politisch und kulturell von Frankreich und wirtschaftlich von Deutschland dominiert". In der heutigen Europäischen Union wurde, „getrieben von postkolonialen Schuldgefühlen und der Langeweile der Nachkriegszeit, die Tür für alle Ideen geöffnet. Auf den unheimlichsten Ebenen hat sie eine riesige Explosion von zügellosem Denken und Handeln ermöglicht und sogar legitimiert, nämlich Antiamerikanismus, Antisemitismus und eine Vielzahl von Verschwörungstheorien".

In jedem Fall ist das, was Joffe als „die andere Art des liberalen Internationalismus" beschreibt, das, was die zionistische Bewegung fördert. Joffe definiert ihn wie folgt:

> Angesichts unserer Geschichte und unserer Werte besteht diese Zukunft darin, das amerikanische Imperium so zu nutzen, dass es die Grundlage für ein neues demokratisches internationales System bildet.

Im zweiten Teil seines Essays, der in der Winterausgabe 2004 des JINSA-Magazins veröffentlicht wurde, geht Joffe noch weiter und entwickelt seinen Aufruf zu etwas, das er als „ein Imperium, das wie Amerika aussieht" beschreibt.

Doch trotz seiner „Demokratie"-Rhetorik sprach Joffe offen über die Beteiligung der USA an massiven imperialen Eroberungen in den von Unruhen zerrissenen Regionen Afrikas - wahrscheinlich, nachdem die USA bereits in den arabischen Ländern des Nahen Ostens gewütet hatten:

> Die Bedingungen, unter denen Amerika und seine Verbündeten die Kontrolle über die afrikanischen Länder einfach übernehmen und sie wiederherstellen würden, sind alles andere als klar. Wie hoch sind die Schwellenwerte für Interventionen? Wie sehen die Verfahren und die Ergebnisse aus? Wer kämpft und wer zahlt? Die Wiederherstellung Afrikas wäre mit langfristigen Verpflichtungen und immensen Kosten verbunden, die nur von Afrika selbst getragen werden könnten. Mit anderen Worten: Sie würde wahrscheinlich eine wirtschaftliche Kontrolle durch die USA erfordern, ebenso wie eine politische und kulturelle Kontrolle. Der Kolonialismus rächt sich immer nach und nach, und das ist nicht schön. Die Frage ist, ob Afrika den Preis zahlen kann (oder es sich leisten kann, es nicht zu tun) und ob Amerika den Mumm dazu hat.

Natürlich ist Afrika nicht das einzige Ziel von Joffe und seinen Mitstreitern. Joffe sprach von einem groß angelegten globalen Programm, das weit über den afrikanischen Kontinent hinausgeht. Letztendlich hat Joffe jedoch die Katze aus dem Sack gelassen, was die wahren Absichten derjenigen betrifft, die die militärische Macht der Vereinigten Staaten als Mechanismus für ein größeres Programm nutzen.

„Unter der Ägide der Vereinigten Staaten müssen neue Vereinbarungen entstehen, um den Staaten, die Rechte und Verantwortung akzeptieren wollen, eine Alternative zu bieten. Joffe träumt von einer umgestalteten Organisation der Vereinten Nationen unter der imperialen Kraft der Vereinigten Staaten. Schließlich sagt er die Möglichkeit einer Weltregierung voraus, indem er schreibt:

> Es ist möglich, dass nach einer Periode des Chaos und des Zorns, die in jedem Fall die bestehenden Zustände nur noch verstärken würde, die Institution [Vereinte Nationen] zu Veränderungen *gedrängt wird*. [Hervorhebung durch den Autor]

Anstatt eines Clubs, der jeden aufnimmt, könnten die Vereinten Nationen des 21. Jahrhunderts - eines Tages, auf die eine oder andere Weise - in eine exklusive Gruppe auf Einladung umgewandelt werden, die nur aus Mitgliedern besteht, aus freien und demokratischen Staaten, die ähnliche Werte teilen. Oder letztlich durch eine einzige ersetzt werden. Dieser Tag wird jedoch vielleicht erst in Jahrzehnten eintreten.

Wenn noch Zweifel daran bestehen, dass er von einer Weltregierung spricht, genügt es, Joffes Schlussfolgerung zu lesen

Der beste Weg, das amerikanische Imperium zu erhalten, besteht darin, es letztendlich aufzugeben. Der Aufbau der Weltordnungspolitik kann nur mit amerikanischer Führung und von Amerikanern geleiteten Institutionen erfolgen, wie sie in diesem Dokument schematisch beschrieben werden.

In Wirklichkeit geht es darum, die militärische Macht Amerikas zu nutzen, um ein ganz anderes (geheimes) Programm voranzutreiben. Hier, auf den Seiten einer zionistischen Zeitung, haben wir genau erfahren, was es mit der „Geschichte hinter der Geschichte" auf sich hat. Sie hat nichts zu tun, weder mit einem „starken Amerika" noch mit Amerika selbst.

Die USA sind nur eine - wenn auch mächtige - Figur in diesem Spiel, die von einer hinter den Kulissen agierenden Elite im Rahmen eines Plans zur Erlangung der Weltherrschaft rücksichtslos verschoben wird.

Der ehemalige israelische Botschafter bei den Vereinten Nationen, Dore Gold, ist ein weiterer Beweis dafür, dass dies der Standpunkt der zionistischen Bewegung ist. In seinem Buch *Tower of Babble: How the United Nations Has Fueled Global Chaos* aus dem Jahr 2004 entwarf Gold ein Szenario für ein neues Weltregime - unter dem Diktat der USA -, das die Vereinten Nationen beiseite schieben würde. Er schreibt:

Die USA und ihre westlichen Verbündeten haben den Kalten Krieg gewonnen, aber das gemeinsame Ziel, den sowjetischen Expansionismus einzudämmen, ist offensichtlich nicht mehr der Kitt, der eine Koalition zusammenhält. Dennoch könnte eine Koalition von Verbündeten damit beginnen, die heute größte Bedrohung für den internationalen Frieden zu neutralisieren: den globalen Terrorismus, eine weitere Bedrohung, der die Vereinten Nationen nicht wirksam begegnen konnten...

Die Frage des Terrorismus ist mit einer Reihe anderer Anliegen verbunden, die all diesen Nationen gemeinsam sind: die Verbreitung von Massenvernichtungswaffen, die Verbreitung sensibler Militärtechnologie, die Finanzierung von Terrorismus und Geldwäsche sowie die Aufstachelung zu ethnischem Hass und Gewalt in den nationalen Medien und in Bildungseinrichtungen. Ihre Verpflichtung, diese Bedrohungen zu verringern, würde Demokratien auf der ganzen Welt dazu bringen, sich zu vereinen und...

Eine solche demokratische Koalition wäre viel repräsentativer für den nationalen Willen der Bürger jedes Landes, als es die Vereinten Nationen derzeit sind. Kurioserweise würden sich diese Länder beim Austritt aus den Vereinten Nationen erneut dazu verpflichten, die Grundsätze einzuhalten, auf denen die Vereinten Nationen ursprünglich gegründet wurden. Sie würden die in der Charta der Vereinten Nationen verankerten Grundsätze übernehmen und darauf bestehen, dass sich die Koalitionsmitglieder voll und ganz - und nicht nur pro forma - an einen grundlegenden internationalen Verhaltenskodex halten...

Kurz gesagt: Gold und seine zionistischen Verbündeten halten zwar eine Weltregierung für unterstützenswert, sehen aber die Vereinten Nationen nicht als Mittel zum Zweck. Gold beschrieb dann einen neuen Mechanismus, um eine neue Weltordnung zu erreichen

Da die Vereinten Nationen die moralische Klarheit ihrer Gründer verloren haben, müssen die USA und ihre Verbündeten die Initiative ergreifen. Die Welt wird zu gegebener Zeit folgen. Wenn mehr als hundert Nationen der Gemeinschaft der Demokratien beitreten wollen, muss das demokratische Ideal mächtig sein.

Tatsächlich wurde eine „Gemeinschaft der Demokratien" im Juni 2000 von der Außenministerin der Clinton-Regierung, Madeleine Albright, eingeweiht, obwohl dies damals nicht weithin bemerkt wurde. Der Mechanismus ist also bereits vorhanden. Gold kam zu dem Schluss, dass die USA und ihre Verbündeten schließlich „die Vereinten

Nationen wiederbeleben und das System der kollektiven Sicherheit aus der Organisation machen könnten", aber, so fügte er hinzu, „dieser Tag ist noch weit entfernt".

In der Zwischenzeit haben die Medien der Israel-Lobby das Gold-Konzept dessen gefördert, was man als eine „parallele" UNO unter der Herrschaft der USA und ihrer angeblichen Verbündeten beschreiben könnte.

Beispielsweise warf Clifford D. May am 6. Februar 2005 in der *Washington Times* folgende Frage auf: „Ist es nicht höchste Zeit, zumindest Alternativen zu den Vereinten Nationen in Betracht zu ziehen, die Möglichkeit zu erkunden, neue Organisationen zu entwickeln, in denen demokratische Gesellschaften gegen gemeinsame Feinde und für gemeinsame Ziele zusammenarbeiten?"

Es ist jedoch unbestreitbar, dass es sich hierbei nicht um eine einfache zionistische Propagandalinie handelt. Diese Philosophie leitet das Denken der Bush-Regierung. Als Präsident George Bush in seiner zweiten Antrittsrede zu einer weltweiten „demokratischen" Revolution aufrief, übernahm er lediglich die Ansichten des israelischen Ministers Natan Sharansky, einer einflussreichen Persönlichkeit, die als härter als der regierende israelische Premierminister Ariel Sharon gilt.

Bush unterstützte Sharansky nicht nur öffentlich und herzlich, sondern die Medien enthüllten auch, dass Sharansky eine wichtige Rolle bei der Abfassung von Bushs Antrittsrede gespielt hatte.

Dies ist besonders relevant im Zusammenhang mit Sharanskys scharfen Worten über die UNO und dem, was er in seinem eigenen Buch *The Case for Democracy* vorgeschlagen hat, das weithin als „Bibel" für Bushs Außenpolitik gepriesen wird.

Auf den letzten Seiten seines Buches fasst Sharansky die Situation zusammen

> Um die Demokratie in der Welt zu schützen und zu fördern, glaube ich, dass eine neue internationale Institution, in der nur die Regierungen, die ihrem Volk das Recht geben, gehört und gezählt zu werden, selbst das Recht haben, gehört und gezählt zu werden, eine äußerst wichtige Kraft für den demokratischen

Wandel darstellen kann... Diese Gemeinschaft freier Nationen wird nicht von selbst entstehen... Ich bin davon überzeugt, dass eine erfolgreiche Anstrengung, die Freiheit in der Welt zu verbreiten, von den Vereinigten Staaten inspiriert und angeführt werden muss.

Es ist wieder einmal so weit: Das Konzept der USA als Kraft der globalen Neuausrichtung. Und obwohl Bushs Aufruf zu einer weltweiten demokratischen Revolution nach dem Sharansky-Modell weltweit kritisiert wurde - sogar von den so genannten „Demokratien" - stellte die amerikanisch-jüdische Zeitung *Forward* am 28. Januar 2005 fest, dass „ein globaler Führer Bushs Ansatz vorbehaltlos zugestimmt hat" - der ehemalige israelische Premierminister (und derzeitige Finanzminister) Benjamin Netanyahu. Unter Berufung auf eine Rede, die der israelische Führer kürzlich in Florida gehalten hatte, erklärte *Forward*, Netanjahu habe verkündet

Präsident Bush hat zur Demokratisierung aufgerufen, und er hat in einem sehr tiefgreifenden Punkt Recht. Kann die arabische Welt demokratisiert werden? Ja, langsam und mühsam. Und wer kann sie demokratisieren? Wie überall auf der Welt, in allen Gesellschaften, ob in Lateinamerika, der ehemaligen Sowjetunion oder Südafrika, wurde die Demokratie immer durch Druck von außen erreicht. Und wer hat diesen Druck ausgeübt? Ein Land: die Vereinigten Staaten.

Mehr zu sagen würde bedeuten, diese einfache Schlussfolgerung zu verkomplizieren: Obwohl die Zionisten jahrelang amerikanische Patrioten denunzierten, die sagten, es sei an der Zeit, „die USA aus den Vereinten Nationen und die Vereinten Nationen aus den USA herauszuholen", nehmen die Zionisten nun, da sie die Kontrolle über die Vereinten Nationen verloren haben - die sie ursprünglich als ihr Vehikel zur Errichtung einer Neuen Weltordnung betrachteten -, die Vereinten Nationen ins Visier, weil sie festgestellt haben, dass die militärischen und finanziellen Ressourcen der USA ihr bester Trumpf sind, um die Neue Weltordnung zu errichten, von der sie schon lange geträumt haben. Die Zionisten wollen, dass die USA als Motor für den Aufbau eines Weltreichs unter ihrer Kontrolle dienen.

Letztendlich zeigt uns dies, wer die „Hohepriester des Krieges" sind und was ihre wahre Agenda ist. Bleibt die Frage, was das amerikanische

Volk - und alle anderen wahren Patrioten auf der ganzen Welt - dagegen zu tun gedenken. Die Frage ist: Wird die Welt endlich beschließen, dass es an der Zeit ist, den Hohepriestern des Krieges den Krieg zu erklären

KAPITEL VI

Israel und der islamische Fundamentalismus

Warum sollte Israel insgeheim islamisch-fundamentalistische Extremisten unterstützen? Welche Interessen haben die Israelis und Osama bin Laden gemeinsam? Die Antwort auf diese provokativen Fragen weist auf ein kleines Geheimnis hin, das die großen US-Medien unter Verschluss halten.

So schwer es für den Durchschnittsamerikaner auch zu verdauen sein mag, es gibt stichhaltige Beweise für die langjährige - wenn auch unbekannte - Rolle des israelischen Geheimdienstes Mossad bei der Bereitstellung finanzieller und taktischer Unterstützung für „muslimische Extremisten", die angeblich Israels schlimmste Feinde sind. Die Wahrheit ist, dass sich muslimische Extremisten als nützliche (wenn auch oft unbeabsichtigte) Werkzeuge erwiesen haben, um die geopolitische Agenda Israels voranzutreiben.

Obwohl die Medien einen Großteil ihrer Berichterstattung dem Thema „islamischer Fundamentalismus" widmeten, verfolgten sie nicht die dokumentierten Verbindungen, die hinter den Kulissen zwischen Israel und den Terrornetzwerken bestehen, die heute Gegenstand einer medialen Obsession sind.

Tatsächlich deuten Beweise darauf hin, dass der muslimische Bösewicht Nummer eins in der Welt - Osama bin Laden - in der Vergangenheit mit ziemlicher Sicherheit mit dem Mossad zusammengearbeitet hat.

Obwohl viele Amerikaner heute wissen, dass Bin Ladens erste Bemühungen gegen die Sowjets in Afghanistan von der CIA gesponsert wurden, waren die Medien nicht bereit, darauf hinzuweisen, dass dieser Waffengang - der *im* Covert Action Information Bulletin *(September 1987) als* „zweitgrößte Geheimoperation" in der Geschichte der CIA beschrieben wurde - laut dem ehemaligen Mossad-Agenten Victor

Ostrovsky (der in *The Other Side of Deception* schreibt) auch unter der direkten Aufsicht des Mossad stand.

Ostrovsky stellte fest: „Es handelte sich um eine komplexe Kette, da ein Großteil der Waffen der Mudschaheddin aus amerikanischer Produktion stammte und direkt von Israel an die Muslimbruderschaft geliefert wurde, wobei die Beduinennomaden, die durch die entmilitarisierten Zonen des Sinai zogen, als Car riers benutzt wurden."

Der ehemalige ABC-Korrespondent John K. Cooley liefert in *Unholy Wars: Afghanistan, America and International Terrorism* eine gewisse Bestätigung für Ostrovskys Behauptungen. Er schreibt

> Die Diskussion über den Beitrag von Ausländern zur Ausbildung und zu den Operationen in Afghanistan wäre unvollständig, wenn der Iran und der Staat Israel nicht erwähnt würden. Die bedeutende Rolle des Iran bei der Ausbildung und Versorgung ist eine historische Tatsache. Was Israel betrifft, sind die Beweise weitaus dürftiger.

> Mindestens ein halbes Dutzend gut informierter Personen bestanden gegenüber dem Autor ohne Nennung von Beweisen darauf, dass Israel tatsächlich an der Ausbildung und Versorgung...

> Ob Einheiten der israelischen Elite-Spezialkräfte die muslimischen Krieger, die bald in muslimischen Organisationen wie der Hamas ihre Waffen gegen Israel richten würden, ausgebildet haben, ist ein gut gehütetes israelisches Geheimnis.

> Mehrere Amerikaner und Briten, die an dem Ausbildungsprogramm teilgenommen hatten, versicherten dem Autor, dass Israelis tatsächlich daran teilgenommen hätten, obwohl niemand zugab, tatsächlich israelische Ausbilder oder Geheimdienstmitarbeiter in Afghanistan oder Pakistan gesehen oder mit ihnen gesprochen zu haben.

> Sicher ist, dass es den Israelis von allen Mitgliedern der antisowjetischen Koalition am besten gelungen ist, die Details und sogar die Grundzüge einer Trainingsrolle zu verschleiern; weit mehr als den Amerikanern und Briten...

Darüber hinaus ist anzumerken, dass Sami Masri, ein ehemaliger Insider der berüchtigten Bank of Credit and Commerce International (BCCI), gegenüber den Journalisten Jonathan Beaty und S. C. Gwynne (beide vom *Time* Magazine), dass die BCCI „die Lieferung israelischer Waffen nach Afghanistan finanzierte. Es gab israelische Waffen, israelische Flugzeuge und CIA-Piloten. Waffen kamen nach Afghanistan und [die BCCI] erleichterte sie".

Tatsächlich arbeitete die BCCI, obwohl sie allgemein als „arabische" oder „muslimische" Bank gilt, in genau dem Bereich eng mit dem Mossad zusammen, in dem Bin Laden seine ersten Erfahrungen gesammelt hatte.

Es gibt also Beweise dafür, dass Bin Laden Teil eines Netzwerks war, das eng mit den Intrigen des Mossad zur Bewaffnung und Ausbildung der afghanischen Rebellen verbunden war.

Die Geschichte der Verbindungen zwischen dem Mossad und den islamischen Terrornetzwerken, die heute zu den Albträumen der Amerikaner gehören, ist jedoch weitaus komplexer.

In seinem neuen Buch *The Other Side of Deception* enthüllt Victor Ostrovsky, eine ehemalige Mossad-Figur, die beunruhigende Tatsache, dass der Mossad immer wieder radikale islamische Gruppen für seine eigenen Zwecke unterstützt hat.

Unter Betonung der Tatsache, dass die israelischen Hardliner, die Araber und Muslime in Israel und im Mossad hassen, glauben, dass Israels Überleben in seiner militärischen Stärke liegt und dass „diese Stärke aus der Notwendigkeit resultiert, auf die ständige Bedrohung durch den Krieg zu reagieren", befürchten die israelischen Hardliner, dass ein Frieden mit einem arabischen Staat Israel schwächen und zu seinem Untergang führen würde. In diesem Sinne schreibt Ostrovsky

> Die Unterstützung radikaler Elemente des muslimischen Fundamentalismus passte perfekt in den allgemeinen Plan des Mossad für die Region. Eine von Fundamentalisten geführte arabische Welt würde an keinen Verhandlungen mit dem Westen teilnehmen und so Israel als das einzige demokratische und rationale Land in der Region zurücklassen.

Eines der Hauptziele Israels war das Königreich Jordanien, das damals von König Hussein regiert wurde, der gerade dabei war, Israel Friedensangebote zu machen. Ostrovsky berichtet, dass der Mossad entschlossen war, „Jordanien bis zur zivilen Anarchie zu destabilisieren". Dabei sollten folgende Mittel eingesetzt werden:

> Ein großer Zustrom von Falschgeld, der das Misstrauen des Marktes hervorruft; die Bewaffnung religiöser talistischen Fonds, die der Hamas und der Muslimbruderschaft ähneln; und die Ermordung von Persönlichkeiten, die Stabilität symbolisieren, was zu Unruhen an den Universitäten führt und die Regierung zwingt, mit harten Maßnahmen zu reagieren und ihre Popularität zu verlieren.

Tatsächlich wurde diese Taktik vom Mossad auch in seinen Beziehungen zu nicht-arabischen Nationen angewandt. So berichtete beispielsweise Dr. Alfred Lilienthal, ein Pionier der amerikanisch-jüdischen Kritik an israelischen Exzessen, in der Märzausgabe 1982 seines Newsletters *Middle East* Perspective, dass der damals höchste italienische Richter, Ferdinando Imposimato, Anklage erhoben hatte, wie Imposimato formulierte

> Mindestens bis 1978 infiltrierte der israelische Geheimdienst die subversiven Organisationen Italiens und versorgte die Roten Brigaden [Terroristen] mehr als einmal mit Waffen, Geld und Informationen. Der israelische Plan bestand darin, Italien zu einem vom Bürgerkrieg zerrissenen Land zu degradieren, damit die USA für ihre Sicherheit im Mittelmeerraum stärker von Israel abhängen würden.

Lilienthal betonte, dass Imposimatos Quellen zwei inhaftierte Anführer der Roten Brigaden waren, die berichteten, dass die Israelis den Roten Brigaden nicht nur bei der Rekrutierung neuer Rekruten geholfen hätten, sondern auch bei der Verfolgung von Verrätern, die ins Ausland geflohen waren.

Selbst der Leitartikler Jack Anderson, ein der Israel-Lobby ergebener Informationsvermittler, prahlte mit Israels Geschick: Er schrieb bereits am 17. September 1972, dass...:

Die Israelis sind auch geschickt darin, arabische Rivalitäten auszunutzen und die Araber gegeneinander auszuspielen. Die kurdischen Stämme zum Beispiel bewohnen die Berge im Nordirak. Jeden Monat schleicht sich ein geheimer israelischer Gesandter von der iranischen Seite aus in die Berge, um dem Kurdenführer Mulla Mustafa al Barzani 50.000 Dollar zu überreichen. Diese Zuwendung sichert die Feindschaft der Kurden gegen den Irak, dessen Regierung militärisch anti-israelisch ist.

In einer Kolumne vom 25. April 1983 wies Anderson darauf hin, dass ein geheimer Bericht des Außenministeriums spekulierte, dass, falls der Führer der Palästinensischen Befreiungsorganisation, Yassir Arafat, vertrieben werden sollte, „die palästinensische Bewegung wahrscheinlich in radikale Splittergruppen zerfallen würde, die zusammen mit anderen revolutionären Kräften in der Region eine ernsthafte Bedrohung für gemäßigte arabische Regierungen darstellen würden".

Zweitens berichtete das Außenministerium laut Andersons Erzählung, dass:

> Israel scheint entschlossen, dieser Bedrohung entgegenzutreten... und es ist zu erwarten, dass es seine geheime Zusammenarbeit mit revolutionären Bewegungen erheblich ausweiten wird.

Anderson fügte hinzu, dass „zwei hochrangige Geheimdienstquellen" erklärt hätten, dass dies bedeute, dass es im Interesse Israels sei, „Teile und herrsche" zu betreiben, indem die verschiedenen palästinensischen Fraktionen gegeneinander ausgespielt würden. Dies würde dann zur Destabilisierung aller arabischen und islamischen Regime im Nahen Osten beitragen. Anderson behauptete dann unumwunden, dass die Quellen sagten, dass „Israel heimlich Gelder an Abu Nidals Gruppe geliefert hat".

Andersons Berichte über Abu Nidals offensichtliche Verbindungen zum Mossad waren nur die Spitze des Eisbergs. Der britische Journalist Patrick Seale, eine anerkannte Autorität auf dem Gebiet des Nahen Ostens, widmete ein ganzes Buch mit dem Titel *Abu Nidal: A Gun for Hire*, in dem er seine These, dass Nidal immer ein Ersatz für den Mossad gewesen sei, darlegt und dokumentiert.

Heute wurde Nidal (der sich angeblich in Ägypten zur Ruhe gesetzt hat) in den Schlagzeilen der Medien von Osama bin Laden als „meistgesuchter Terrorist der Welt" abgelöst.

Und wie Nidals Bemühungen, die arabische Welt, insbesondere die palästinensische Sache, zu spalten, scheinen auch Bin Ladens Aktivitäten eine Interessenkongruenz mit denen Israels zu haben, obwohl es sich dabei um eine Sache handelt, die die Mainstream-Medien nicht bereit sind, anzuerkennen.

Während Bin Laden selbst nie ein israelisches oder jüdisches Ziel angriff, betonte selbst *die Washington Post*, dass Bin Ladens Hauptziel darin bestand, „eine destabilisierende Marke des islamischen Fundamentalismus in einer langen Liste bestehender Regime im Nahen Osten und in Zentralasien" zu unterstützen.

Derselbe Artikel in der *Post* enthüllte, dass entgegen der allgemeinen Meinung, Bin Laden stecke irgendwie mit Israels Lieblingszielen wie Saddam Hussein im Irak und Muammor Qadaffi in Libyen unter einer Decke, ein ehemaliger Geschäftspartner Bin Ladens ausgesagt hatte, dass Bin Laden in Wirklichkeit sowohl dem irakischen als auch dem libyschen Herrscher sehr feindlich gesinnt war. Dies entspricht der Haltung Israels gegenüber den beiden arabischen Ikonen.

Angesichts Bin Ladens früherer Verbindungen zu den gemeinsamen Operationen von CIA und Mossad in Afghanistan und der ungewöhnlichen Übereinstimmung seiner Ziele mit denen des Mossad stellt sich die Frage, ob Bin Laden nicht in mehrfacher Hinsicht der Nachfolger von Abu Nidal, dem mutmaßlichen Stellvertreter des Mossad, ist.

Und angesichts der jüngsten Fragen über die Nationalität und Identität der angeblichen „arabischen Luftpiraten", die die vier Flugzeuge zum Absturz brachten, die am 11. September auf amerikanischem Boden für Chaos sorgten, wies der bereits zitierte Artikel von Jack Anderson vom 17. September 1972 auf etwas hin, das man beachten sollte

> Die israelischen Agenten, Einwanderer, deren Familien seit Generationen in arabischen Ländern leben, sind mit den arabischen Dialekten und Bräuchen bestens vertraut. Sie konnten sich leicht in arabische Regierungen einschleusen.

Selbst israelische Quellen lieferten weitere Daten, die zeigten, wie sehr der Mossad und andere Teile des israelischen Geheimdienstes in der arabischen Welt „versteckt" wurden. Am 29. September 1998 enthüllte der bekannte israelische Journalist Yossi Melman, der für die israelische Zeitung *Ha'aretz* schrieb, Folgendes:

> Shin Bet-Agenten, die in den 1950er Jahren undercover im israelisch-arabischen Sektor arbeiteten, gingen sogar so weit, muslimische Frauen zu heiraten und mit ihnen Kinder zu haben, um ihre Mission fortzusetzen, ohne Verdacht zu erregen. Als die Einheit aufgelöst wurde, zerbrachen einige Familien, während in anderen Fällen die Frauen zum Judentum konvertierten und bei ihren Ehemännern blieben.

Tatsächlich stellt sich die Frage, ob diejenigen, die als die Luftpiraten des 11. Septembers identifiziert wurden, auch wirklich die Luftpiraten waren. *Im New Yorker* vom 8. Oktober 2001 wies Seymour Hersh, ein erfahrener Enthüllungsjournalist, auf eine Tatsache hin, die in den Mainstream-Medien nicht erwähnt wurde

> Viele Ermittler sind der Ansicht, dass einige der ersten Hinweise auf die Identität und die Vorbereitungen der Terroristen, wie z. B. die Flughandbücher, gefunden werden sollten. Ein ehemaliger hochrangiger Geheimdienstmitarbeiter sagte mir: „Die Spuren, die hinterlassen wurden, wurden absichtlich so gelegt, dass das FBI sie verfolgen konnte".

Hersh warf auch die Frage auf, ob Bin Ladens Netzwerk in der Lage gewesen sei, den Terroranschlag allein durchzuführen. Hersh merkte an, dass ein hochrangiger Militäroffizier ihm vorgeschlagen habe, dass seiner Meinung nach „auch ein wichtiger ausländischer Geheimdienst beteiligt gewesen sein könnte".

Hersh hat auf niemanden mit dem Finger gezeigt, aber ein Leser, der mit Hershs früherer Geschichte vertraut ist, in der er auf die Intrigen des israelischen Mossad hingewiesen hat, könnte vielleicht zwischen den Zeilen lesen und erraten, auf welches fremde Land Hershs Quelle, wenn auch nur schräg, hinweisen könnte.

Letztendlich ist die Vorstellung, dass die CIA und der Mossad islamische Terrorgruppen finanzieren, für ehemalige Leser des verstorbenen *Spotlight* nichts Außergewöhnliches.

Bereits am 15. März 1982 enthüllte der erfahrene Korrespondent Andrew St. George in *The Spotlight*, dass das große Geheimnis von im Zusammenhang mit dem Skandal um den internationalen Waffenhandel des ehemaligen hochrangigen CIA-Mitarbeiters Edwin Wilson dessen Partnerschaft mit dem Mossad war. Während Wilson behauptete, dass diese Aktivitäten mit Billigung der CIA durchgeführt wurden - die dies natürlich bestritt - hielten die Mainstream-Medien die Verbindung zwischen Wilson und dem Mossad unter Verschluss.

George berichtete, dass Wilson sich mit zwei Veteranen des Mossad, Hans Ziegler und David Langham, zusammengetan hatte, die eine Firma namens Zimex, Ltd. mit Sitz in der Schweiz gründeten. Das Projekt war unter dem Namen KLapex, dem Kryptonym der CIA, bekannt.

Es handelte sich um eine gemeinsame Geheimoperation der CIA und des Mossad, bei der eine Kette von fiktiven Handelsunternehmen aufgebaut wurde, um persönliche Düsenflugzeuge an arabische Führer zu verkaufen und zu verchartern. Die Flugzeuge, die von Gulfstream-II-Geschäftsjets bis hin zu riesigen 707er-Jets reichten, wurden mit Flug- und Wartungscrews geliefert, zu denen jeweils auch Mossad-Agenten gehörten. Die Hauptaufgabe der israelischen Spione bestand darin, den Betrieb und die Wartung der ausgeklügelten elektronischen Abhörsysteme sicherzustellen, die in der Kabine jedes Flugzeugs versteckt waren, um vertrauliche Gespräche arabischer Staatsmänner während des Flugs aufzuzeichnen.

George deckte jedoch auf, dass das Handelsnetz von KLapex für noch unheimlichere Zwecke genutzt wurde

> Verdeckte Hilfe für bestimmte radikale nationalistische, panarabische und islamische Bewegungen im Sudan, in Ägypten, Syrien, Saudi-Arabien und den anderen Staaten am Persischen Golf leisten. In allen Fällen, in denen der Mossad diese geheime Hilfe leistete - sei es in Form von Bargeld, Zugang zu geschmuggelten Waffen oder in anderer Form - bestand das Ziel darin, eine Regierung zu schwächen oder unter Druck zu setzen,

die zu diesem Zeitpunkt als feindlich oder gefährlich für Israel galt.

Es bleibt abzuwarten, welche israelische Schirmherrschaft, wenn überhaupt, sich hinter den islamischen Krokodilen verbirgt, die derzeit von den Medien gefördert werden; doch die Beweise für die frühere israelische Schirmherrschaft und Verbindungen sind für diejenigen da, die es wagen, danach zu suchen.

KAPITEL VII

Der Abgeordnete Jerry Voorhis hatte Recht: Die Federal Reserve ist nicht „föderal".

Am 3. Oktober 1989 gab die einflussreiche *Washington Post* - Amerikas politische Leitzeitung - zu, dass die Megabanken, die das System der Federal Reserve bilden, Privatunternehmen sind. Es war vielleicht das erste Mal, dass eine Zeitung des Establishments diese Tatsache anerkannte.

Ausnahmslos werden, wenn in den Hauptmedien von der Fed die Rede ist, die Banken der Federal Reserve, die sich in Privatbesitz befinden und vom Privatsektor verwaltet werden, als „föderale" Einheiten bezeichnet.

Sie sind jedoch nicht „föderal". Die Banken der Federal Reserve sind private Einheiten. Die Tatsache, dass die *Post* dies zugegeben hat, ist wirklich bedeutsam. Das Eingeständnis erschien in einem Artikel, der Teil der regelmäßigen Rubrik der *Post*, „The Federal Page", ist, die sich mit dem Kongress und der Bürokratie befasst.

In dem Artikel ging es nicht um die Eigentumsverhältnisse der Banken der Federal Reserve. Vielmehr war dieser Hinweis auf die private Natur der Fed in den letzten Absätzen eines Berichts vergraben, in dem eine neue Gehaltserhöhung für die Mitarbeiter des Gouverneursrats des Federal Reserve Systems detailliert beschrieben wurde.

(Der Rat ist ein Gremium aus sieben vom Präsidenten ernannten Mitgliedern, das die Angelegenheiten des Federal-Reserve-Systems und damit der Wirtschaft des Landes regelt. In diesem Sinne ist er der einzige Aspekt der Fed, der wirklich föderal ist. Darüber hinaus setzt sich das Federal Reserve System aus den Leitern von zwölf privaten Regionalbanken zusammen, die von der einflussreichen Federal Reserve Bank of New York dominiert werden, die größtenteils unter der Kontrolle der Rockefeller-Familie und ihrer Verbündeten in der Geschäftswelt steht).

Der *Post-Artikel* stellt fest, dass die Fed unter der Leitung von Alan Greenspan, dem Vorsitzenden des EZB-Rats, eine neue Gehaltsordnung eingeführt hat, „um der Konkurrenz des Privatsektors um Schlüsselpositionen zu begegnen".

So unglaublich es auch klingen mag, der Kongress hat kein Mitspracherecht bei internen Gehaltserhöhungen der Fed. Dies ist ein integraler Bestandteil des von der Fed gepriesenen „unabhängigen" Status und, so könnte man hinzufügen, der Immunität gegen unabhängige und externe Prüfungen ihrer internen Ausgaben und der von ihr umgesetzten Geldpolitik.

Die Fed darf nämlich die Lohntabelle nach eigenem Ermessen festlegen, d. h. sie kann das Geld der Steuerzahler nach Belieben ausgeben. In der Vergangenheit folgte die Fed jedoch in der Regel den Gehaltstabellen des öffentlichen Dienstes. Wie die *Post* in dem betreffenden intriganten Absatz (der die private Natur der Fed enthüllt) jedoch feststellt:

> „Das neue Gehaltsschema, das alle 1.500 Angestellten des Rates umfasst, ist nicht so hoch wie in der Privatwirtschaft oder bei der Federal Reserve Bank of New York, die wie die anderen 11 Regionalbanken der Federal Reserve Bank technisch gesehen ein Privatunternehmen ist, das die Gehälter nach eigenem Ermessen festlegen kann, so ein Sprecher des Rates".

Es ist nur natürlich, dass diese Enthüllung auf den Seiten der *Post* erscheint. Der Autor dieser Enthüllung ist kein Geringerer als der langjährige Chefunterhalter der Zeitung, der Wall-Street-Geldgeber Eugene Meyer, der eines der ersten Mitglieder des Verwaltungsrats der Federal Reserve war. Heute befindet sich die *Post* weiterhin unter der Kontrolle von Meyers Enkel Donald, der den Titel „Herausgeber" trägt.

Die Fed hat keine Angst, auf den Seiten einer befreundeten Zeitung wie der *Post* zuzugeben, dass sie in Wirklichkeit eine private Einheit ist, da die *Post* eine zuverlässige Stimme ist, die als „interne" Zeitung für das Washingtoner Establishment fungiert. Aber jetzt, da wir die Bestätigung von einer sogenannten „zuverlässigen Quelle" haben -

einem Sprecher der Fed, der in der angesehenen *Post* zitiert wird - können *wir* mit Zuversicht behaupten, dass die Banken der Federal Reserve nicht wirklich föderal sind. Die Kritiker der Fed, wie der verstorbene Abgeordnete Jerry Voorhis (D-Calif.), hatten von Anfang an Recht.

Und wenn Voorhis heute im Kongress säße, würde er zweifellos den Kampf für die Prüfung und Abschaffung des Federal-Reserve-Systems anführen.

Die Verteidiger der Fed bezeichnen ihre Kritiker als „rechtsradikale Spinner". Es kommt für sie jedoch nicht in Frage, Voorhis dieses Etikett anzuheften. Tatsächlich war Voorhis - ein ehemaliges registriertes Mitglied der Sozialistischen Partei - nach allen Maßstäben einer der „liberalsten" Kongressabgeordneten.

Aber Voorhis war ein unabhängiger Intellektueller, ein Populist, der bereit war, sich mit der plutokratischen Elite anzulegen, was er auch oft tat. Folglich war es der Angriff auf die Fed, der die Situation gegen Voorhis wendete.

Voorhis, der sich selbst als „christlichen Sozialisten" - und auch als überzeugten Antikommunisten - beschrieb, war sich der wucherischen Realität des privatwirtschaftlich gehaltenen und kontrollierten Bankenmonopols, das als Federal Reserve bekannt ist, bewusst.

1943 ging Voorhis sogar so weit, eine leidenschaftliche Anklageschrift gegen die Fed zu verfassen, ein umstrittenes Buch mit dem Titel *Out of Debt, Out of Danger*. In seinem Buch lässt Voorhis die Geschichte der Fed Revue passieren und wie sie das amerikanische Leben zum Nachteil der Bauern, Arbeiter und Kleinunternehmer des Landes beeinflusst hat. Und gerade weil Voorhis die Fed offen kritisierte, zahlte er den ultimativen politischen Preis.

Als Voorhis 1946 versuchte, eine sechste Amtszeit im Repräsentantenhaus zu erreichen, wählte und finanzierte eine Clique gut finanzierter Finanziers und Industrieller (die sich selbst als „Komitee der Hundert" bezeichneten) einen Kandidaten, der sich der Wiederwahl Voorhis' widersetzen sollte.

Tatsächlich reiste ein Abgesandter einer der größten New Yorker Banken (die die Fed über die Federal Reserve Bank of New York, die einflussreichste regionale Zweigstelle der Fed, dominieren) nach Südkalifornien, um sich mit dem mysteriösen Komitee zu treffen und Unterstützung für die Kampagne gegen Voorhis zu versprechen.

Laut einem Bankbeamten galt Voorhis als „einer der gefährlichsten Männer in Washington", d. h. in den Augen der Plutokraten.

Dennoch war sich der etablierte und beliebte Voorhis sicher, dass er wiedergewählt werden würde. Voorhis wurde jedoch überrascht und aufgrund einer besonders bösartigen Operation von „Tiefschlägen" gegen ihn wurde er in einem der größten politischen Umwälzungen des Jahres besiegt.

Der Drahtzieher der gut finanzierten Kampagne des Komitees der Hundert gegen Voorhis war ein berüchtigter Anwalt aus Los Angeles, der während seiner gesamten Karriere für seine scheinbar grenzenlosen Beziehungen zum organisierten Verbrechen bekannt war: der rätselhafte Murray Chotiner.

Später arbeitete Chotiner eng mit der Anti-Defamation League (ADL) der B'nai B'rith zusammen, um eine ähnliche machiavellistische Operation gegen Liberty Lobby, die populistische Institution in Washington, die *The Spotlight* herausgab, zu organisieren.

Es ist vielleicht kein Zufall, dass die Hauptklage der ADL gegen Liberty Lobby daraus resultiert, dass Liberty Lobby das Justizministerium wiederholt aufgefordert hat, die ADL, einen ausländischen Agenten des Staates Israel, dazu zu verpflichten, sich als solcher beim Justizministerium zu registrieren, wie es das Gesetz über die Registrierung ausländischer Agenten (Foreign Agents Registration Act) verlangt, das von keinem geringeren als Jerry Voorhis verfasst wurde.

Wie dem auch sei, der Abgeordnete Voorhis hat sich offensichtlich mächtige Feinde innerhalb des „Establishments" gemacht. Dasselbe galt später für den jungen Republikaner, der von den Plutokraten angeworben worden war, um gegen Voorhis anzutreten, und der den erfahrenen Populisten tatsächlich besiegt hatte. Bei dem jungen

Republikaner handelte es sich um keinen geringeren als Richard Milhouse Nixon.

Ironischerweise sagte Nixon - bevor er als Präsident „Watergated" wurde - über Voorhis (den er persönlich schätzte): „Ich nehme an, es gab kaum einen Mann mit höheren Idealen als Jerry Voorhis oder besser motiviert als er: „Ich nehme an, es gab kaum einen Mann mit höheren Idealen als Jerry Voorhis oder besser motiviert als Jerry Voorhis."

Doch fast dreißig Jahre später, als der Zorn der von der Plutokratie kontrollierten Medien auf Nixon niederprasselte, erinnerten die Medien energisch an Nixons Vernichtungsfeldzug gegen Voorhis im Jahr 1946. Dabei ignorierten sie sorgfältig die Tatsache, dass die mächtigen New Yorker und internationalen Bankinteressen (die in Wirklichkeit die „Mainstream-Medien" beherrschten) die Hauptinitiatoren von Nixons Angriff auf Voorhis gewesen waren.

Nach seiner Niederlage bei der Wiederwahl blieb Voorhis dennoch ein starker Kritiker der Fed und schrieb später: „Die Fed handelt nicht als Regierungsinstrument der Nation, und ihre Politik und Praktiken werden nicht mit Rücksicht auf die Nation bestimmt.

Stattdessen sind es die Banken und Banker, die die Fed leiten und sie in fast jeder Hinsicht zum Vorteil der Finanzgemeinschaft lenken. „Die Geldschöpfung", so Voorhis, „ist die größte wirtschaftliche Macht, die dem Menschen bekannt ist. Diese Macht sollte immer im Interesse der gesamten Bevölkerung ausgeübt werden, niemals im Interesse einer Handvoll Privilegierter.

„Die Banken - die Geschäftsbanken und die Federal Reserve - schaffen das gesamte Geld dieser Nation, und die Nation und ihr Volk zahlen Zinsen auf jeden Dollar dieses neu geschaffenen Geldes. Das bedeutet, dass die Privatbanken auf verfassungswidrige, unmoralische und lächerliche Weise die Macht ausüben, das Volk zu besteuern. Denn jeder neu geschaffene Dollar verwässert in gewissem Maße den Wert aller anderen bereits im Umlauf befindlichen Dollar".

Voorhis meint: „Ein Federal Reserve System, das unter der Kontrolle der gewählten Vertreter der Vereinigten Staaten steht, könnte im Interesse der Öffentlichkeit und nicht wie heute im Interesse der Kreditgebergemeinschaft geführt werden."

KAPITEL VIII

Der Bombenanschlag in Oklahoma City

(unveröffentlicht)

Die meisten Amerikaner wissen nicht, dass die Ausgabe von *The Village Voice* vom 22. Mai 2001 eine kurze, gut geschriebene Darstellung der Lücken in der Propagandalinie des FBI bezüglich der offiziellen Regierungsgeschichte über die Ereignisse rund um den Bombenanschlag in Oklahoma City enthielt.

Der Artikel mit dem Titel *Beyond McVeigh: What the Feds Won't Tell You About Oklahoma City (Jenseits von McVeigh: Was die Bundesbehörden Ihnen nicht über Oklahoma City sagen werden)* von James Ridgeway, einem erfahrenen und bekannten liberalen Journalisten, besagt, dass die offizielle Version der Ereignisse durch die Regierung schlichtweg „keinen Sinn ergibt".

Ridgeway kommentiert: „So abwegig ihre Behauptungen auf den ersten Blick auch erscheinen mögen, Verschwörungstheoretiker behaupten, dass man die Frage nicht ignorieren kann, ob die Regierung im Vorfeld von der Verschwörung wusste - oder ob sie sogar eine Rolle dabei gespielt hat". Anschließend bietet er seinen Lesern eine, wie er es nennt, „Liste einiger - aber nicht aller - Ereignisse, die auf eine größere Verschwörung hindeuten".

Es genügt zu sagen, dass praktisch alle von Ridgeway erwähnten Punkte den Lesern *der American Free Press* vertraut sind, aber wahrscheinlich den liberalen Lesern *von The Village Voice* die Augen geöffnet haben.

Ridgeway schließt mit der Geschichte von Andreas Strassmeir, der mit ziemlicher Sicherheit an der Seite von Timothy McVeigh ein verdeckter Bundesinformant war und von dem der verstorbene *Spotlight* immer gesagt hat, dass er wahrscheinlich die zentrale Figur war, um aufzuklären, was wirklich passiert ist.

Insbesondere schließt Ridgeway mit der Erzählung, dass einmal, als ein Zeuge aus Oklahoma mit einer Person mit deutschem Akzent sprach, die angeblich Strassmeir war, und ihn (offensichtlich sehr scharfsinnig) fragte, ob er für die Regierung arbeite, die Person, die angeblich Strassmeir war, „ein bisschen gelacht" habe.

Stephen Jones, McVeighs ehemaliger Anwalt, erklärte in der aktualisierten Neuauflage seines Buches *Others Unknown* unumwunden, er wolle klarstellen, dass er von Anfang an gewusst habe, dass es tatsächlich einen „John Doe #2" gegeben habe. Jones beschreibt seine Informationsquelle als „makellos" - niemand geringeres als McVeigh selbst.

In der Sendung *48 Hours*, die am 11. Juni auf CBS ausgestrahlt wurde, enthüllte Jones, dass McVeigh bei seinem ersten Lügendetektortest „getäuscht" habe, als ihm spezifische Fragen zur Beteiligung anderer Personen an dem Bombenanschlag gestellt wurden, insbesondere, ob andere Personen ihn bei der Übergabe der Bombe an das Murrah-Gebäude begleitet hätten.

Erstaunlich ist, dass die Anhänger der FBI-Theorie vom „einsamen Selbstmordattentäter" nun versuchen, Jones - der im größten Massenmordprozess der US-Geschichte der vom Gericht bestellte Verteidiger war - zu diskreditieren, indem sie ihn als „Publicity-Forscher" bezeichnen, weil er es gewagt hatte, Fragen zur Glaubwürdigkeit seines ehemaligen Mandanten aufzuwerfen.

Tatsächlich kamen McVeighs Anwälte laut dem unabhängigen Ermittler J.D. Cash zu dem Schluss, dass McVeigh im Delirium sei, und fragten sich, ob McVeigh vielleicht glaubte, die Reinkarnation des Unabhängigkeitskriegshelden Patrick Henry zu sein.

Cash stellt fest, dass „McVeigh in seinen ersten Wochen im Gefängnis alle Symptome eines 'Cranksters' zeigte, der sich von den zerstörerischen Auswirkungen von [LSD und Crystal-Meth] erholt", zwei Drogen, von denen McVeighs Schwester bestätigte, dass er mit ihnen experimentiert hatte.

Cash zufolge waren McVeighs „wunde Punkte" „eine marginale rechte Ideologie und Fantasien, in denen Frauen vorkommen".

In diesem Zusammenhang ist es interessant, dass Kirk Lyons, der enge Freund und Anwalt von Andreas Strassmeir, McVeighs angesehenem Partner, ein aktiver Anwerber für den Elohim City Komplex in Arkansas nahe der Grenze zu Oklahoma war und jungen „weißen Nationalisten" versprach, dass sie in Elohim City die Frauen ihrer Träume finden könnten.

Van Loman, ein Veteran der nationalistischen Bewegung, sagte *The Spotlight*, dass Lyons nach dem Scheitern seiner eigenen Ehe begeistert für die Idee eintrat, dass Loman nach Elohim City ziehen sollte, um dort einen Schicksalsgefährten zu finden.

Zuversichtlich, dass er eine neue Liebe finden könnte, ohne sich in Lyons „Club der einsamen Herzen" niederzulassen, sagt Loman heute:

„Ich kann mich nur fragen, wie mein Leben verlaufen wäre, wenn ich dem Vorschlag von Kirk Lyons gefolgt wäre und meinen Wohnsitz in Elohim City genommen hätte. Das weiß nur Gott. Vielleicht hätte ich mit Leuten wie Andreas Strassmeir und Timothy McVeigh verkehrt und wäre auf die eine oder andere Weise versehentlich in ihr Netz aus Intrigen hineingezogen worden".

Die Frage ist, ob Tim McVeigh auf der Grundlage einer ähnlichen Empfehlung wie der von Loman abgelehnten gehandelt hat.

Die Mainstream-Medien - sowie die ADL und Morris Dees vom Southern Poverty Law Center - suggerieren weiterhin, dass diejenigen, die die offizielle Version der Regierung über das Attentat in Oklahoma anzweifeln, versuchen, Timothy McVeigh zu einem „Märtyrer" zu machen. Nichts könnte falscher sein.

Tatsache ist, dass die meisten, die die offizielle Version der Regierung über den Bombenanschlag anzweifeln, ebenfalls glauben, dass McVeigh gelogen hat, als er seine „interne" Erzählung an die beiden Autoren weitergab, die das neue Buch produzierten, in dem McVeigh angeblich „die ganze Geschichte" erzählen sollte.

Alle gesammelten Beweise - sowohl von der Regierung als auch von unabhängigen Ermittlern, die die offizielle Linie der Regierung in Frage stellen - deuten darauf hin, dass McVeigh in den Bombenanschlag verwickelt war.

Die Regierung und die unabhängigen Ermittler sind sich uneinig darüber, ob noch weitere Personen beteiligt waren.

KAPITEL IX

Populistischer Autor spricht in Malaysia

Michael Collins Piper verbrachte im August 2004 zehn Tage in Malaysia, einer Republik in Südostasien. Piper wurde von verschiedenen unabhängigen Organisationen und Einzelpersonen empfangen und reiste nach Kuala Lumpur, der ultramodernen Hauptstadt dieser aufstrebenden asiatischen Wirtschaftsmacht, um die Veröffentlichung seiner umstrittenen Bücher *Final Judgment: The Missing Link in the JFK Assassination Conspiracy (Das fehlende Glied in der JFK-Attentatsverschwörung)* und *The High Priests of War* (*Die Hohepriester des Krieges*), die erste umfassende Studie über die Geschichte der pro-israelischen Neokonservativen, die die Außenpolitik der USA unter Präsident George W. kontrollieren, zu veröffentlichen. Bush.

Obwohl Malaysia ein multiethnisches Land mit großen chinesischen und indischen Minderheiten ist, wobei die malaiische Bevölkerung überwiegt, wird im gesamten Land, das einst zum Britischen Empire gehörte, weitgehend und fließend Englisch gesprochen.

Mehrere tausend Exemplare der beiden Bücher Pipers sind in Malaysia bereits im Umlauf und in den wichtigsten Buchhandlungen des Landes erhältlich, was in den USA nicht der Fall ist. (Seit Pipers erstem Besuch wurde *The High Priests of War* auch auf Malaiisch veröffentlicht, und sein letztes Buch, *The New Jerusalem*, wurde in Malaysia auch auf Englisch veröffentlicht).

Pipers Besuch war ein gutes Zeichen, denn wie seine Gastgeber betonten, war es das erste Mal, dass ein Amerikaner, der für seine populistische, nationalistische und die Israel-Lobby in Washington kritisierende Offenheit bekannt ist, Malaysia in einer derart öffentlichkeitswirksamen Weise besuchte.

Als Vorsitzender der Bewegung der Blockfreien und der Organisation Islamischer Länder gewinnt Malaysia zunehmend an Einfluss auf der Weltbühne, insbesondere nach der zwanzigjährigen Herrschaft des populären ehemaligen Premierministers Dr. Mahathir Mohamad, der sich den Bemühungen der Globalisten widersetzte, seiner Nation durch imperiale Machtmotoren wie den Internationalen Währungsfonds und die Weltbank diktatorische Regeln aufzuzwingen.

Die erste Veranstaltung auf Pipers Tour war ein Vortrag im Fünf-Sterne-Hotel Mutiara in Kuala Lumpur vor fast 300 Zuhörern - eine bemerkenswerte Mischung aus Anwälten, Geschäftsleuten, Industriellen, Akademikern und Spitzendiplomaten, darunter ein Vertreter der US-Botschaft in Malaysia. Chandra Muzaffar, ein Anwalt, produktiver Schriftsteller und Redner, der als einer der führenden Intellektuellen Asiens gilt, übernahm die Moderation. Als Vorsitzender der Internationalen Bewegung für eine gerechte Welt (JUST) ist Muzaffar international weithin geachtet.

Später wurde die JUST-Konferenz selbst durch einen Sonderauftritt Pipers geprägt, der vor einer ebenso großen und interessierten Zuhörerschaft zum Thema „Die verborgene Macht hinter Washington" sprach und dabei nicht nur auf die offensichtliche Frage des Einflusses der Israel-Lobby einging, sondern auch auf Machtblöcke wie den Rat für Auswärtige Beziehungen, die Trilaterale Kommission und die geheimere Bilderberg-Gruppe, die - wie Piper herausfand - seinen ansonsten gut informierten Zuhörern kaum bekannt war. Die Moderation übernahm Dr. R. S. McCoy, Vorsitzender der malaysischen Abteilung der Internationalen Ärztevereinigung für die Verhütung des Atomkriegs.

Während eines Besuchs auf der historischen Insel Penang, die als „Perle des Orients" bekannt ist, beantwortete Piper die Frage „Die Vereinigten Staaten im Nahen Osten: Ist Frieden möglich?" vor einer Versammlung von Akademikern und Postgraduierten am Zentrum für internationale Studien der School of Social Sciences an der Sains [Science] University in Malaysia. Der Moderator, Professor Johan S. Abdullah, überreichte Herrn Piper abschließend ein Buch von Cecil Regendra, einem prominenten Anwalt, Dichter und Menschenrechtsaktivisten, der an Pipers Vortrag teilgenommen hatte.

Ursprünglich war geplant, dass Piper im Rahmen eines Kurses von Dr. A. B. Kopanski an der renommierten International Islamic University (IIU) in Kuala Lumpur sprechen sollte. Wie Piper ist auch Kopanski Mitglied des Beirats von *The Barnes* Review, der geschichtsrevisionistischen Zeitschrift. Im vergangenen Jahr kam er nach Washington, um auf der gemeinsamen TBR-AFP-Konferenz über Real History and the First Amendment zu sprechen.

Pipers Besuch in Malaysia stieß jedoch in intellektuellen Kreisen auf so großes Interesse, dass die Universitätsleitung auf eigene Faust einen größeren Raum an ihrer Hochschule organisierte, die Studenten aus rund 100 Ländern beherbergt.

Es war also ein voller Saal (ca. 300 Personen) mit energiegeladenen Studenten, der Piper begrüßte. Der Präsident der IIU, Seri Sanusi Junid, eine hoch angesehene Persönlichkeit in malaysischen Angelegenheiten, kam für den Vortrag zu Piper auf die Bühne und ehrte den Amerikaner mit dem Titel „Protegé", sehr zur Freude der Studenten, die Pipers Vortrag über „Die Neokonservativen, den Zionismus und Palästina" genossen.

Piper sprach über das ebenso kontroverse Thema „Ist die amerikanische Presse wirklich frei?" am nationalen Sitz des Malaysian Bar Council, der Anwaltsvereinigung, die in Malaysia (anders als in den USA) sehr unabhängig ist und sich offen äußert, wobei sie oft als Gegenpol zur Regierung auftritt. Piper wies darauf hin, dass die Regierung in Ländern wie Malaysia die Medien zwar oft teilweise kontrolliert (oder ihnen Beschränkungen auferlegt), dass die Situation in den USA jedoch anders ist: Private Unternehmen und besondere Interessengruppen besitzen die Medien und nutzen diese Macht, um den politischen Prozess zu steuern.

Interessant ist, dass es hinter den Kulissen eine konzertierte Anstrengung gab, Piper daran zu hindern, vor dem Rat der Anwaltskammer zu sprechen. Ein anonymer Anruf - von dem man annimmt, dass er von der Anti-Defamation League (ADL), der Lobbygruppe der Israel-Lobby in den USA, kam - forderte den Rat auf, Pipers Einstellung zu annullieren, und bezog sich dabei auf „Beweise" gegen Piper auf der ADL-Website, die „belegen", dass Piper gefährlich sei. Die Führung der Anwaltskammer wies die Meinung der ADL zurück und der Moderator der Veranstaltung, der bekannte Anwalt

Tommy Thomas, betonte, dass es in der langen Geschichte der Ratsforen noch nie einen Versuch gegeben habe, einen Redner daran zu hindern, auf gehört zu werden , trotz einer langen Liste kontroverser Redner, die sehr unterschiedliche Standpunkte vertraten.

Die Abschlussveranstaltung von Pipers Vortragsreise wurde von *Oriental News*, der chinesischsprachigen Zeitung in Kuala Lumpur, gesponsert. Vor einer freundlichen und faszinierten Menge von ca. 250 Personen sprach M. Piper über das Thema „Die Landkarte der USA für die Weltherrschaft im 21. Jahrhundert": „ Er betonte, dass die Neokonservativen der Washingtoner Führungselite zwar für ihre kirchenfeindliche Begeisterung für Israel bekannt sind, weniger bekannt ist jedoch, dass sie selbst bei der Führung der US-Politik gegenüber Asien, Europa, Afrika und Südafrika die Interessen und die Sicherheit Israels an die erste Stelle setzen, da sie der Ansicht sind, dass all diese Politiken darauf ausgerichtet sein müssen, das Beste für Israel zu erreichen.

Das Folgende ist Pipers persönlicher Bericht über seine historische Reise nach Malaysia:

Meine Reise nach Kuala Lumpur, der Hauptstadt Malaysias, sowie parallele Reisen zu anderen Zielen in diesem bemerkenswerten Land gaben mir die einmalige Gelegenheit, viel über ein Land zu erfahren, das für die meisten Amerikaner geheimnisvoll bleibt, obwohl Malaysia eine der Wirtschaftsmächte Südostasiens ist und zweifellos eine führende Rolle in der Dritten Welt und in anderen blockfreien Ländern spielt. Vor allem aber hatte ich die Gelegenheit zu hören, was die Malaysier heute über die Vereinigten Staaten und ihre globalistische Politik denken - Ansichten, die in vielerlei Hinsicht die Weltmeinung widerspiegeln.

Während meines Besuchs traf ich nicht nur durchschnittliche Arbeiter, sondern auch eine Reihe von Anwälten, Akademikern, Intellektuellen, politischen Dissidenten, Unternehmern, Journalisten und mehrere ehemalige Regierungsbeamte. Man kann mit Sicherheit sagen, dass sich alle trotz ihrer sozioökonomischen, ethnischen und religiösen Unterschiede in einem Punkt einig waren: „Im Gegensatz zu dem, was George W. Bush behauptet, hassen wir nicht Amerika oder das amerikanische Volk, aber wir mögen die Politik, die der amerikanische Präsident und seine neokonservativen Berater betreiben, absolut nicht."

So einfach ist das. Tatsächlich spiegelt die malaysische Sichtweise das Denken der Menschen in Russland und in Abu Dhabi in den Vereinigten Arabischen Emiraten wider, zwei weitere Orte, an denen ich in den letzten Jahren gesprochen habe.

Obwohl Malaysia den Islam zur Staatsreligion erklärt hat, weist das Land eine große religiöse und ethnische Vielfalt auf, mit großen Bevölkerungsgruppen von Chinesen, Indern und anderen. Es ist außerdem sehr modern und zukunftsorientiert, da Englisch von allen Bevölkerungsgruppen, einschließlich der malaysischen Mehrheitsbevölkerung, weitgehend gesprochen wird.

Die Malaysier schätzen ihre Kultur und Geschichte und sind entschlossen, unabhängig zu bleiben. Sie misstrauen vielen Aspekten dessen, was grob als „amerikanische" Kultur bezeichnet wird, was aber - wie jeder denkende Amerikaner genau weiß - in Wirklichkeit eine Marke von „Kultur" ist, die von den kontrollierten Medien in den USA verkündet wird und die, um ehrlich zu sein, oft nur wenig von der amerikanischen Tradition selbst widerspiegelt.

Obwohl die Malaysier die amerikanische Mode, die Filme und alle Aspekte „unseres amerikanischen Lebensstils" schätzen, legen sie Wert darauf, ihre eigene Individualität zu bewahren. Eine „Eine Welt" wird es für die Malaysier nicht geben, auch wenn die amerikanische Führung weiterhin am Traum einer globalen Plantage festhält. Daher wird der aufrichtige Nationalismus ihres langjährigen Premierministers, des hochgelobten Dr. Mahathir Mohammed, und ihres derzeitigen Führers, Abdullah Ahmad Badawi, von diesen unabhängig denkenden Menschen sehr geschätzt.

In Malaysia ist es allgemein bekannt, dass die Israel-Lobby eine wichtige Rolle bei der Gestaltung der US-Außenpolitik spielt. Und viele Amerikaner werden erfreut sein zu erfahren, dass auch malaysische Intellektuelle mit den Intrigen von Machtblöcken wie dem Rat für Auswärtige Beziehungen und der Trilateralen Kommission bestens vertraut sind, obwohl die Existenz der geheimeren Bilderberg-Gruppe für viele Malaysier eine Überraschung war.

Die Malaysier, mit denen ich gesprochen habe - und die, wie ich angemerkt habe, ein breites Spektrum an ethnischen Gruppen und Religionen repräsentieren - sind einheitlich besorgt darüber, dass die derzeitige Führung der Vereinigten Staaten (im Gegensatz zum amerikanischen Volk als Ganzes) entschlossen ist, ein globales Imperium zu schaffen. Sie nehmen die US-Wirtschaft als Vehikel der internationalen Bankiers wahr und sind sich der Manipulationen des Federal Reserve Systems am US-Währungssystem bewusst, das mit dem Finanzimperium der Familie Rothschild in Europa verbunden ist. In diesem Sinne betrachten die Malaysier die US-Kämpfer als Marionetten, als Kanonenfutter dieser hochrangigen Streitkräfte, deren Ziele sie ablehnen.

Obwohl der islamische Glaube in Malaysia stark ist, misstrauen viele Malaysier - und das wird viele Amerikaner überraschen - dem reinen islamischen Fundamentalismus und fragen sich sogar, ob Osama bin Laden „in echt" ist.

Um es krass auszudrücken: Viele Malaysier (wie beispielsweise viele Menschen im islamischen Nahen Osten) vermuten, dass Bin Laden in Wirklichkeit eine Kreatur des israelischen Geheimdienstes Mossad und seiner Verbündeten in verschiedenen Teilen des nationalen Sicherheitsapparats der USA ist und dass Bin Laden ein nützliches Werkzeug in einer geheimen Kampagne war, die darauf abzielt, einen globalen Hegemon unter der Herrschaft zionistischer Elemente und ihrer Kollaborateure in der internationalen superkapitalistischen Gemeinschaft zu errichten.

In meinen verschiedenen Vorträgen in Malaysia habe ich die Rolle des Medienmonopols in den USA bei der Gestaltung der US-Politik hervorgehoben und darauf hingewiesen, dass in vielen Ländern die Regierung die Medien kontrolliert, während in den USA die Medienbesitzer - eine kleine, eng verbundene Gruppe von Familien und Finanzinteressen - ihre Macht dazu nutzen, die Regierung und damit die Politiker und die von ihnen umgesetzte Agenda zu kontrollieren. Den Malaysiern fiel es nicht schwer, dieses Konzept zu verstehen, auch wenn viele Amerikaner diese Tatsache noch nicht erkannt haben.

Alle meine malaysischen Gesprächspartner stellten mir die gleiche Frage: „Was wird nötig sein, um diese Medienmacht und die damit verbundenen Folgen zu brechen? „Was muss getan werden, um diese Medienmacht und die daraus resultierenden Folgen zu brechen?" Meine Antwort lautete: „Obwohl die Amerikaner insgesamt noch weitgehend unwissend darüber sind, was vor sich geht, öffnen immer mehr von ihnen dank unabhängiger Stimmen wie *American Free Press* die Augen. Inzwischen ist eine wachsende Zahl guter, patriotischer Amerikaner im Außenministerium, im Militär, bei der CIA und anderen Geheimdiensten und anderswo zunehmend unzufrieden mit der „üblichen Politik" und beginnt sich zu äußern, indem sie die globalen Absichten der zionistischen Lobby in Frage stellen.

„Letztendlich", so schloss ich, „werden diese Meinungsmacher beginnen, sich mehr und mehr Gehör zu verschaffen. Deshalb sollte nicht nur das amerikanische Volk, sondern die Völker der ganzen Welt nicht nur die unabhängigen Medien unterstützen, sondern auch diejenigen in Machtpositionen in den USA und anderswo, die bereit sind, ihre Meinung zu äußern, ganz gleich, welche Konsequenzen dies hat.

In dieser Hinsicht war es wahrscheinlich kein Zufall, dass ich, als ich gerade dabei war, Malaysia zu verlassen, erfuhr, dass das FBI seit geraumer Zeit gegen die Aktivitäten der Israel-Lobby und ihre Verbindungen zu den neokonservativen Scharfmachern in der Bush-Regierung ermittelte. Das war fast wie eine positive Bestätigung, dass es Menschen gibt, die es wagen, etwas zu sagen.

Das Endergebnis dieser Untersuchung - und der darauf folgenden Ereignisse - bleibt abzuwarten, aber echte amerikanische Patrioten können sicher sein, dass sie die Freundschaft der echten Patrioten in Malaysia und überall sonst auf der Welt genießen, auch wenn das Medienmonopol behauptet, dass „der Rest der Welt uns hasst".

ABSCHNITT ZWEI

MORDE

KAPITEL X

Israels nukleare Ambitionen in Verbindung mit der Ermordung von JFK

Haben John F. Kennedys entschlossene (und damals geheime) Bemühungen hinter den Kulissen, Israel daran zu hindern, ein Atomwaffenarsenal aufzubauen, eine entscheidende Rolle bei den Ereignissen gespielt, die zu seiner Ermordung am 22. November 1963 führten? Hat der israelische Geheimdienst Mossad neben Elementen der CIA und des internationalen organisierten Verbrechens eine führende Rolle bei der Verschwörung zur Ermordung von JFK gespielt

Warum hat der Hollywood-Filmemacher Oliver Stone in seinem Film über das JFK-Attentat von 1993 nicht enthüllt, dass der Held seines Epos, Jim Garrison, ein ehemaliger Staatsanwalt von New Orleans, privat zu dem Schluss gekommen war, dass der Mossad letztlich die treibende Kraft hinter der Ermordung von JFK war

Jahrestag der Ermordung von JFK nähert - während sich die weltweite Aufmerksamkeit auf die Probleme der Verbreitung von Atomwaffen im Nahen Osten konzentriert - ist es da wertvoll oder angemessen, die Frage einer möglichen israelischen Mitschuld an der Ermordung eines amerikanischen Präsidenten aufzuwerfen

Dies sind nur einige der äußerst kontroversen Fragen, die Michael Collins Piper in seinem Buch *Final Judgment* stellt, das in den USA zum sprichwörtlichen „heimlichen Bestseller", zum Gegenstand einer hitzigen Debatte im Internet und zum Gegenstand hitziger Wortgefechte in verschiedenen öffentlichen Foren geworden ist.

Das Folgende ist die vollständige Untersuchung von Pipers Schlussfolgerungen, wie sie in *Final Judgment* veröffentlicht wurden.

1992 machte der ehemalige US-Kongressabgeordnete Paul Findley, ein liberaler Republikaner, den wenig beachteten, aber faszinierenden Kommentar, dass „in jedem Wort, das über den Mord an John F. Kennedy geschrieben wurde, Israels Geheimdienst Mossad nie erwähnt wurde, trotz der offensichtlichen Tatsache, dass die Mitschuld des Mossad genauso plausibel ist wie jede andere Theorie".

Wie konnte Findley - der nie als Extremist bekannt war und sicher kein Anhänger von Verschwörungstheorien ist - zu einer solchen Behauptung kommen

In Wirklichkeit ist diese These gar nicht so außergewöhnlich, wenn man die Geschichte betrachtet, indem man alle konventionellen Theorien über die Ermordung von JFK in eine neue Perspektive rückt und bisher kaum bekannte Details berechnet, die ein grelles Licht auf die Umstände um JFKs Tod und die geopolitischen Krisen werfen, in denen sich der amerikanische Präsident zur Zeit seiner aufsehenerregenden Ermordung befand.

Die Wahrheit ist, dass selbst die jüngste und am weitesten verbreitete Darstellung der Theorien über die Ermordung von JFK - Oliver Stones erfolgreicher Film *JFK* aus dem Jahr 1993 - nicht das ganze Bild zeigte.

Obwohl Stone den ehemaligen Staatsanwalt von New Orleans, Jim Garrison, als Helden darstellte, weil er auf Teile des US-Militärs und der Geheimdienstnetzwerke als treibende Kraft hinter dem JFK-Mord hingewiesen hatte, war das, was Stone seinem Publikum verschwieg, etwas noch Kontroverseres: privat war Garrison nach einigen Jahren der Recherche und des Nachdenkens zu einer noch überraschenderen Schlussfolgerung gelangt: Die treibende Kraft hinter der Ermordung von JFK war niemand anderes als Israels gefürchteter Geheimdienst Mossad.

So erstaunlich es auch klingen mag, es gibt tatsächlich gute Gründe für die Schlussfolgerung, dass Garrison vielleicht in die richtige Richtung gesucht hat. In einer Zeit, in der die Debatte über „Massenvernichtungswaffen" die Weltbühne beherrscht, ist diese These nicht so außergewöhnlich, wie sie scheint.

Der 40. Jahrestag der Ermordung von John F. Kennedy rückt näher, und die Faszination für den Mord an dem 35. Präsidenten der Vereinigten

Staaten ungebrochen. Die „Beißer" des Mordes - nicht nur auf in den USA, sondern auch weltweit - zerpflücken weiterhin die Ergebnisse der beiden offiziellen Untersuchungen der US-Regierung zu diesem Fall.

Obwohl der Bericht eines Sonderausschusses des US-Kongresses von 1976 formell der Schlussfolgerung der vom Präsidenten eingesetzten Warren-Kommission von 1964 widersprach, dass der mutmaßliche Attentäter Lee Harvey Oswald allein gehandelt habe, und stattdessen zu dem Schluss kam, dass hinter der Ermordung des Präsidenten tatsächlich die Wahrscheinlichkeit einer Verschwörung stehe - wobei weitgehend auf die Beteiligung des organisierten Verbrechens hingewiesen wurde -, warf die endgültige Entscheidung des Kongressausschusses in mancher Hinsicht tatsächlich mehr Fragen auf, als sie beantwortete.

1993 trat der Hollywood-Regisseur Oliver Stone mit seinem Blockbuster *JFK* auf den Plan, in dem Stones Interpretation der von Jim Garrison, dem damaligen Staatsanwalt von New Orleans, geleiteten und zwischen 1967 und 1969 viel beachteten Ermittlungen zum Mord an JFK dargestellt wurde.

Stones Film, in dem Kevin Costner Garrison spielt, wirft das Gespenst der Verwicklung von Teilen des „militärisch-industriellen Komplexes" sowie einer Handvoll antikastristischer Exilkubaner, rechtsgerichteter Aktivisten und unehrlicher Agenten des Zentralen Nachrichtendienstes auf. Der Film erzählt die Geschichte von Garrisons Ermittlungen und der letztlich erfolglosen Verfolgung des Geschäftsmanns Clay Shaw aus New Orleans (der damals verdächtigt wurde, ein Mitarbeiter der CIA zu sein, was später bewiesen wurde) wegen seiner Beteiligung an der JFK-Verschwörung.

Wie wir heute wissen, war jedoch selbst Stone seinem Helden nicht treu. A. J. Weberman, ein langjähriger unabhängiger Ermittler des JFK-Mordes, hat inzwischen aufgedeckt, dass Garrison in den 1970er Jahren - lange nachdem Garrison Shaw verklagt hatte - das Manuskript eines (nie veröffentlichten) Romans in Umlauf brachte, in dem er den israelischen Mossad als Drahtzieher der JFK-Mordverschwörung bezeichnete.

Garrison hat nie etwas zu dieser ungewöhnlichen These gesagt, zumindest nicht in der Öffentlichkeit. Aber ab Mitte der 1980er Jahre und bis heute tauchten neue Beweise auf, die nicht nur zeigen, dass der Mossad gute Gründe hatte, gegen John F. Kennedy vorzugehen, sondern auch, dass nicht nur Clay Shaw (Garrisons Zielscheibe), sondern auch andere Schlüsselfiguren, die in den veröffentlichten Schriften oft mit dem Mord an JFK in Verbindung gebracht werden, in Wirklichkeit eng mit dem Mossad und seinen Befehlen verbunden waren.

Und besonders interessant ist, dass keine der fraglichen Personen - einschließlich Shaw - jüdisch war. Die Behauptung, dass die Beteiligung des Mossad in gewisser Weise „antisemitischer" Natur sei, fällt also allein aufgrund dieser Tatsache flach. Die Komplizenschaft des Mossad - wie in den Akten angegeben - ist jedoch eine sehr reale Möglichkeit.

Garrisons Kritiker behaupten nach wie vor, dass der Staatsanwalt von New Orleans sich nicht entscheiden konnte, wer seiner Meinung nach die Ermordung von Präsident John F. Kennedy inszeniert hatte. Das war nämlich der Hauptvorwurf an diesen turbulenten, offenen und farbenfrohen Staatsanwalt: Er konnte sich einfach nicht entscheiden. Und das war einer der Gründe, warum selbst viele von Garrisons Anhängern an seiner Aufrichtigkeit zu zweifeln begannen und sich sogar fragten, ob sich Garrisons Ermittlungen überhaupt lohnten.

In Wahrheit neigte Garrison dazu, ins Blaue hinein zu schießen. Dies war vielleicht sein größter Fehler - einer von vielen - während seiner umstrittenen Untersuchung des Mordes am 35. Präsidenten der Vereinigten Staaten.

An irgendeiner Stelle dieser Untersuchung zeigte Garrison mit dem Finger auf den einen oder anderen der verschiedenen möglichen Verschwörer, von „Rechtsextremisten" über „texanische Ölbarone" bis hin zu „antikastristischen Exilkubanern" und „korrupten CIA-Agenten". Manchmal ging Garrison sogar so weit zu sagen, dass die Verschwörung eine Kombination dieser möglichen Verschwörer beinhalte.

Als Garrison schließlich einen Mann vor Gericht brachte, Clay Shaw, einen hochangesehenen Geschäftsmanager aus New Orleans, hatte Garrison seinen Aktionsradius eingeengt und hauptsächlich angedeutet, dass Shaw einer der Nebenakteure der Verschwörung gewesen war.

Laut Garrison stand Shaw im Wesentlichen unter dem Befehl hochrangiger Persönlichkeiten aus dem, was grob als „militärisch-industrieller Komplex" beschrieben wurde - jener Kombination aus Finanzinteressen und Rüstungsherstellern, deren Macht und Einfluss im offiziellen Washington - und in der ganzen Welt - eine sehr reale Kraft in globalen Angelegenheiten darstellt.

Garrison deutete an, dass Shaw und seine Mitverschwörer mehrere Motive hatten, die ihre Entscheidung, Präsident Kennedy anzugreifen, anregten. Er behauptete unter anderem Folgendes:

- Die Verschwörer widersetzten sich JFKs Entscheidung, mit dem Abzug der US-Streitkräfte aus Indochina zu beginnen

- Sie warfen ihm vor, den Exilkubanern, die während der gescheiterten Invasion in der Schweinebucht versucht hatten, Fidel Castro zu stürzen, keine militärische Deckung gegeben zu haben

- Sie waren sauer auf JFK, weil er Allen Dulles, den langjährigen Direktor der CIA und großen Veteranen des Kalten Krieges gegen die Sowjetunion, entlassen hatte.

- Darüber hinaus deutete Garrison an, dass JFKs Nachfolger Lyndon Johnson möglicherweise die Entlassung JFKs aus dem Amt gewollt haben könnte, um die Krone an sich zu reißen, aber auch, weil JFK und sein jüngerer Bruder, Generalstaatsanwalt Robert Kennedy, sich nicht nur verschworen hatten, Johnson 1964 vom demokratischen Nationalticket zu verdrängen, sondern auch bundesweite strafrechtliche Ermittlungen gegen zahlreiche Geschäftspartner und finanzielle Unterstützer in Johnsons Nähe durchführten, darunter auch im Bereich der organisierten Kriminalität.

Letztendlich wurde Shaw nach einer relativ kurzen Beratung von der für den Fall zuständigen Jury freigesprochen. Erst später - viel später - tauchten Beweise dafür auf, dass Shaw tatsächlich ein Informant der CIA gewesen war, trotz Shaws gegenteiliger Beteuerungen.

Erst in den letzten Jahren wurde beispielsweise festgestellt, dass die amerikanische CIA Garrisons Ermittlungen absichtlich von innen heraus sabotiert hat, ganz zu schweigen von ihrer Hilfe bei Shaws Verteidigung. Und obwohl einige immer noch behaupten, Shaws

Freispruch „beweise", dass Shaw nichts mit der JFK-Verschwörung zu tun hatte , lässt das Gesamtbild genau das Gegenteil vermuten.

Shaw war in etwas sehr Trübes verwickelt, ebenso wie andere Mitglieder seines Freundes- und Geschäftspartnerkreises. Und sie waren wiederum direkt mit den seltsamen Aktivitäten von Lee Harvey Oswald in New Orleans im Sommer vor der Ermordung von John F. Kennedy und vor Oswalds Aufenthalt in Dallas verbunden. Dutzende von Schriftstellern - viele von ihnen mit unterschiedlichen Ansichten - haben all dies wieder und wieder dokumentiert.

Obwohl also die „offizielle" Legende besagt, dass Jim Garrison davon ausging, dass die CIA und der militärisch-industrielle Komplex die Hauptverantwortlichen für die Ermordung von JFK waren, war Jim Garrison privat letztlich zu einem ganz anderen Schluss gekommen, der selbst den vielen Menschen, die mit Garrison während seiner Ermittlungen zusammenarbeiteten, weitgehend unbekannt ist.

Tatsächlich hatte Garrison, wie bereits erwähnt, aufgrund der Gesamtheit dessen, was er aus einer Vielzahl von Quellen erfahren hatte, entschieden, dass die wahrscheinlichsten Auftraggeber des Mordes an JFK Agenten des israelischen Geheimdienstes Mossad waren.

Die Wahrheit ist, dass - obwohl Garrison dies damals offenbar nicht wusste, eben weil die Fakten noch nicht ans Licht gekommen waren - Garrison vielleicht an etwas viel Wichtigerem dran war, als er dachte.

Öffentliche Archive belegen heute, dass JFK 1963 in einen geheimen und bitteren Konflikt mit dem israelischen Führer David Ben-Gurion über Israels Bereitschaft zum Bau der Atombombe verwickelt war; Ben-Gurion trat angewidert zurück und erklärte, dass aufgrund von JFKs Politik „die Existenz Israels [in Gefahr]" sei. Nach der Ermordung von JFK nahm die US-Politik gegenüber Israel sofort eine 180-Grad-Wendung.

Das neue Buch des israelischen Historikers Avner Cohen, *Israel and the Bomb*, bestätigt den Konflikt zwischen JFK und Israel mit einer solchen Wucht, dass die israelische Zeitung *Ha'aretz* erklärte, Cohens Enthüllungen „würden es erforderlich machen, die gesamte Geschichte Israels umzuschreiben". Aus israelischer Sicht , schreibt Cohen,

„schienen Kennedys Forderungen [an Israel] diplomatisch unangemessen... unvereinbar mit der nationalen Souveränität". Wie dem auch sei, Cohen betont, dass „der Wechsel von Kennedy zu [Lyndon] Johnson... dem israelischen Atomprogramm zugute kam".

Ethan Bronner bezeichnete in der *New York Times* Israels Absicht, eine Atombombe zu bauen, als „heftig verborgenes Thema". Das erklärt, warum die JFK-Forscher - und Jim Garrison - die israelische Spur nie in Betracht gezogen haben.

Obwohl all dies ein handfester Grund für Israel ist, JFK zu treffen, räumt selbst der freimütige israelische Journalist Barry Chamish ein, dass es „eine ziemlich überzeugende Akte" für die Zusammenarbeit des Mossad mit der CIA bei der Verschwörung zum Attentat gibt.

Tatsache ist: Als Jim Garrison Clay Shaw wegen Verschwörung zum Attentat verklagte, war Garrison über die Verbindung zum Mossad gestolpert.

Obwohl (nach seinem Freispruch) bekannt wurde, dass Shaw ein CIA-Aktivposten war, saß er 1963 auch im Vorstand einer in Rom ansässigen Firma namens Permindex, die (den Beweisen zufolge) eine Fassade für ein vom Mossad gesponsertes Waffengeschäft war.

Wie und warum Shaw mit dieser Operation in Verbindung gebracht wurde, bleibt ein Rätsel, aber die sehr klare Rolle des Mossad bei den Aktivitäten von Permindex steht trotz aller Proteste außer Zweifel.

Urteilen Sie selbst: Einer der Hauptaktionäre von Permindex, die Internationale Kreditbank in Genf, war nicht nur die Heimat von Tibor Rosenbaum, einem langjährigen hochrangigen Mossad-Beamten - in der Tat einer der Gründerväter Israels -, sondern auch der wichtigste Geldwäscher von Meyer Lansky, dem „Präsidenten" des Verbrechersyndikats und langjährigen israelischen Loyalisten.

Laut israelischen Biografen, die mit Meyer Lansky sympathisieren: „Nachdem Israel ein Staat geworden war, liefen fast 90% seiner Waffenkäufe im Ausland über Rosenbaums Bank. Die Finanzierung vieler von Israels kühnsten verdeckten Operationen wurde durch Gelder der [BCI] sichergestellt. Die Finanzierung vieler von Israels kühnsten

verdeckten Operationen wurde durch die Gelder der [BCI] gesichert".
Die BCI fungierte auch als Depotbank für das Permindex-Konto.

Die Tatsache, dass Tibor Rosenbaums BCI eine Kontrollinstanz der rätselhaften Entität Permindex war, rückt Israel und seinen Mossad in den Mittelpunkt der Verschwörung zur Ermordung John F. Kennedys.

Erwähnenswert ist auch, dass der Geschäftsführer und Anteilseigner von Permindex Louis Bloomfield aus Montreal war, eine führende Figur der Israel-Lobby in Kanada (und auf internationaler Ebene) und langjähriger Agent der Familie von Samuel Bronfman, dem Chef des Jüdischen Weltkongresses, Lanskys engem Geschäftspartner beim internationalen Whiskyschmuggel während der Prohibition und viel später Israels prominentem Förderer.

Permindex war eindeutig die israelische Verbindung zur Ermordung von JFK. Die Permindex-Verbindung erklärt auch die „französische Verbindung", die in dem Dokumentarfilm *Die Männer, die Kennedy töteten* dargestellt wird, der jedoch nicht die ganze Geschichte erzählt:

- Dieser Permindex war auch an Attentatsversuchen auf den französischen Präsidenten Charles De Gaulle durch die Organisation de l'armée secrète française (OAS) beteiligt, die ihrerseits enge Verbindungen zum Mossad hatte.

- Wie die OAS hassten die Israelis De Gaulle nicht nur, weil er Algerien, einem wichtigen neuen arabischen Staat, die Unabhängigkeit gewährt hatte, sondern auch, weil De Gaulle, der Israel geholfen hatte, ihm seine Unterstützung entzog, weil er sich (wie JFK) gegen Israels Wunsch nach einem Atomwaffenarsenal aussprach.

- 1993 behauptete ein französischer Geheimdienstoffizier gegenüber diesem Autor, dass der Mossad mindestens einen der JFK-Attentäter - wahrscheinlich einen korsischen Auftragskiller - über einen gegenüber De Gaulle illoyalen französischen Geheimdienstoffizier, der JFK hasste, weil er die Unabhängigkeit Algeriens unterstützte, untervertraglich an den Mossad vermittelt hatte.

Es gibt auch starke Beweise, die auf den Enthüllungen des verstorbenen und angesehenen Journalisten Stewart Alsop beruhen, dass JFK auch einen Angriff auf das Atombombenprogramm Rotchinas plante - ein

Plan scut tled by Lyndon Johnson within a month of JFK's assassination.

Im selben Zeitraum waren laut dem bekannten britischen Geheimdiensthistoriker Donald McCormack (der unter dem Pseudonym Richard Deacon in seinem Buch *The Israeli Secret Service* schreibt) Israel und Rotchina an gemeinsamen geheimen Forschungen zu Atombomben beteiligt.

Wir wissen heute, dass ein Hauptakteur des Permindex-Netzwerks, Shaul Eisenberg, zum Verbindungsmann des Mossad zu China wurde und schließlich eine Schlüsselrolle bei der Entwicklung der massiven Waffentransfers zwischen Israel und China spielte, die in den 1980er Jahren in den Blickpunkt der Öffentlichkeit gerieten.

Es ist auch nicht unbedeutend, dass James Angleton, der Verbindungsmann der CIA zum Mossad, ein glühender Anhänger Israels ist, der nicht nur das Szenario inszenierte, das den mutmaßlichen Mörder Lee Harvey Oswald mit dem sowjetischen KGB in Verbindung brachte, sondern später auch falsche Informationen in Umlauf brachte, um die Ermittlungen zu dem Mord zu vernebeln. Die Berichte über Angletons Intrigen mit dem Mossad während des Kalten Krieges sind Legion.

In Bezug auf die häufig erwähnte Verbindung zwischen der „Mafia" und der Ermordung von JFK stellen selbst „klassische" Quellen über das organisierte Verbrechen fest, dass die am häufigsten beschuldigten Figuren der italo-amerikanischen „Mafia", die hinter dem Attentat steckten - Carlos Marcello aus New Orleans und Santo Trafficante aus Tampa, Florida - in Wirklichkeit Untergebene von Meyer Lansky waren, der mit dem Mossad in Verbindung stand.

Darüber hinaus behauptete der Neffe und Namensvetter des berüchtigten Chicagoer Mafiabosses Sam Giancana - der ebenfalls häufig verdächtigt wird, den Mord an JFK in Auftrag gegeben zu haben - kürzlich, dass der wahre Chef der Chicagoer Mafia ein amerikanisch-jüdischer Geschäftspartner von Meyer Lansky - Hyman „Hal" Larner - sei, der zwar die Fäden für Giancana und die Chicagoer Mafia in der Hand halte, aber auch aktiv an internationalen Intrigen mit dem israelischen Mossad zusammenarbeite.

Es ist kein Wunder, dass einige Kritiker vermuten, Oliver Stone habe diese Details in *JFK* möglicherweise ausgelassen, weil der Film von Arnon Milchan finanziert wurde, einem israelischen Waffenhändler, der zum Hollywood-Produzenten wurde und den sogar die CBS-Sendung *Sixty Minutes* mit dem Schmuggel von Material für das israelische Atomprogramm in Verbindung brachte - was sich natürlich als bitterer (und vielleicht tödlicher) Streitpunkt zwischen JFK und Israel herausstellte.

Obwohl der israelische Diplomat Uri Palti erklärte, dass all dies - wie in dessen Buch *Jüngstes Gericht* ausführlich beschrieben - „absurd" sei, und der mit der CIA verbundene Autor Gerald Posner es als „hanebüchen" bezeichnete, die Los Angeles Times 1997 widerwillig zugab, dass die These vom *Jüngsten Gericht* „in der Tat neu" sei, *„Die Los* Angeles *Times* 1997 widerwillig zugab, dass die These vom *Jüngsten Gericht* „in der Tat neu" sei, und erklärte, dass sie „einige der wesentlichen Fäden eines Wandteppichs zusammenwebt, den viele als einzigartig betrachten"."

Und es ist bemerkenswert, dass, während viele glauben, dass die CIA eine Rolle bei der Ermordung von JFK gespielt hat, viele der gleichen Personen sich scheuen, die Wahrscheinlichkeit einer Rolle des Mossad zu erwähnen. Dennoch hat der Journalist Andrew Cockburn darauf hingewiesen

> Seit den ersten Tagen des israelischen Staates und der CIA gibt es eine geheime Verbindung, die es dem israelischen Geheimdienst ermöglicht, für die CIA und den Rest der US-Geheimdienste zu arbeiten. Sie können nicht verstehen, was mit den amerikanischen Geheimoperationen und den israelischen Geheimoperationen passiert ist, solange Sie diese geheime Abmachung nicht verstehen.

Es gibt mindestens drei wichtige Bücher renommierter Journalisten, die die unterirdischen Verbindungen zwischen der CIA und dem Mossad dokumentieren und dabei in der einen oder anderen Facette auch die Aspekte des geheimen und bitteren Konflikts zwischen JFK und Israel nicht außer Acht lassen - nicht nur in Bezug auf die Atomwaffenpolitik, sondern auch auf die Nahostpolitik der USA im Allgemeinen. Darüber hinaus belegen diese Bände, dass die amerikanische Politik nach dem Tod von Präsident Kennedy tatsächlich eine radikale Kehrtwende vollzogen hat: 1) *The Samson Option: Israel' s Nuclear Arsenal and American Foreign Policy* (*Israels Atomwaffenarsenal und die amerikanische Außenpolitik*) von Seymour Hersh, einem erfahrenen Journalisten *der New York Times* und Pulitzer-Preisträger.

2) *Dangerous Liaison: The Inside Story of the U.S.-Israeli Covert Relationship* von dem Ehepaar Andrew und Leslie Cockburn, beide angesehene liberale Journalisten; und 3) *Taking Sides: America' s Secret* Relations *with a Militant Israel* von Stephen Green, der mit dem sehr „öffentlichen" Council on Foreign Relations und der Carnegie-Stiftung für internationalen Frieden in Verbindung gebracht wurde.

Hersh und Green sind übrigens Juden. Alle drei Bücher wurden von angesehenen Verlagen veröffentlicht.

All diese Bände zeigen deutlich, dass JFK und der israelische Premierminister David Ben-Gurion zutiefst zerstritten waren, und zwar so sehr, dass Ben-Gurion der Meinung war, dass JFKs Politik sogar das Überleben Israels bedrohte - und er sagte das auch. Nach der Ermordung von JFK erlebte die Nahostpolitik der USA eine erstaunliche 180-Grad-Wendung - das unmittelbarste Ergebnis der Ermordung des US-Präsidenten. Es handelt sich hierbei um eine kalte, harte und unbestreitbare Tatsache, die nicht diskutiert werden kann. Die Beweise sind nur allzu deutlich.

Hersh stellte fest, dass die israelische und die Weltpresse „der Welt mitteilten, dass Ben-Gurions plötzlicher Rücktritt das Ergebnis seiner Unzufriedenheit mit den Skandalen und innenpolitischen Unruhen war, die Israel erschütterten". Hersh fährt jedoch recht bezeichnend fort, dass es „keine Möglichkeit für die israelische Öffentlichkeit" gab, zu wissen, dass hinter dem Rücktritt „noch ein weiterer Faktor" steckte: Genauer gesagt, so Hersh, „die immer bitterer werdende Pattsituation, in der sich Ben-Gurion mit Kennedy über ein atomar bewaffnetes Israel befand". Die finale Machtprobe mit JFK über die Atombombe war eindeutig der „Hauptgrund" für Ben-Gurions Rücktritt.

Der Wunsch, eine Atombombe zu bauen, war nicht nur ein wichtiges Ziel der israelischen Verteidigungspolitik (ihre eigentliche Grundlage); er war auch ein besonderes Interesse Ben-Gurions.

Wie dem auch sei, Seymour Hershs Enthüllungen über JFK und Ben-Gurion wurden von einem neueren Buch zum selben Thema , das von dem israelischen Wissenschaftler Avner Cohen verfasst wurde, in den Schatten gestellt. Als Cohen 1999 sein Buch *Israel and the Bomb* (New York: Columbia University Press) veröffentlichte, sorgte das Werk in Israel für Aufsehen.

Die „nukleare Option" war nicht nur das Herzstück von Ben-Gurions *persönlicher* Weltsicht, sondern auch die Grundlage von Israels Politik der nationalen Sicherheit. Die Israelis waren im Grunde bereit, notfalls „die Welt in die Luft zu sprengen" - sich selbst eingeschlossen -, wenn sie das tun mussten, um ihre arabischen Feinde zu besiegen.

Dies wurde laut Hersh von den israelischen Atomplanern als „Samson-Option" betrachtet, d.h. dass der biblische Samson, nachdem er von den Philistern gefangen genommen worden war, den Dagon-Tempel in Gaza niederriss und sich zusammen mit seinen Feinden selbst tötete. Wie Hersh sagt: „Für die israelischen Atomkraftbefürworter wurde die Samson-Option zu einer anderen Art zu sagen „Nie wieder" (bezogen auf die Verhinderung eines neuen Holocausts)".

Alle Beweise zusammengenommen belegen eindeutig, dass die „Samson-Option" die Hauptursache für Ben-Gurions Rücktritt war.

Letztendlich war der Konflikt zwischen JFK und Ben-Gurion 1963 ein Geheimnis für die israelische und die amerikanische Öffentlichkeit und blieb es mindestens über zwanzig Jahre lang; und er ist es immer noch, trotz der Veröffentlichung von Hershs Buch, gefolgt von *Das Jüngste Gericht und* dann Avner Cohens Buch.

Avner Cohens sehr starkes Buch bestätigte im Wesentlichen alles, was Hersh geschrieben hatte, ging aber noch einen Schritt weiter.

Cohen beschreibt, wie der Konflikt zwischen JFK und Ben-Gurion 1963 seinen Höhepunkt erreichte und wie JFK am 16. Juni jenes Jahres einen Brief an den israelischen Führer schickte, der laut Cohen „die härteste und expliziteste Botschaft" bis heute war. Cohen fügt hinzu: „JFK schickte einen Brief an den israelischen Führer

> Kennedy setzte den nützlichsten Hebel an, den ein US-Präsident in seinen Beziehungen zu Israel zur Verfügung hat: die Drohung,

dass eine unbefriedigende Lösung das Engagement und die Unterstützung der US-Regierung für Israel gefährden würde...

Ben-Gurion liest den Brief nie. Stattdessen kündigte er seinen Rücktritt an. Cohen behauptet, Ben-Gourion habe nie eine Erklärung für seine Entscheidung geliefert, mit Ausnahme eines Hinweises auf „persönliche Gründe".

Zu seinen Kabinettskollegen sagt Ben-Gourion, dass er zurücktreten „muss" und dass „kein Problem oder staatliches Ereignis der Grund dafür ist". Cohen fügt hinzu, dass Ben-Gurion „zu dem Schluss gekommen war, dass er den US-Führern nicht die Wahrheit über Dimona sagen könne, auch nicht unter vier Augen".

Unmittelbar nach Ben-Gurions Rücktritt schrieb JFK einen Brief an den neuen Premierminister Levi Eshkol, der offensichtlich *noch heftiger* war als JFKs frühere Kommunikation mit Ben-Gurion. Avner Cohen schreibt:

> Seit Eisenhowers Botschaft an Ben-Gurion während der Suezkrise im November 1956 hatte sich kein US-Präsident mehr so direkt an einen israelischen Premierminister gewandt.

> Kennedy sagte Eshkol, dass das Engagement und die Unterstützung der USA für Israel „ernsthaft gefährdet sein könnten", wenn Israel den USA nicht erlaube, „zuverlässige Informationen" über seine Bemühungen im Nuklearbereich zu erhalten.

> Kennedys Forderungen waren beispiellos. Sie stellten im Grunde ein Ultimatum dar.

Cohen stellt fest: „Aus [Eshkols] Sicht schienen Kennedys Forderungen diplomatisch unangemessen zu sein; sie waren mit der nationalen Souveränität unvereinbar. Es gab keine rechtliche Grundlage oder einen politischen Präzedenzfall für solche Forderungen", erklärt Cohen. „Kennedys Brief stürzte das Kabinett des Premierministers in eine krisenähnliche Situation. Der Druck, den Kennedy auf Israel ausübte, endete nicht mit dem Rücktritt Ben-Gurions. *Im Gegenteil*, er hat sich eindeutig intensiviert.

Die israelische Zeitung *Ha'aretz* veröffentlichte am 5. Februar 1999 eine Rezension von Cohens Buch und bezeichnete es als „ein Buch, das wie eine Bombe einschlägt". Die von Reuven Pedatzur verfasste Rezension in *Ha'aretz* ist durchaus inter estante. Sie lautet zum Teil wie folgt:

> Die Ermordung von US-Präsident John F. Kennedy setzte dem massiven Druck der US-Regierung auf die israelische Regierung, ihr Atomprogramm aufzugeben, ein jähes Ende.
>
> Cohen belegt ausführlich den Druck, den Kennedy auf Ben-Gurion ausübte. Er berichtet über den faszinierenden Briefwechsel zwischen den beiden Männern, in dem Kennedy dem israelischen Premierminister unmissverständlich zu verstehen gibt, dass er unter keinen Umständen akzeptieren wird, dass Israel ein Atomstaat wird.
>
> Das Buch deutet an, dass es nicht sicher ist, ob Israel heute über eine nukleare Option verfügen würde, wenn Kennedy am Leben geblieben wäre.

Der Historiker Stephen Green meint: „Die wichtigste Entwicklung des Jahres 1963 für das israelische Atomwaffenprogramm ereignete sich am 22. November in einem Flugzeug, das von Dallas nach Washington flog. Lyndon Baines Johnson wurde nach der Ermordung von John F. Kennedy als 36. Präsident der Vereinigten Staaten vereidigt.

Green schreibt: „In den ersten Jahren der Johnson-Regierung wurde das israelische Atomwaffenprogramm in Washington als „heikles Thema" bezeichnet. Das Weiße Haus unter Lyndon Johnson sah Dimona nicht, hörte Dimona nicht und sprach nicht über Dimona, als der Reaktor Anfang 1964 kritisch wurde".

Damit war der kritische Punkt des Streits zwischen John F. Kennedy und der vom Mossad dominierten israelischen Regierung nicht mehr aktuell. Der neue US-Präsident, ein langjähriger Unterstützer Israels, genehmigte die Fortsetzung der nuklearen Entwicklung. Dies war nur ein Anfang.

Wie verhält sich die konventionellere These, dass die CIA der Hauptanstifter des JFK-Mordes war, zu der Theorie, dass der Mossad auch eine Schlüsselrolle bei der Verschwörung gegen John F. Kennedy spielte

1963 führte John F. Kennedy nicht nur Krieg gegen Israel und das vom israelloyalen Meyer Lansky und seinen Mafia-Handlangern dominierte Verbrechersyndikat, sondern auch gegen ihren engen Verbündeten in der Welt des internationalen Geheimdienstes, die CIA.

Die CIA hatte natürlich ihre eigenen Probleme mit JFK. Nur sechs Wochen vor der Ermordung John F. Kennedys berichtete *die New York Times*, dass ein hoher Beamter der Kennedy-Regierung davor gewarnt hatte, dass ein von der CIA inszenierter Staatsstreich in Amerika eine gefürchtete Möglichkeit sei.

Die CIA - wie auch ihre Verbündeten in Israel - hatte (nach ihrer eigenen Wahrnehmung) gute Gründe dafür, dass JFK aus dem Weißen Haus entfernt und durch Lyndon B. ersetzt werden sollte. Johnson ersetzt werden sollte.

JFKs Kampf mit der CIA über das Debakel in der Schweinebucht war erst der Anfang. In den letzten Tagen seiner Präsidentschaft kämpfte JFK nicht nur gegen die Bemühungen der CIA, die USA immer tiefer in Südostasien zu verstricken, sondern bereitete sich auch auf eine vollständige Zerschlagung der CIA vor. Die Existenz der CIA war in Gefahr.

Dies hat natürlich die CIA als wahrscheinlichen Verdächtigen bei der Ermordung von JFK ins Rampenlicht gerückt und ist ein Ermittlungsansatz, dem Jim Garrison nachgeht.

Allerdings deuten auch andere, häufig erwähnte Verbindungen zwischen der CIA und dem Attentat auf den Mossad hin.

Halten wir zum Beispiel fest, dass eine ehemalige Geliebte von Fidel Castro, die CIA-Agentin Marita Lorenz, vor dem US-Kongress aussagte, dass Frank Sturgis, ein langjähriger CIA-Agent, der für seinen Anti-Castro-Aktivismus bekannt war, ihr nach dem Attentat sagte, dass er in die Ermordung von JFK verwickelt gewesen sei.

Gestützt auf seine eigene gründliche Untersuchung des JFK-Attentats sagte der ehemalige Chef der kubanischen Spionageabwehr, General

Fabian Escalante, der Journalistin Claudia Furiati, dass der kubanische Geheimdienst festgestellt habe, dass „Sturgis in Wirklichkeit für die Kommunikation zuständig war, d. h. er empfing Informationen über die Bewegungen auf der Dealey Plaza und über die Autokolonne und leitete sie an die Schützen und andere Personen weiter".

Wenn Sturgis in die Mechanik des Attentats involviert war, legen die historischen Beweise nahe, dass Sturgis im Rahmen der Verschwörung als Instrument des Mossad hätte agieren können.

Die Wahrheit ist, dass Sturgis etwa 15 Jahre vor der Ermordung von JFK für den Mossad gearbeitet hatte.

Ebenso erklärte F. Peter Model, Forscher zum JFK-Mord, dass Sturgis ein „Hagannah-Söldner im ersten arabisch-israelischen Krieg (1948)" war und dass Sturgis in den 1950er Jahren auch eine Freundin in Europa hatte, die für den israelischen Geheimdienst tätig war und mit der er zusammenarbeitete.

Sturgis selbst gab an, dass er seiner Freundin als Kurier in Europa bei einer Reihe ihrer Aktivitäten für den Mossad geholfen hatte.

George, einem ehemaligen Time-Life-Korrespondenten, der während und nach Castros Revolution viel Zeit in Kuba verbrachte, war es auch unter exilkubanischen Anti-Castro-Anhängern allgemein bekannt, dass Sturgis für den Mossad gearbeitet hatte, und zwar über einen längeren Zeitraum.

Darüber hinaus arbeiteten auf dem Höhepunkt der Anti-Castro-Operationen der CIA in Miami, bei denen Sturgis eine Schlüsselfigur war, 12 bis 16 Mossad-Agenten von Miami aus unter dem Kommando des stellvertretenden Mossad-Direktors Yehuda S. Sipper, und ihr Einfluss erstreckte sich auf ganz Lateinamerika und die Karibik.

Unter Berufung auf ein CIA-Memo aus dem Jahr 1976 behauptet Professor John Newman, der das Wissen der CIA über die Aktivitäten von Lee Harvey Oswald untersuchte, dass Sturgis die Internationale Antikommunistische Brigade gegründet habe und dass „die Geldgeber von Sturgis' Gruppe nie vollständig ermittelt wurden".

Informationen aus einer Reihe von Quellen legen nahe, dass Sturgis' Gruppe ein Ableger der in Miami ansässigen Mossad-Operationen gewesen sein könnte, die mit Sturgis' eigenen, von der CIA unterstützten Intrigen im selben Einflussbereich verwoben waren.

Tatsächlich war eine Einheit von Sturgis' Brigade die „Interpen" des CIA-Vertragsagenten Gerry Patrick Hemming, die außerhalb von New Orleans operierte, und Sturgis war mit diesen Interpen-Operationen verbunden.

Diese Aktivitäten rund um New Orleans sind dafür bekannt, dass zwei der Hauptakteure rund um Lee Harvey Oswald vor der Ermordung von JFK involviert waren: die CIA-Vertragsagenten Guy Banister und David Ferrie (beide wurden von Jim Garrison untersucht, und beide scheinen von Garrison endgültig mit Clay Shaw im Rahmen von Aktivitäten, die Geheimdienstintrigen beinhalten, in Verbindung gebracht worden zu sein). *Tatsächlich gibt es eine israelische Verbindung zu Interpen.* Laut Hemming selbst war der „wichtigste Kontakt von Interpen in den USA" der New Yorker Finanzier Theodore Racoosin, den Hemming als „einen der wichtigsten Gründer des Staates Israel" beschreibt.

Hemming erklärt offen, dass er zwar persönlich keine Beweise gesehen habe, die ihn davon überzeugt hätten, dass der Mossad direkt an der Ermordung von JFK beteiligt gewesen sei, aber er sagte: „Ich weiß seit den späten 1960er Jahren, dass der Mossad *schon vor der* Ermordung von JFK davon wusste, dass er anschließend eine umfassende Untersuchung in dieser Angelegenheit durchführte und seitdem all diese Akten aufbewahrt hat". [Hervorhebung durch den Autor].

Jedenfalls ist *nicht nur* Clay Shaw, ein CIA-Agent aus New Orleans, durch seine Verbindung zur Operation Permindex mit dem Mossad verbunden (ebenso wie Banister und Ferrie), sondern wir stellen auch fest, dass zwei weitere Akteure der Anti-Castro-Operationen in New Orleans, die mit der CIA in Verbindung stehen (Sturgis und Hemming), sich im Einflussbereich des Mossad befunden haben. Und Lee Harvey Oswald ist mit allen beteiligten Schlüsselakteuren verbunden.

Wie dem auch sei, wir wissen heute, dass mindestens eine Person, die angeblich gestanden hat, an der Ermordung von JFK beteiligt gewesen zu sein - Frank Sturgis - seit langem vielfältige Verbindungen zum

Mossad unterhielt, und zwar viele Jahre lang vor (und nach) der Zeit der Ermordung von JFK.

Und so ist es auch. Die Geschichte ist noch lange nicht zu Ende. Doch lassen Sie uns mit Folgendem enden:

Vor einigen Jahren traf ein Amerikaner den bekannten CBS-Moderator Walter Cronkite auf Martha's Vineyard. Er informierte ihn über die Theorie, dass der Mossad in die Ermordung von JFK verwickelt war, und Cronkite hörte ihm aufmerksam zu.

Mit Blick auf das Meer machte Cronkite eine sehr knappe Bemerkung: „Ich sehe keine Gruppe - mit Ausnahme des israelischen Geheimdienstes -, die in der Lage gewesen wäre, das Komplott zur Ermordung von JFK so lange unter Verschluss zu halten.

Die Beweise zeigen, dass die These auf einer sehr soliden Grundlage steht. Es handelt sich um ein sinnvolles Szenario, sehr zum Leidwesen vieler Kritiker. Dieses Szenario kommt einer Zusammenfassung der gesamten Verschwörung zur Ermordung von JFK näher als alles, was bislang geschrieben wurde.

Diese zugegebenermaßen „ungewöhnliche" und sicherlich umstrittene Rekonstruktion der Verschwörung zur Ermordung von JFK wirft einen neuen Blick auf ein sehr großes Puzzle, dessen Bild bemerkenswert komplex und etwas obskur ist.

Auf dem äußerst unübersichtlichen Bild auf der Vorderseite des Puzzles sind alle Gruppen und Einzelpersonen abgebildet, die an der Verschwörung zur Ermordung von JFK beteiligt waren. Wenn man das Puzzle jedoch umdreht, findet man ein großes, sehr klares Bild der israelischen Flagge.

KAPITEL XI

Kontroverse um den Autor des *Jüngsten Gerichts*

Im Sommer 1997 entbrannte eine große Kontroverse, die von Zeitungen im ganzen Land aufgegriffen wurde, über die Tatsache, dass Michael Collins Piper eingeladen worden war, in einem kleinen Community College in Orange County, Kalifornien, über das Thema seines Buches Final Judgment *zu sprechen, das die Rolle des israelischen Geheimdienstes Mossad bei der Ermordung von Präsident John F. Kennedy dokumentierte. Die Anti-Defamation League of B'nai B'rith war die wichtigste Kraft, die versuchte, Piper daran zu hindern, sich zu äußern. Das Folgende ist ein Kommentar, den Piper als Reaktion auf die Kontroverse vorbereitet hatte und der später im* Orange County Register *veröffentlicht wurde.*

Vorlesungen über die Ermordung von JFK sind seit 30 Jahren auf dem amerikanischen Campus beliebt. Doch die These meines Buches *Final Judgment ist* eine These, von der manche nicht wollen, dass Studenten sie hören: Der israelische Spionagedienst Mossad spielte zusammen mit der CIA und dem Verbrechersyndikat Lansky eine Rolle bei der Ermordung von Präsident Kennedy.

Mein Buch ist noch nicht „in Boston verboten", wohl aber in Orange County, wie es scheint. In derselben Woche (vom 20. bis 27. September 1997), in der die American Library Association und die National Association of College Stores die „Woche der verbotenen Bücher" sponserten, kam es in Orange County zu einer Kontroverse, weil einige Leute verärgert waren, dass Steve Frogue, Vorsitzender der Treuhänder des South Orange County Community College District (SOCCD), mich eingeladen hatte, bei einem SOCCD-Seminar über die Ermordung von JFK über *Final Judgment* zu sprechen.

Obwohl intensive Lobbyarbeit die Absage des Seminars erzwungen hat , läuft eine gut finanzierte Kampagne, um Frogue ihres Amtes zu entheben, weil sie an die Garantie unserer Verfassung glaubt, nach der Amerikaner das Recht haben, abweichende Meinungen zu äußern.

Der israelische Diplomat Uri Palti erklärt, dass *das Jüngste Gericht* ein „Unsinn" sei.

Doch widersprüchlicherweise erklären Kritiker weiterhin, dass meine Entdeckungen „gefährlich" sind und nicht von „beeinflussbaren" Kindern gehört werden sollten, die einen „Spinner" ernst nehmen könnten.

Obwohl die Schüler in Orange County offensichtlich nicht als reif genug angesehen werden, um meine Theorie selbst zu beurteilen, werden sie als reif genug angesehen, um in die Armee einzutreten und am Persischen Golf, in Bosnien, Somalia oder an anderen Orten der Wahl rund um den Globus zu sterben.

Aufschlussreich ist Folgendes: Meine Kritiker (wie Roy Bauer vom Irvine Valley College) *weigern sich* absolut, zu diskutieren. Sie nutzen nicht die Gelegenheit, Punkt für Punkt aufzuzeigen, inwiefern ich falsch liege. Es ist - im Lichte der hysterischen Reaktion auf das Jüngste Gericht - nicht verwunderlich, dass einige meinen, das Buch habe tatsächlich „den Schwanz des Esels festgenagelt", meine Kritiker hätten „zu sehr protestiert".

Viele Einwohner von Orange County haben von *La Affaire Frogue* gehört, aber nur wenige wissen, *was das Jüngste Gericht ist - was* es sagt oder was es nicht sagt.

Das endgültige Urteil umfasst 769 Seiten und ist durch mehr als 1.000 Fußnoten klar dokumentiert. Die Inhaltsanalyse wird bestätigen, dass 85% der 111 bibliografischen Quellen von „Mainstream"-Verlagen stammen und die Hauptgrundlage für das zitierte substanzielle Material bilden. Es wurden drei kleinere Fehler festgestellt, die nicht im Zusammenhang mit der Dissertation stehen.

Leider glauben viele Menschen aufgrund der Behauptungen der Kritiker, dass ich „den Holocaust leugne" (was nicht stimmt). Daher muss nach dem spekulativen Argument zwangsläufig alles, was ich über die Ermordung von JFK sage, - so Marcia Milchiker, Administratorin des SOCCD - „absurd" und „verlogen" sein, *auch*

wenn der Holocaust und die Ermordung von JFK zwei Themen sind,
die nichts miteinander zu tun haben.

Diese (intelligente) Taktik lenkt die Aufmerksamkeit von dem ab, was ich wirklich sage. Zur Erinnerung: In meinem Buch geht es jedoch nicht um den Holocaust. *Final Judgment* behauptet Folgendes: 1963 war JFK in einen bitteren (damals geheimen) Konflikt mit dem israelischen Führer David Ben-Gurion über Israels Bereitschaft, die Atombombe zu bauen, verwickelt; Ben-Gurion trat angewidert zurück, nachdem er JFK gesagt hatte, dass wegen JFKs Politik „die Existenz Israels [gefährdet] sei". Nach der Ermordung von JFK leitete die US-Politik gegenüber Israel sofort eine 180-Grad-Wende ein.

All dies wird von Pulitzer-Preisträger Seymour Hersh in *The Samson Option*, von James Cockburn in *Dangerous Liaison* und von Stephen Green in *Taking Sides* dokumentiert - *allesamt* angesehene Historiker. Wo ist also die „israelische Verbindung" zu dem Attentat

Tatsache ist: Als Jim Garrison, der Staatsanwalt von New Orleans, Clay Shaw wegen Verschwörung zum Mord an JFK verklagte, stieß Garrison (ohne es zu wissen) auf die Verbindung zum Mossad.

Obwohl (nach seinem Freispruch) Shaw als Trumpfkarte der CIA dargestellt wurde, war er 1963 in geheime Aktivitäten mit Tibor Rosenbaum verwickelt, einem hochrangigen Mossad-Offizier, dessen Schweizer Bank Mafia-Geld für Meyer Lansky, den „Präsidenten" des Verbrechersyndikats, wusch.

Manche sagen, dass „die Mafia JFK getötet hat". Tatsächlich waren die Mafiabosse, die beschuldigt wurden, JFK „getötet" zu haben - Carlos Marcello und Santo Trafficante - nicht nur Untergebene von Lansky, sondern auch Mitarbeiter der CIA bei Verschwörungen gegen Fidel Castro.

Und während viele James Angleton von der CIA beschuldigen, eine Rolle bei der Vertuschung des Attentats gespielt zu haben, erwähnt niemand, dass Angleton, der Verbindungsmann der CIA zum Mossad, ein glühender Anhänger Israels war.

Warum hat Oliver Stone diese Details in seinem Film *JFK* nicht erwähnt? Vielleicht, weil *JFK* von Arnon Milchan vom Mossad, Israels größtem Waffenhändler, finanziert wurde.

All dies ist nur die Spitze des Eisbergs. Angesichts der Hysterie um das Jüngste *Gericht sollten wir uns* an die Worte von JFK erinnern: „Eine Nation, die Angst hat, ihr Volk über Wahrheit und Lüge in einem offenen Markt urteilen zu lassen, ist eine Nation, die Angst vor ihrem Volk hat."

Anmerkung der Redaktion: Schließlich reiste Piper, obwohl das fragliche JFK-Seminar abgesagt worden war, nach Orange County und besuchte das Saddleback College, wo die um die Freiheit der Schülerzeitung besorgten Studenten Piper einluden, bei einem Privatseminar in ihrem privaten Klassenzimmer zu sprechen - und damit offen die „Gedankenpolizei" der Anti-Defamation League herausforderten. Piper - und die Schüler - hatten somit das letzte Wort.

KAPITEL XII

Peter Jennings und das Kennedy-Attentat - Beyond Conspiracy

Der verstorbene Peter Jennings vom Fernsehsender ABC und seine Puppenspieler hinter den Kulissen haben das amerikanische Volk offensichtlich für dumm verkauft. Peter Jennings, Moderator der Nachrichtensendung *ABC Nightly News*, verlor in der *Nacht* des 20. November 2003 jede Glaubwürdigkeit, die er jemals besessen hatte. An diesem Abend präsentierte ABC News mit großem Pomp eine zweistündige Dokumentation über die Ermordung von Präsident John F. Kennedy, die von Jennings moderiert wurde.

Der Dokumentarfilm mit dem Titel *The Kennedy Assassination-Beyond Conspiracy* (*Die Ermordung Kennedys: Jenseits der Verschwörung*) präsentiert zwei Stunden lang Halbwahrheiten und Verzerrungen und unterstützt regelrecht die längst diskreditierte Theorie der Warren-Kommission, wonach Lee Harvey Oswald als Einzeltäter den Mord am 35. Präsidenten der Vereinigten Staaten verübte.

Eines muss von vornherein gesagt werden: Wer JFK wirklich getötet hat, lässt sich am besten feststellen, indem man untersucht, wie die Elitemedien über seine Ermordung berichtet haben, und dann schaut, wer die Medien tatsächlich kontrolliert.

Sobald dies feststeht, kann die Quelle der Verschwörung und ihrer Vertuschung sofort festgestellt werden. In diesem Sinne wollen wir uns ansehen, was ABC, heute eine Tochter des Hollywood-Imperiums von Michael Eisners Disney Company, zu sagen hatte.

Peter Jennings eröffnete die Sendung mit der Aussage, dass Verschwörungstheoretiker „über jeden Verdacht erhaben" seien, und verbrachte dann die nächsten zwei Stunden damit, dies zu beweisen, wobei er größtenteils die Wahrheit ignorierte.

Mit seiner Behauptung, es gebe „nicht den geringsten glaubwürdigen Beweis für eine Verschwörung" hinter dem Attentat, ignorierte Jennings effektiv die harte Arbeit und Hingabe Tausender unabhängiger Ermittler (und sogar von Wissenschaftlern für die Untersuchung des Mordausschusses des Repräsentantenhauses Mitte der 1970er Jahre), die eine große Bandbreite von Dokumenten ans Licht brachten, die fast allen Hauptergebnissen der Warren-Kommission gravierend widersprachen.

ABC hat sich nie die Mühe gemacht, auch nur einen der vielen prominenten und angesehenen Kritiker vorzustellen, die in den letzten vierzig Jahren aufgetaucht sind, um die Legende vom „einsamen Schützen" in Frage zu stellen. Nie wurde einer der Hauptkritiker der Warren-Kommission auf dem Bildschirm gezeigt oder auch nur erwähnt.

Das Beste, was ABC tun konnte, war, eine Auswahl kritischer Bücher über die Warren-Kommission kurz zu besprechen, darunter Mark Lanes bahnbrechendes Werk *Rush to Judgment (Ansturm auf das Urteil)*. Doch weder Lane noch andere Kritiker der Kommission nahmen an der Sendung teil.

Im Gegenteil: Alle von ABC befragten Personen, die irgendeine Meinung zu diesem Thema geäußert hatten, unterstützten die Schlussfolgerungen der Warren-Kommission uneingeschränkt. Und die meisten der von ABC befragten Personen hatten bereits Beschwerden vorzubringen.

Dazu gehören

- Robert Goldman, ein Universitätsprofessor, der ein Buch geschrieben hat, in dem er jede Form von „Verschwörungstheorie" zu diesem Thema anprangert und verkündet, dass solche Theorien schädlich sind. (Goldmans Buch enthält übrigens auch einen Angriff auf Michael Collins Piper, den Autor dieser Zeitschrift)

- Hugh Aynesworth, ein Journalist, der lange Zeit eng mit dem FBI zusammengearbeitet hat

- Gerald Posner, ein hoch angesehener Wall-Street-Anwalt, dessen minderwertiges Buch *Case Closed*, das die Warren-Kommission billigt (und mit Unterstützung der CIA geschrieben wurde), bekanntermaßen voller Fehler ist

- Priscilla Johnson MacMillan, eine Journalistin mit langjährigen Verbindungen zur CIA, die als „Oswalds Biografin" vorgestellt wurde

- James Hosty, der ehemalige FBI-Agent aus Dallas, der Oswald zugeteilt wurde, nachdem dieser aus der Sowjetunion zurückgekehrt war.

(Hosty - nebenbei bemerkt - war der „Spezialist" des lokalen Büros für „Rechtsextremisten" und soll in dieser Funktion als Verbindungsmann zu den „Extremistenjägern" der Anti-Defamation League (ADL) der B'nai B'rith fungiert haben)

- Michael und Ruth Paine, das obskure Ehepaar aus Dallas, das sich mit Oswald und seiner Familie anfreundete. Es war Frau Paine, die Oswald einen Monat vor der Ermordung von JFK einen Job in der Texas School Book Depository verschaffte - eine Tatsache, die von ABC anerkannt wurde. Was ABC nicht erwähnte, war, dass zahlreiche Forscher die wahrscheinlichen Verbindungen von Mr. und Mrs. Paine zu den Geheimdiensten dokumentiert haben - ein ungewöhnliches Paar, dessen vollständige Geschichte noch nicht erzählt worden ist.

Und um das Maß voll zu machen, zog ABC sogar Hillel Silverman hinzu, den Rabbi aus Dallas, der der spirituelle Berater von Jack Ruby war, dem mit der Mafia verbundenen Nachtclubbesitzer, der Oswald zwei Tage nach der Ermordung des Präsidenten erschoss.

Rabbi Silverman versicherte der Öffentlichkeit, dass Ruby nicht Teil einer Verschwörung sei und dass er glaube, eine gute Tat zu vollbringen - und ignorierte dabei die Tatsache, dass es zumindest eine kurze Filmaufnahme von Ruby gibt, in der er weitgehend auf eine Verschwörung anspielt und sagt, dass er „benutzt" worden sei, und dass die volle Wahrheit nie ans Licht kommen würde.

Ein besonders faszinierender „Zeuge" von ABC, der Oswalds Schuld bewies, war Volkmar Schmidt, dessen Verbindung zu Oswald von ABC nie beschrieben wurde - und das wahrscheinlich aus gutem Grund: Es würde zu viele Fragen aufwerfen.

Langjährige Forscher des JFK-Attentats erkannten jedoch Schmidt: Als deutscher Emigrant, der aus seinem Heimatland geflohen war, nachdem er in ein Komplott zur Ermordung Adolf Hitlers verwickelt worden war, wurde Schmidt Oswald von dem mysteriösen russischen Aristokraten George De Mohrenschildt vorgestellt, von dem allgemein angenommen wird, dass er - zumindest während eines Teils der Zeit nach Oswalds Rückkehr nach Texas - Oswalds „Babysitter" bei der CIA war.

Schmidt soll eine besondere Faszination für Hypnose gehabt haben, ein Punkt, den einige, die glaubten, Oswald könnte auf einen Mörder (oder Sündenbock) vom Typ „Mandschu-Kandidat" vorbereitet worden sein, immer faszinierend fanden.

Später stellte Schmidt Oswald den bereits erwähnten Michael und Ruth Paine vor, von denen viele glauben, dass sie De Mohrenschildt ersetzten, indem sie im Auftrag der CIA ein Auge auf Oswald warfen.

Obwohl ABC Oswalds Witwe nie befragte - die heute erklärt, dass sie an eine Verschwörung glaubt und dass ihr Mann nicht der Mörder war, sondern eher der „Sündenbock", wie Oswald selbst verkündete -, brachte ABC Oswalds älteren Bruder Robert ins Spiel, der seine Überzeugung von der Schuld seines Bruders verkündete.

Was ABC hingegen nicht erwähnte, war, dass viele Kritiker der Warren-Kommission ernsthafte Fragen zu früheren, etwas verdächtigen Aussagen aufwarfen, die Robert Oswald selbst gemacht hatte und die als „Beweis" für die Schuld seines Bruders verwendet wurden.

ABC erwähnte auch nicht die - von einigen Ermittlern des Attentats aufgeworfene - Möglichkeit, dass die CIA vielfältige Verbindungen zur Oswald-Familie selbst hatte, vielleicht sogar zu seiner eigenen Mutter, und goss damit Wasser auf die Mühlen der These, dass die CIA schon viele Jahre vor dem JFK-Attentat ein Auge auf Oswald geworfen hatte.

In dieser Hinsicht ist die Suggestion von ABC, Oswald sei „ein Mann, den niemand wirklich kannte", geradezu lachhaft. Professor John Newman von der Universität Maryland weist in seinem Standardwerk *Oswald and the CIA* schlüssig nach, dass die CIA über sehr umfangreiche Akten über Oswald verfügte, von denen die meisten übrigens von dem berüchtigten CIA-Chef der Spionageabwehr, James J. Angleton, „bearbeitet" wurden, einem engagierten israelischen

Loyalisten, der allein die Verbindung zwischen der CIA und dem israelischen Geheimdienst Mossad herstellte.

Ausgehend von der Annahme, dass Verschwörungstheorien über die Ermordung von JFK aufkamen, weil, wie Peter Jennings sagte, das amerikanische Volk das Gefühl hatte, dass „etwas so Schreckliches das Werk von mehr als einem Mann sein musste", ignorierte der Sender ABC die Fakten manchmal ziemlich eklatant. So behauptete ABC beispielsweise, dass Zeugen gesehen hätten, wie der Dallas-Polizeibeamte J. D. Tippit „Oswald zuwinkte", bevor „Oswald" Tippit erschoss.

Die Wahrheit ist jedoch, dass es zahlreiche widersprüchliche Berichte gibt, sogar über die Umstände des Mordes an Tippit der - der kurz nach der Ermordung von JFK stattfand -, und dass es alles andere als sicher ist, dass Oswald dieses Verbrechen begangen hat.

Als ABC schließlich beschloss, der Tatsache nachzugehen, dass es tatsächlich Bedenken hinsichtlich einer Verschwörung hinter der Ermordung des Präsidenten gab, ging ABC nicht weiter auf die am weitesten verbreitete Überzeugung ein, dass die Verschwörung höchstwahrscheinlich (wie sie es war und immer noch ist) auf Elemente innerhalb der CIA zurückgeführt werden konnte.

Im Gegenteil, ABC bemühte sich sehr, zu beweisen, dass es sich nicht um eine sowjetische Verschwörung handelte, und zog sogar einen berühmten sowjetischen Überläufer, Yuri Nosenko, heran, um zu behaupten, es sei „unmöglich", dass die Sowjets Oswald jemals benutzt hätten. In Wirklichkeit waren nur sehr wenige Kritiker der Warren-Kommission jemals der Meinung, dass es sich um eine sowjetische Verschwörung handelte.

Tatsächlich behaupteten die Kritiker der Kommission, dass die wahren Verschwörer des Attentats absichtlich versucht hätten, Oswald mit den Sowjets (und dem kubanischen Diktator Fidel Castro) in Verbindung zu bringen, und zwar zu einem von vielen möglichen Zwecken: entweder eine offizielle Vertuschung zu erzwingen, um „einen Krieg mit der Sowjetunion zu verhindern", oder eine Invasion Kubas durch die USA als Vergeltung für Castro zu provozieren. Wie dem auch sei, die meisten Kritiker der Kommission haben die Idee, dass die Sowjets oder Castro es getan hätten, nie ernst genommen.

Bei der Untersuchung von Oswalds mysteriösem Aufenthalt in der Sowjetunion - wo viele glaubten, er sei ein CIA-Agent gewesen - bestand ABC darauf, dass die Sowjets Oswald nie in irgendeiner Weise zu ernst genommen hätten und dass, trotz ABCs wiederholter Verkündung, dass Oswald „niemand" sei, die sowjetischen Behörden dennoch „nachgaben" und Oswald erlaubten, in der Sowjetunion zu bleiben, als er, nachdem zur Ausreise aufgefordert worden war, kurz nach seiner Ankunft einen Selbstmordversuch unternahm. Die Vorstellung, dass die Sowjets angesichts eines solchen „Unbekannten" „eingeknickt" wären, ist gelinde gesagt abwegig. Offensichtlich hatten die Sowjets aus dem einen oder anderen Grund beschlossen, dass es sich lohnte, Oswald im Auge zu behalten. Aber ABC wollte nicht, dass sein Publikum diese Möglichkeit in Betracht zieht.

Bei der Erwähnung von Oswalds ebenso mysteriöser Zeit in New Orleans (vor seiner endgültigen Rückkehr nach Dallas vor der Ermordung von JFK) erwähnt ABC nicht ein einziges Mal Oswalds sehr klare Verbindung mit dem ehemaligen FBI-Mitglied Guy Banister und seinem Kollegen, dem CIA-Vertragsagenten David Ferrie. ABC erwähnt mit einigem Entsetzen, dass es Oswald gelang, „flüchtigen" Ruhm zu erlangen, indem er sich öffentlich als Pro-Castro-Straßenagitator darstellte, der im Fernsehen und Radio interviewt wurde, während er Pro-Castro-Flugblätter verteilte.

Man könnte auch erwähnen, dass die lokalen Fernseh- und Radiosender von NBC, die Oswald damals bekannt machten, Edith und Edgar Stern gehörten - wichtigen Akteuren der pro-israelischen Lobby und engen Freunden von Clay Shaw, der später von Staatsanwalt Jim Garrison in die Umstände rund um Oswalds Manipulation in New Orleans vor dem Mord verwickelt wurde. Aber das wurde von ABC natürlich nicht erwähnt.

ABC berichtet über Oswalds Reise nach Mexiko und zieht Edwin Lopez, den ehemaligen Ermittler des Mordausschusses des Repräsentantenhauses, hinzu, um zu zeigen, dass es keine Beweise dafür gibt, dass Oswald im Zusammenhang mit der Ermordung von JFK mit den Sowjets oder Kubanern konspiriert hat.

Das ist sehr gut so. ABC erwähnte jedoch nicht, dass die Kritiker der Warren-Kommission Lopez gerade deshalb als Helden betrachten, weil Lopez' umfassende Ermittlungen insgesamt tatsächlich bewiesen, dass es die CIA war - insbesondere das Büro des Chefs der Spionageabwehr, James Angleton -, die in den Monaten vor dem JFK-Mord daran arbeitete, Oswald mit den Sowjets in Verbindung zu bringen. Kurz gesagt: ABC nahm nur einen Teil dessen, was Lopez herausgefunden hatte, und verdrehte es für die Zuschauer.

Einer der Höhepunkte der ABC-Präsentation war eine (recht unterhaltsame) farbige Computergrafik des Kennedy-Attentats, die angeblich „beweisen" sollte, dass tatsächlich ein einziger Schuss Präsident Kennedy und anschließend den texanischen Gouverneur John B. Connally durchbohrt hatte.

Was ABC nicht erwähnte, war, dass der Autor Gerald Posner in der Vergangenheit eine ähnliche Computersimulation gelobt hatte, die denselben Punkt belegte. Posner erwähnte in seinem Buch *Case Closed* jedoch nicht, dass dieselbe Firma, die diese Simulation erstellte, auch eine andere Simulation erstellte, die belegte, dass mehr als ein Schütze an der Ermordung John F. Kennedys beteiligt gewesen sein könnte.

Was jedoch die Kopfverletzung von JFK betrifft, von der die meisten ernsthaften Kritiker glauben, dass sie von vorne abgefeuert wurde (und damit offensichtlich nicht von Lee Harvey Oswald oder irgendjemand anderem im Texas School Book Depository), so zeigte die Computersimulation von ABC lediglich das Offensichtliche: Der Hinterkopf von JFK befand sich in der Schusslinie des Gebäudes, in dem das Buch aufbewahrt wurde.

Jennings vom Sender ABC erklärte, dass der Grund, warum JFKs Kopf so heftig nach hinten gezogen wurde (als ob er von vorne erschossen worden wäre), laut Jennings darin liegt, dass sich Körper in jede Richtung bewegen können, wenn sie eine Kugel abbekommen. Das ist zumindest seine Behauptung. Die meisten Jäger, Polizisten, Soldaten und anderen Nutzer von Schusswaffen würden wahrscheinlich das Gegenteil behaupten.

Als ABC mit der Tatsache konfrontiert wurde, dass das House Assassinations Committee von 1976 schließlich (auf der Grundlage einer Tonaufnahme von der Dealey Plaza) zu dem Schluss gekommen war, dass es einen zweiten Schützen gegeben hatte, der von vorne geschossen hatte, rief es seine Computersimulation auf, um nur zu zeigen, dass der Polizist (dessen Funkmikrofon die Schüsse aufgenommen hatte) - so zeigte es die Simulation - nicht an dem Ort gewesen sein konnte, an dem die Tonexperten zu dem Schluss gekommen waren, dass er sich zum Zeitpunkt der Aufnahme befand. Mit anderen Worten: ABCs Computermagie widerlegte nicht die Tatsache, dass ein Schuss von vorne abgefeuert wurde, sondern nur, dass die Aufnahme des Schusses nicht von dem Ort aus erfolgte, an dem sie angeblich erfolgte.

ABC versuchte zwar, die „Theorie" von Robert Blakey, dem Leiter des House Assassinations Committee, zu diskreditieren, wonach „die Mafia" Kennedy getötet habe, doch ABC diskreditierte in Wirklichkeit nur eine andere Theorie, die nie ernst genommen wurde.

Was Blakey selbst betrifft, so behauptete er zwar immer wieder, dass Jack Ruby, eine Figur der Dallas-Mafia, mit der „Mafia" in Verbindung stehe, doch Blakey ignorierte sorgfältig Rubys wahre Verbindungen zum nicht-italienischen Verbrechersyndikat von Meyer Lansky und seinen Partnern, den Bronfmans. Das ist keine Überraschung, denn Blakey war zu einem bestimmten Zeitpunkt tatsächlich ein bezahlter „Berater" von Morris Dalitz, einer Figur aus dem Lansky-Syndikat und Hauptverantwortlicher für die Lansky-Mafia in Las Vegas.

Als es um Oliver Stone und seinen umstrittenen Film *JFK* ging, konnten Jennings und ABC nicht umhin, zu Recht darauf hinzuweisen, dass Stone, wie er selbst zugab, eine gewisse „dramatische Lizenz" an den Tag gelegt hatte, als er seinen Film über Jim Garrisons Ermittlungen gegen den sogenannten Clay Shaw präsentierte.

Die Wahrheit ist, dass viele seriöse Forscher zum JFK-Attentat Stone und seinem Film gegenüber sehr kritisch eingestellt waren. Dieser Autor war einer der ersten, der darauf hinwies, dass Stones Film von Arnon Milchan finanziert wurde, einem israelischen Waffenhändler, der eine Schlüsselrolle im israelischen Programm zur Entwicklung von Atomwaffen spielte, eben jenem Programm, das JFK so entschlossen war, abrupt zu stoppen.

Um Stone (und Garrison) loszuwerden, zeigte ABC einen Ausschnitt aus dem Film, in dem Garrison (dargestellt von dem Schauspieler Kevin Costner) eine dramatische Rede hält. Jennings von ABC machte eine ironische Bemerkung: „Der echte Jim Garrison hat diese Rede nie gehalten", womit er andeutete, dass alles, was irgendwie mit dem Film oder Garrison in Verbindung gebracht wird, irgendwie „nicht real" ist.

Es gäbe noch viel zu sagen - und viele andere werden es tun - über diese schändliche Propaganda von Peter Jennings und seinem Chef, Michael Eisner, dem Chef von Disney, dem Hollywood-Giganten, der heute ABC kontrolliert. Aber es soll genügen zu sagen, dass der eigentliche Schlüssel zum Verständnis, wer JFK wirklich getötet hat und warum, am besten verstanden werden kann, wenn man sich ansieht, wie sich die amerikanischen Medien so vollständig der Vertuschung dieser Verschwörung verschrieben haben.

So führt die Antwort auf die einfache Frage „Wer kontrolliert die Medien?" zu einer Lösung der Frage „Wer hat JFK wirklich getötet und warum? „Wer hat JFK wirklich getötet und warum?".

KAPITEL XIII

War die Chicagoer Mafia wirklich an der Ermordung von JFK beteiligt

Wenn Sie denken, dass Sam Giancana, eine berühmte Figur der italo-amerikanischen „Mafia", der „große Mann" der Mafia in Chicago war, werden Sie überrascht sein.

Double Deal von Michael Corbitt liefert eine bemerkenswerte Bestätigung für die These, dass der israelische Mossad neben der CIA und dem organisierten Verbrechen eine Schlüsselrolle bei der Ermordung von Präsident John F. Kennedy gespielt hat.

Dieses aufschlussreiche Buch enthüllt neue Fakten über die geheime Geschichte der berüchtigten Chicagoer „Mafia". Es zeigt einige wichtige Details, die noch nie zuvor erzählt wurden und wirft ein neues Licht auf viele wichtige Ereignisse, die das amerikanische Leben (und die Außenpolitik) in der zweiten Hälfte des 20.

Der Autor, Corbitt, ehemaliger Polizeichef von Willow Springs, Illinois (ein Vorort von Chicago), hat sich mit dem Schriftsteller Sam Giancana, Neffe und Namensvetter des legendären Chicagoer Mafiabosses Sam Giancana, zusammengetan, um ein überraschendes 347-seitiges Buch zu produzieren, das die Wahrheit enthüllt, zum ersten Mal die überraschende Identität des wenig bekannten mysteriösen Mannes, der die wahre „Macht hinter dem Thron" des organisierten Verbrechens in Chicago war und dessen Einfluss bis nach Israel, Panama, Iran, Las Vegas und Washington, D., reichte. CC.

Corbitt - der nach seiner Verurteilung wegen bundesstaatlicher Schutzgelderpressung, dem Höhepunkt seiner lebenslangen Verstrickung in das organisierte Verbrechen, eine lange Zeit im Gefängnis verbrachte - gibt seine zahlreichen Vergehen freimütig zu und behauptet nicht, unschuldig zu sein. Er gibt zu, dass er seine

Stellung als Polizeichef einer Kleinstadt dazu benutzt hat, die Interessen der Mafia zu fördern. Seine Berichte aus erster Hand (und oft eiskalt) über das Leben in der Mafia weisen Parallelen zu vielen bereits erzählten Geschichten auf.

Trotz seines berühmten Namens als „Mafioso" war Giancana, der Co-Autor von Corbitt, nie in „Familienangelegenheiten" verwickelt. Vor einigen Jahren schrieb er den Bestseller *Double Cross*, in dem er das Leben und die Verbrechen seines verstorbenen Onkels, der 1975 ermordet wurde, schilderte.

Was das neue Buch von Corbitt-Giancana jedoch einzigartig macht, ist, dass die Autoren es wagen, etwas auszusprechen, was noch nie zuvor veröffentlicht wurde: dass ein obskurer nicht-italienischer Gangster namens Hyman „Hal" Larner die kontinuierliche Kraft war, die die Chicagoer Mafia über dreißig Jahre lang hinter den Kulissen lenkte.

Trotz der „Drehtür" von italienisch-amerikanischen Mafiabossen wie Giancana und anderen, die abwechselnd inhaftiert oder „getötet" wurden, war Larner stets der Mann der Stunde.

Darüber hinaus decken die Autoren auf, dass ein Großteil von Larners kriminellen Aktivitäten nicht nur in Absprache mit der CIA, sondern insbesondere auch mit dem israelischen Mossad durchgeführt wurden.

Larner war nicht nur eine wichtige Figur in der Chicagoer Kriminalität, sondern auch auf der internationalen Bühne. Er war nicht nur ein langjähriger (wenn auch sicherlich weniger bekannter) Geschäftspartner des jüdischen Verbrecherbosses Meyer Lansky (ein bekannter Mitarbeiter des Mossad), sondern auch Lanskys Nachfolger nach dessen Tod im Jahr 1983.

Laut Corbitt erfuhr er schon früh in der Mafiazeit von Larners Existenz, obwohl Larners Präsenz auf einer so hohen Ebene in der Mafia kein Thema war, dem die Ermittler der Regierung oder die von der Mafia gefesselten Medien nachgehen wollten. Corbitt schreibt: Alle anderen Outfit-Mitglieder waren jeden Tag in den Zeitungen, ihre Fotos prangten auf der Titelseite der *Tribune*. Aber wenn Hy Larners Name in den Zeitungen erwähnt wurde, wurde er nur als „Partner" oder „Schützling" eines Gangsters beschrieben und nicht mehr. Niemand wusste, **wie** weit seine Kontakte reichten oder auf welcher Ebene sie angesiedelt waren. Die Journalisten bezeichneten ihn als „Rätsel" und „mysteriösen Mann".

Als Corbitt unter Giancanas Schirmherrschaft in die Kreise des organisierten Verbrechens aufstieg, fand er schließlich heraus, wie und warum die Chicagoer Mafia so ungehindert operieren konnte. Es war ihre Partnerschaft mit dem Mossad - der Transport von Waffen nach Israel -, die es der Chicagoer Mafia ermöglichte, eine Freikarte für Vertreter der US-Regierung aus dem Gefängnis zu erhalten

> Auf Drängen von Meyer Lansky begannen [Giancana] und seine Freunde mit dem israelischen Mossad zusammenzuarbeiten und schmuggelten Waffen in den Nahen Osten.

> Alles ging in Panama ein und aus, was bedeutete, dass alles von Hy Larner verwaltet wurde. Larner war zweifellos Sam Giancanas zuverlässigster Finanzberater. Jeder in Panama - von Bankern bis zu Generälen - fraß ihm aus der Hand. Sobald der Waffentransport nach Israel begann, hatte Larner auch die US-Armee und ihre Landebahnen zur Verfügung.

Und entgegen der populären Legende waren es nicht Giancana oder ein anderer berühmter Mafioso aus Chicago, Johnny Roselli, die die mittlerweile berüchtigten CIA-Mafia-Verschwörungen zur Ermordung Castros zementierten. Es waren Larner und sein Partner Meyer Lansky, die hinter der Verschwörung steckten.

Darüber hinaus, so enthüllen Corbitt und Giancana, waren Larners Beziehungen zu anderen Persönlichkeiten aus der Welt des Verbrechens, wie Carlos Marcello, dem Mafiaboss von New Orleans, und Santo Trafficante aus Tampa, ebenso innig.

Larner und die beiden Figuren der südlichen Mafia waren in lukrative Waffen- und Drogenschmuggelgeschäfte in der Karibik involviert, ganz zu schweigen von den Glücksspielunternehmen der Mafia. In Bezug auf Larners Verbindung mit Lansky schreibt Corbitt

> Beide waren absolut brillant, wenn es darum ging, mit Geld zu hantieren, wahrscheinlich die besten, die die Mafia je gesehen hatte. Sie waren auch Zionisten, leidenschaftliche Verfechter des göttlichen Rechts der Juden, das heilige Land Jerusalem zu

besetzen. Man würde nicht denken, dass die Religion einer Person einen Unterschied machen könnte, nicht wenn es um einen Deal wie den geht, den das organisierte Verbrechen mit der CIA geschlossen hat.

Aber Hy Larner und Meyer Lansky waren nicht nur Zionisten; sie waren auch Mafiosi, die glaubten, dass der Zweck die Mittel heiligt. Stellen Sie ihnen das organisierte Verbrechen und die US-Regierung zur Verfügung und Sie erhalten eine sehr mächtige Kraft, die in der Lage ist, das Gesicht der Unterwelt und der Welt zu verändern.

Larner und Giancana waren auch an Glücksspielgeschäften mit Kasinos beteiligt, die im Iran ansässig waren, der damaligen Hochburg des Schahs von Iran, dessen berüchtigte Geheimpolizei SAVAK eine gemeinsame Kreation der CIA und des Mossad war - ein großer Streitpunkt, als islamische Fundamentalisten den Schah stürzten und ihn ins Exil zwangen.

Corbitt enthüllt auch die unglaubliche Geschichte von Giancana (mit Hilfe von Larner), der es schließlich schaffte, das US-Justizministerium loszuwerden.

Wie sich herausstellte, wollten Präsident Lyndon Johnson und seine zionistischen Berater zwar im Namen Israels Krieg gegen Ägypten und andere arabische Staaten führen, doch die Verstrickung der USA in Vietnam hinderte Johnson an diesem Vorhaben.

Giancana brachte jedoch nicht nur eine beträchtliche Geldsumme auf, um Israel bei der Bewaffnung für seinen Krieg gegen die arabischen Länder im Jahr 1967 zu helfen, sondern darüber hinaus organisierten Larner und Giancana von einem ihrer Außenposten in Panama aus Lieferungen gestohlener Waffen nach Israel, eine Operation, die in Zusammenarbeit mit dem in Panama ansässigen Mossad-Agenten Michael Harari durchgeführt wurde.

Als Gegenleistung für diesen Dienst an Israel wies Präsident Johnson das Justizministerium an, seine Kampagne gegen Giancana einzustellen.

Doch das Arrangement zwischen Giancana und Larner endete schließlich. Larner, so scheint es, war mit ziemlicher Sicherheit für die Ermordung Giancanas im Jahr 1975 verantwortlich. Larner blühte jedoch weiter auf, obwohl Giancanas Nachfolger mit einer Reihe von Bundesklagen konfrontiert waren, die von den Medien weithin als „das Ende der Mafia in Chicago" gefeiert wurden.

Während seiner Zeit bei der Mafia fungierte Corbitt oft als Kurier für Larner und reiste nach Las Vegas, Mittelamerika und anderswohin. Laut Corbitt steht heute fest, dass viele von Larners Aktivitäten eine zentrale Rolle in der mittlerweile berühmten Iran-Contra-Affäre spielten, die die Reagan-Bush-Regierung in den 1980er Jahren erschütterte.

Corbitt wurde schließlich wegen Korruption angeklagt und landete im Gefängnis. Er war jedoch verbittert über seine Verbündeten bei der Mafia, die ihn seiner Meinung nach verraten hatten. Er bot an, dem FBI dabei zu helfen, Larner aus dem Weg zu räumen.

Doch 1997, als es so aussah, als sei das Verfahren gegen Larner noch nicht abgeschlossen, wurde Corbitt vom FBI darüber informiert, dass das Außenministerium interveniert und die Ermittlungen eingestellt hatte. Wie Corbitt erklärt, „scheint es, dass mein alter Freund Mr. Larner sehr einflussreiche Freunde hat".

Tatsächlich war es nicht das erste Mal, dass hohe Beamte der Bundesregierung das FBI, die IRS und die DEA gemeinsam und einzeln anwiesen, ihre Ermittlungen in Larners Fällen einzustellen, und es sollte auch nicht das letzte Mal sein.

Obwohl panamaische Zeitungen 1991 Larners Tod meldeten, tauchten mehrere Jahre später Gerüchte auf, Larner sei in Wirklichkeit sehr lebendig und lebe in Flathead, Montana.

Dann, als Corbitts Buch druckreif war, meldete der *Miami Herald*, dass Larner am 12. Oktober 2002 verstorben war und in Skokie, Illinois, beerdigt werden sollte. Wie Giancana einfach und aufschlussreich formuliert

> Seltsamerweise gab es keine Schlagzeilen, die den Tod eines der mächtigsten Mafiosi des Landes ankündigten.

Ob Larner noch lebt oder endgültig tot ist, spielt also keine große Rolle. Laut Giancana:

> Entscheidend ist, dass die illegale Allianz, die er und seine Kumpane vor rund 50 Jahren mit , internationalen Führern und unehrlichen Elementen in den Geheimdiensten und dem Militär der Vereinigten Staaten geschmiedet haben, noch immer am Leben ist... Die Bundesbehörden kennen die Namen der Täter. Sie wissen, wo sie leben. Und dennoch unternehmen sie nichts.

Double Deal ist ein erstaunliches Buch, das Sie zweimal darüber nachdenken lässt, was Sie über eine Vielzahl von Themen zu wissen glaubten, von der „Mafia" über die Ermordung von JFK bis hin zu Iran-Contra und der ganzen Geschichte des CIA-Waffen- und Gewehrschmuggels und vielem mehr. All diese Themen haben offenbar einen gemeinsamen, aber wenig bekannten roten Faden: die lange verborgene Israel-Connection.

KAPITEL XIV

Mossad mit der Ermordung von Martin Luther King in Verbindung gebracht

Ein Schlüsselakteur bei der Ermordung von Martin Luther King Jr. war mit einer Schlüsselfigur der JFK-Attentatsverschwörung verbunden. Beide wiederum waren fest mit einer gemeinsamen Verwicklung in eine Waffenschmuggeloperation verbunden, die ihren Sitz in den USA hatte und eng mit dem israelischen Geheimdienst Mossad verbunden war.

Diese Enthüllung findet sich in einem neuen Buch, *An Act of State*, von Dr. William F. Pepper, das - wenn nicht noch etwas Brisanteres passiert - wahrscheinlich das letzte Wort über die Frage, wer King getötet hat und warum, sein wird.

An Act of State basiert auf Peppers Ermittlungen im Rahmen seiner langjährigen Rolle als Anwalt des mutmaßlichen King-Mörders James Earl Ray und ist bei weitem keine Verherrlichung des Mossad.

Peppers vorsichtiger Hinweis auf den Mossad ist jedoch ein Blitzlichtgewitter für alle, die bereits *Final Judgment* gelesen haben, das erste Buch, das nicht nur die Rolle des Mossad im Fall JFK dokumentiert, sondern auch die Wahrscheinlichkeit einer israelischen Verwicklung in die Ermordung Martin Luther Kings andeutet.

Peppers Behauptung über den Mossad beruht auf Aussagen, die der ehemalige Oberst John Downie von der 902. militärischen Nachrichtengruppe, einer im Verteidigungsministerium angesiedelten Einheit, gegenüber einem von Peppers Ermittlern gemacht hat.

Laut Downie war die mysteriöse Figur „Raul" - von der Kings mutmaßlicher Mörder James Earl Ray behauptete, sie habe ihm geholfen, ihm (Ray) den Mord an King anzuhängen - Teil einer internationalen Waffenschmuggeloperation mit Sitz in den USA (die teilweise in Texas operierte), von der Pepper bereits - durch andere Quellen - festgestellt hatte, dass sie Jack Ruby, den Wachmann des Nachtclubs in Dallas, der den mutmaßlichen Mörder von JFK, Lee Harvey Oswald, getötet hatte, einbezog.

Die Verbindung zwischen „Raul" und Ruby war alles andere als dünn: „Raul" und Ruby wurden von Peppers Quellen mehrfach vor dem Attentat auf JFK, fünf Jahre vor dem Mord an King, zusammengebracht.

Bei der Schmuggeloperation wurden Waffen verwendet, die aus den Stützpunkten und Waffenkammern der US-Armee gestohlen und an die in New Orleans ansässige kriminelle Organisation Carlos Marcello geliefert wurden, die wiederum die Waffen zum Verkauf nach Latein- und Südamerika und anderswohin lieferte. Die Erlöse aus den Waffenverkäufen wurden angeblich zu gleichen Teilen mit der 902. US-Militärgeheimdienstgruppe geteilt, die ihren Anteil zur Finanzierung geheimer und außerplanmäßiger Operationen verwendete.

Hier ist die Verbindung zum Mossad: Downie sagte, dass eine der Personen - ein Schlüsselakteur in dieser Operation - „ein leitender Mossad-Agent, der in Südamerika arbeitet und als Hauptverbindungsmann für das US-Militär und die CIA fungiert" sei.

Es scheint, dass *Final Judgment* mit ziemlicher Sicherheit auf die Identität der Person, die von Peppers Quelle beschrieben wird, hingewiesen hat.

In *Final Judgment* habe ich darauf hingewiesen, dass der berühmte „Mann mit dem Regenschirm", der am 22. November 1963 auf der Dealey Plaza in Dallas fotografiert wurde, eine verblüffende Ähnlichkeit mit Michael Harari hatte, einer langjährigen Mossad-Figur, die heute berüchtigt ist (aber damals im Schatten stand).

1963 war Harari als Mossad-Spezialist für Attentate im Einsatz und wäre sicherlich in Dallas gewesen, wenn, wie *Final Judgment* behauptet, der Mossad eine führende Rolle bei der JFK-Verschwörung gespielt hätte. Darüber hinaus zeigen die veröffentlichten Dokumente, dass Harari im Laufe seiner Karriere stark in israelische

Geheimdienstoperationen in Mexiko, Südamerika und der Karibik involviert war, bis hin zu seiner weithin beachteten Rolle als Chefberater des damaligen panamaischen Diktators Manuel Noriega, der schließlich bei einer Invasion durch die USA gestürzt wurde.

War Harari also der „in Südamerika tätige leitende Mossad-Agent", der von Peppers US-Militärquelle erwähnt wurde? Wenn nicht, handelt es sich sicherlich um jemanden, mit dem Harari zusammengearbeitet hat.

Die Tatsache, dass Jack Ruby - der Teil der von Pepper aufgedeckten Mossad-nahen Schmuggeloperation war - mehrfache Verbindungen zum Mossad und zu Israel hatte, ist keine Überraschung für diejenigen, die *Final Judgment* gelesen haben, in dem diese Tatsache hervorgehoben wurde:

- Entgegen dem Mythos war Ruby kein Handlanger der italo-amerikanischen „Mafia", sondern vielmehr ein Schlüsselagent im Drogenhandel innerhalb des Verbrechersyndikats des israelischen Mafia-Bosses und Loyalisten Meyer Lansky

- Ruby hatte sich bereits 1955 - laut FBI-Akten - damit gebrüstet, Waffen nach Israel geschmuggelt zu haben

- Rubys langjähriger Anwalt Luis Kutner - der bis in Rubys frühe Jahre in Chicago zurückreicht - hatte sehr enge Verbindungen zu den Geheimdiensten und war ein wichtiger Akteur in der pro-israelischen Lobby

- Al Lizanetz, einer der wichtigsten Handlanger des Verbrecherbosses Kemper Marley in Arizona (ein gut bezahlter Strohmann der Bronfman-Familie, die von Anfang an mit Meyer Lansky verbandelt war), hatte behauptet, dass Ruby, die in Texas operierte, ebenfalls auf der Gehaltsliste der Bronfmans stand

- In der Nacht vor der Ermordung von JFK traf sich Ruby mit einem engen Freund, Lawrence Meyers, der mit einer Firma in Verbindung stand, die vom FBI mit dem Schmuggel von Waffen für Israel in Verbindung gebracht wurde.

Obwohl also Rubys Verbindungen zum Mossad von anderen Autoren über das Attentat auf JFK verschwiegen wurden, können die Details in *Final Judgment* gefunden werden.

Tatsächlich gibt es noch weitere seltsame israelische Verbindungen rund um die Ermordung von Martin Luther King, die kaum Aufmerksamkeit erregt haben.

In seinem früheren Buch über die Ermordung von Martin Luther King, *Orders to Kill*, beschrieb William Pepper den Werdegang des Kanadiers Eric Galt, dessen Identität James Earl Ray auf seinen zahlreichen Reisen angenommen hatte. Galt soll ein Lagerhaus geleitet haben, in dem ein streng geheimes Munitionsprojekt untergebracht war, das von der CIA, dem Zentrum für Oberflächenwaffen der US-Marine und dem Kommando für elektronische Forschung und Entwicklung der Armee finanziert wurde. Dabei ging es um die Herstellung und Lagerung von „Annäherungszündern", die in Boden-Luft-Raketen und Artilleriegeschossen verwendet wurden.

Im August 1967, so Pepper, „kooperierte Galt mit einer weiteren Operation der 902 [Military Intelligence Group], die den Diebstahl einiger dieser Annäherungsraketen und ihre geheime Lieferung an Israel beinhaltete". Laut Pepper erhielt er „ein vertrauliches Memorandum, das von der 902. MIG am 17. Oktober 1967 veröffentlicht wurde und diese Operation, das MEXPO-Projekt, bestätigte und diskutierte, das als „Projekt zur Nutzung von militärischem Material der wissenschaftlich-technischen Abteilung (S&T) in Israel" definiert wurde.

So benutzte die „Taube" für den Mord an King auf bis heute mysteriöse Weise die Identität einer Person, die Verbindungen zu Israel und seiner „wissenschaftlichen und technischen" Forschung hatte - was natürlich in Richtung nukleare Entwicklung geht. Man beachte auch, dass Galt mit Israels „wissenschaftlicher und technischer Abteilung" in Verbindung stand.

Es ist auch erwiesen (aber selten erwähnt), dass Ray vor Kings Ermordung von seinem Kontaktmann „Raul" zwei Telefonnummern erhalten hatte, die er nach dessen Anweisungen im Bedarfsfall kontaktieren sollte. Ray stellte später fest, dass die Nummer in New Orleans die der Firma Laventhal Marine Supply war; und in seiner kaum erwähnten, von ihm selbst verfassten frühen Berufung gegen seine Verurteilung behauptete Ray, dass „der in New Orleans registrierte Einwohner unter anderem ein Agent einer Organisation im Nahen Osten war, die sich über die öffentliche Unterstützung, die King angeblich vor seinem Tod für die Sache der palästinensischen Araber geleistet hatte, aufgeregt hatte". Natürlich bezog sich Ray auf die Anti-Defamation League (ADL) der B'nai B'rith.

Später, als Ray vor dem Mordausschuss des Repräsentantenhauses aussagte, bezog er sich auf diese mysteriöse Nummer und kommentierte: „Ich möchte nicht wieder in den Bereich der Diffamierung gehen und etwas sagen, das für eine oder mehrere Gruppen oder Organisationen peinlich sein könnte... er [King] hatte die Absicht, wie in Vietnam, die arabische Sache zu unterstützen... jemand in seiner Organisation nahm Kontakt zu den Palästinensern auf, um ein Bündnis zu schließen". Auch hier sprach Ray offensichtlich von einer Stellungnahme Kings, die die ADL verärgern könnte, auch wenn er über dieses Thema sprach, ohne es direkt auszusprechen.

Dass die ADL King angriff, überraschte viele seiner Bewunderer und Kritiker, zumal die ADL King in der Öffentlichkeit oft lobte, insbesondere in ihren Publikationen, die sich an ein schwarzes Publikum richteten.

Die erste öffentliche Enthüllung, dass King von der ADL ausspioniert wurde, erfolgte in der Ausgabe vom 28. April 1993 der *San Francisco Weekly, einer* liberalen „alternativen" Zeitung:

> Während der Bürgerrechtsbewegung, als viele Juden die Führung im Kampf gegen den Rassismus übernahmen, spionierte die ADL Martin Luther King aus und leitete die Informationen an J. Edgar Hoover weiter, wie ein ehemaliger ADL-Mitarbeiter berichtete.
>
> „Es war Allgemeinwissen und wurde beiläufig akzeptiert", sagte Henry Schwarzschild, der zwischen 1962 und 1964 in der Publikationsabteilung der ADL arbeitete.
>
> „Sie dachten, King sei eine Art Freigeist", sagte Schwarzschild. „Es handelte sich um einen Baptistenprediger und niemand

konnte sicher sein, was er tun würde. Die ADL war sehr besorgt, dass er eine ungelenkte Rakete haben könnte.

In Bezug auf die ADL lässt Peppers neues Buch ein weiteres interessantes Detail durchsickern: Es stellt sich heraus, dass die ADL angeblich ein wichtiges Dossier (dessen Existenz die ADL bestritten hat) über einen gewissen General Henry Cobb aufbewahrte, der daran arbeitete, Peppers Bemühungen um die Entlastung von James Earl Ray zu sabotieren. Pepper erklärt nicht, warum die ADL diese Akte über Cobb besaß, aber man kann daraus schließen, dass die Dokumente dazu hätten verwendet werden können, Cobb zu „überzeugen", bei der Vertuschung des Mordes an Martin Luther King zu „kooperieren".

Peppers These ist, dass Kings eigentlicher Mörder - möglicherweise ein Polizist aus Memphis - von Frank Liberto angeheuert wurde, einem reichen Memphis-Partner der in New Orleans ansässigen Verbrecherfamilie Marcello (die wiederum ein Schlüsselglied des mit Israel verbundenen Verbrechersyndikats Lansky ist), dass aber selbst während der Ausführung des Verbrechens Scharfschützen der US-Armee am Tatort waren, die die Ereignisse beobachteten und eventuelle Verstärkung bereitstellten, falls King den Angriff der „Zivilisten" überleben sollte. In seinem Buch wird ein erschreckendes und sehr gut dokumentiertes Szenario dargestellt. Es ist jedoch unwahrscheinlich, dass Pepper auf den israelischen roten Faden, der sich durch das gesamte Szenario zieht, näher eingehen wird.

Wie auch immer man über Martin Luther King denken mag, es besteht kein Zweifel daran, dass er die Absicht hatte, über seinen Einsatz für die auf der Rasse beruhenden „Bürgerrechte" hinauszugehen und sich in der Außenpolitik der USA zu engagieren, was für die herrschende Macht ein deutliches Problem darstellte. Genau dies führte zu seiner Ermordung.

ABSCHNITT DREI

INTERVIEWS

KAPITEL XV

Reality Radio Network The „Lost" *Final Judgment* Interview 9. Juni 2003

Victor Thorn: Michael, lassen Sie uns dieses Interview mit einem Gespräch über *Final Judgment* beginnen. Lassen Sie mich den Boden ein wenig vorbereiten, indem ich ins Jahr 1992 zurückgehe. Ein Abgeordneter aus Illinois namens Paul Findley sagte, dass von all den Büchern, die über die Ermordung Kennedys geschrieben wurden, keines - oder vielleicht nur einige - jemals die Rolle des Mossad bei der Ermordung erwähnt hätte. Bis heute wurden so viele Bücher über das Attentat geschrieben, dass sogar auf Elvis mit dem Finger gezeigt wurde. Sie waren also die einzigen, die 30 Jahre lang unversehrt blieben, bis zum Januar 1994, als Ihr Buch erschien. Das Buch trägt den Titel *Final Judgment: The Missing Link in the JFK Assassination Conspiracy (Das fehlende Glied in der Verschwörung zur Ermordung von JFK)*. Erzählen Sie uns nach dieser kurzen Einführung, wie die Reaktionen auf die Veröffentlichung dieses Buches waren.

Michael Collins Piper: Lassen Sie mich kurz erklären, wie ich dazu gekommen bin, es zu schreiben, weil ich es für sehr wichtig halte.

Es gab viele Bücher, nicht nur über Kennedys Ermordung, sondern auch über Kennedys Außenpolitik, über die Schweinebucht auf Kuba, über seine Beziehungen zur Sowjetunion und natürlich über JFKs Politik in Südostasien. Bis Anfang der 1990er Jahre war jedoch nichts über JFKs Beziehungen zu Israel und der arabischen Welt geschrieben worden. Tatsächlich gab es bis zum letzten Monat nicht ein einziges Buch über JFKs Politik im Nahen Osten. Heute ist ein Buch zu diesem sehr speziellen Thema erschienen.

Aber Anfang der 1990er Jahre las ich mehrere Bücher, darunter eines von Pulitzer-Preisträger Seymour Hersh, das sich mit dem israelischen Atomwaffenprogramm befasste; ein weiteres von Stephen Green (*Taking Sides: America's Secret Relations with a Militant Israel*), und ein weiteres von Andrew und Leslie Cockburn, einem Mann-Frau-Team, mit dem Titel *Dangerous Liaisons*, das sich mit den geheimen Beziehungen zwischen den USA und dem israelischen Geheimdienst Mossad befasste. Der rote Faden, den ich in diesen drei Büchern, die einen umfassenden Überblick über das Thema geben, gefunden habe, ist, dass John F. Kennedy trotz der gegenteiligen öffentlichen Wahrnehmung bis zum Zeitpunkt seiner Ermordung in Wirklichkeit eine tiefe Abneigung gegen die Regierung von Israel hatte.

Ich begann mich mit diesem Thema zu beschäftigen und dachte: „Mein Gott, von all den möglichen Verdächtigen, die ins Spiel gebracht wurden, fiel mir auf, dass zu diesem Zeitpunkt in der gesamten Literatur über das Kennedy-Attentat niemand jemals die Möglichkeit in Betracht gezogen hatte, dass Israel an dem Attentat beteiligt gewesen sein könnte. Der Grund dafür war, dass John F. Kennedy versuchte, Israel daran zu hindern, die Atombombe zu bauen. Dies ist umso wichtiger, als sich die gesamte Verteidigungspolitik Israels, seine Landesverteidigung, um das Thema der nuklearen Verteidigung dreht. Und John F. Kennedy versuchte, sie daran zu hindern, ihre Ziele zu erreichen.

Auf dieser Grundlage begann ich, die übliche Literatur zum Thema JFK-Attentat zu sichten, und natürlich findet man dort verschiedene Namen und Personen, die oft als mögliche Verdächtige genannt werden. Diese Personen wurden als „Rechte" oder „Antikommunisten" bezeichnet, sie arbeiteten für die CIA, waren konservativ etc.

Aber die einzige Sache, die ich gefunden habe und die nie erwähnt wurde - und das schließt die sogenannte „Mafia" ein - die einzige Sache, die ich gefunden habe, die in den meisten Fällen von wichtigen Spielern oder Akteuren nie erwähnt wurde, sind ihre Verbindungen nicht nur zur Israel-Lobby, sondern auch zu sehr unterschiedlichen Verbindungen zu den israelischen Geheimdiensten. Dieselben Verbindungen zum israelischen Geheimdienst kreuzten sich mit Elementen des amerikanischen organisierten Verbrechens und mit der CIA, den Namen, die im Zusammenhang mit der Ermordung von JFK am häufigsten öffentlich genannt wurden.

Das ist der Gegenstand meines Buches. Ich habe das alles zusammengetragen. Ich habe es als eine Art geheimes Bild von der anderen Seite des Puzzles beschrieben. Sie schauen sich ein Puzzle an und sehen all diese scheinbar disparaten Verbindungen: die Mafia, das organisierte Verbrechen , sogar Teile des Ku-Klux-Klans und der Rechten in New Orleans. All diese Leute sollen irgendwann einmal mit dem Finger gezeigt worden sein, und tatsächlich, wenn Sie auf die andere Seite des Puzzles schauen, sehen Sie, dass sie alle miteinander verbunden sind. Und das wahre Bild auf der anderen Seite des Puzzles ist die israelische Flagge.

Das hat viele Menschen erschüttert.

Victor Thorn: Sie zeigen eine komplexe Verwicklung zwischen den vier Hauptakteuren: dem Mossad, der CIA, Lanskys Syndikat des organisierten Verbrechens, von dem Sie sagen, dass er anstelle der Italiener die ganze Sache leitet - und schließlich die Medien mit dieser Organisation namens Permindex, die im Zentrum des Ganzen schwebt. Aber zurück zu Israel: Sie sagen, dass sie die Mittel, die Gelegenheit und vor allem das Motiv hatten, in diesen Mord verwickelt zu werden, eben weil sie eine Atommacht werden wollten.

Michael Collins Piper: Ich nehme an, das macht dieses Buch sehr zeitgemäß, denn wir haben gerade einen Krieg im Nahen Osten geführt, der aufgrund der Behauptungen, Saddam Hussein habe all diese Massenvernichtungswaffen besessen, noch nicht beendet zu sein scheint. Aber ich sage Ihnen: Es sieht nicht so aus, als ob er Massenvernichtungswaffen besessen hätte. Natürlich wussten wir das. Interessant ist, dass wir wissen, dass er zu einem bestimmten Zeitpunkt versucht hat, sie zu entwickeln.

Wir wissen auch, dass der Grund, warum er versuchte, diese Massenvernichtungswaffen zu entwickeln, genau darin bestand, dass er wie andere arabische Staaten im Nahen Osten und wie die Iraner wusste, dass Israel tatsächlich über ein massives Atomwaffenarsenal verfügt, das laut einer autorisierten Quelle, die ich gesehen habe, als das fünftgrößte der Welt angesehen wird.

Wenn man also konsequent sein und Fragen zum atomaren Wettrüsten aufwerfen will, kann man nicht einfach nur Fragen zu Saddam Hussein oder den Nordkoreanern stellen. Wenn man die Instabilität des Staates Israel bedenkt, mit buchstäblich sehr konfliktträchtigen Fraktionen, die manchmal gegeneinander kämpfen, wobei einige vorschlagen, dass am Ende ein Bürgerkrieg in Israel ausbrechen könnte, würde ich sagen, dass wir, , uns wirklich Gedanken über den Besitz von Atomwaffen durch Israel machen sollten.

Wie gesagt, ich habe diese Fragen aufgeworfen und alle Quellen, die ich dazu zitiert habe, waren „allgemein zugängliche" Quellen. Das ist lustig, denn ich habe bemerkt, dass bei einem der gescheiterten Versuche, mein Buch zu rezensieren, jemand einen Teil der Rezension, die Sie auf Ihrer Website hatten, ins Internet gestellt hat. Und eine Person versuchte, darauf zu antworten, indem sie sagte: „Oh, Piper - und jetzt wahrscheinlich auch Victor Thorn - erwecken den Eindruck, dass es sich um eine gigantische Verschwörung handelt, bei der alle übereinander stolpern."

Sie wissen aus meinem Buch - und jeder, der es gelesen hat, weiß das - , dass ich kaum mehr als fünf oder zehn Schlüsselakteure identifiziere, die meiner Meinung nach an der Planung beteiligt gewesen wären.

Victor Thorn: Genau.

Michael Collins Piper: Es handelte sich um eine groß angelegte Verschwörung in dem Sinne, dass sie den Präsidenten der Vereinigten Staaten töteten, aber in Bezug auf die Anzahl der beteiligten Personen war es nicht nötig, so viele zu sein.

Victor Thorn: Sie zeigen, dass es einen inneren Kern von Planern, einen sekundären Kern und einige Leute an der Peripherie gibt.

Michael Collins Piper: Das ist richtig. Auch heute noch gibt es viele Personen, deren Namen oft mit dem Attentat in Verbindung gebracht wurden - und das ist streng genommen meine Meinung nach dem, was ich sehen kann -, aber es gibt viele Namen von Personen, die in Dinge in Dallas und anderen Städten verwickelt waren, die sich irgendwie an den Rand bewegten. Sie hatten nichts mit dem Attentat zu tun und hatten wahrscheinlich auch keine Ahnung, dass John F. Kennedy ermordet werden sollte.

Sie haben nur Dinge auf Anweisung anderer getan, die sie schließlich auf die eine oder andere Weise mit hineingezogen haben.

Aus diesem Grund haben wir zum Beispiel die Geschichte von Clay Shaw in New Orleans. Bis heute bin ich nicht davon überzeugt, dass

Clay Shaw aktiv an der Vorbereitung des Attentats auf JFK beteiligt war; andererseits gibt es keinen Zweifel daran, dass er sich in den Kreisen eben jener Personen bewegte, die mit dem Attentat in Verbindung standen. Und es ist , dass er in die Ermittlungen von Jim Garrison hineingezogen wurde.

Victor Thorn: Michael, es gibt eine Sache, die Sie in diesem Buch erwähnt haben und die so unglaublich ist, dass sie jeder kennen sollte. 1950 gab es die sogenannte Dreier-Erklärung, die im Wesentlichen besagte, dass die USA Vergeltung gegen jedes Land im Nahen Osten üben würden, das ein anderes angreift. Solange dies anhielt, herrschte im Nahen Osten Frieden oder zumindest relativer Frieden. Es gab ein Gleichgewicht. John Kennedy wollte dieses Dreierabkommen bewahren, und es scheint in der heutigen Zeit von entscheidender Bedeutung zu sein, zumal es im Nahen Osten kein Gleichgewicht gibt.

Michael Collins Piper: Das ist interessant, weil es ein anderes Thema aufwirft. Es gibt dieses neue Buch - ein außergewöhnliches Buch in dem Sinne, dass es sehr detailliert, aber sehr unaufrichtig ist.

Es heißt, glaube ich, *Support Any Friend (Unterstütze jeden Freund)* und versucht auf sehr ungeschickte Weise, John F. Kennedy als Vater der besonderen Beziehung zwischen den USA und Israel darzustellen. Das Interessante an diesem Buch ist, dass der Autor - der offen gesagt von Stiftungen finanziert wurde, die von Israel unterstützt werden, und von Stiftungen, die hier in den USA von Unterstützern Israels finanziert werden -, wenn es um die Diskussion von JFKs Konflikt mit Israel über Atomwaffen geht, behauptet, dass JFKs Kampf mit Israel unsere Beziehungen zu diesem Land gestärkt hat. Das ist bestenfalls ein frommer Wunsch. Es ist absolut absurd, das ist die Sache.

Ich muss ehrlich sagen, dass ich nie versuche, meinen eigenen Einfluss zu überschätzen, aber ich muss wirklich glauben, dass dieses Buch in gewisser Weise als Antwort auf *Final Judgment* geschrieben wurde, weil sich das Wort über mein Buch mehr und mehr herumgesprochen hat. Ich kenne einen Fall, in dem ein Exemplar des Buches von etwa 20 Ärzten und Medizintechnikern in einer großen Stadt im Westen des Landes gelesen wurde. Was passiert ist, ist, dass sich die Nachricht über diesen Konflikt zwischen JFK und Israel verbreitet hat, und jetzt bringen sie ein Buch heraus, um zu sagen: „Tatsächlich waren JFK und Israel wirklich sehr gute Freunde". Und das ist nicht wahr

Victor Thorn: Nach der Ermordung Kennedys trat LBJ sein Amt an und tat zwei schreckliche Dinge für unser Land. Zunächst einmal zeigen Sie in Ihrem Buch, dass fast unmittelbar nach LBJs Amtsantritt unsere Hilfe für Israel in die Höhe schnellte und einen neuen Höhepunkt erreichte. Darüber hinaus unterzeichnete er wenige Tage nach seinem Amtsantritt Dokumente, die unser Engagement in Vietnam intensivierten. Zwischen Vietnam und unserer Hilfe für Israel war LBJ für unser Land eine Katastrophe.

Michael Collins Piper: Das hat den gesamten Verlauf der Ereignisse verändert. Es ist eine Tatsache, dass die ersten großen Waffenverkäufe der USA an Israel unter der Kennedy-Regierung stattfanden.

Aber der Grund, warum Kennedy dies tat, war, dass er hoffte, es als Mittel zu nutzen, um Israel zu beeinflussen, damit es keine Atomwaffen baut. Aber selbst bis zu seiner letzten großen Pressekonferenz, wenige Wochen vor seiner Ermordung, beklagte Kennedy, dass die Israel-Lobby in Washington die Bemühungen, eine Brücke zur arabischen Welt und insbesondere zu Ägypten zu schlagen, im Wesentlichen sabotiert habe.

Kennedy verkaufte tatsächlich Waffen an Israel, der erste Waffenverkauf seit der Gründung des Staates Israel. Erst nach Kennedys Ermordung änderte sich die US-Politik so radikal, was auch für die Änderung der Politik in Vietnam galt. Die Ermordung Kennedys - mehr als die Menschen glauben - war ein großer Wendepunkt in der amerikanischen Politik und bis heute hat sie Auswirkungen, die uns bis heute betreffen. Jedes Mal, wenn ein junger Amerikaner in einem Leichensack aus dem Irak zurückkehrt, ist dies eine direkte Folge der Ermordung Kennedys.

Victor Thorn: Ich stimme Ihnen zu. Sie erzählen eine andere Geschichte darüber, wie Israel damit begann, eine Atomanlage in Dimona zu bauen, und sie dachten, sie würden es tun, ohne dass Kennedy es merkte, aber er wusste Bescheid. Er wusste, was sie taten. Tatsächlich wusste er so viel, dass er sie herausforderte und Leute hinschickte, um ihnen zu sagen, dass sie diese Anlage inspizieren würden. Als ich das las, dachte ich daran, was heute mit den „Atomanlagen" im Nahen Osten geschieht. Sie verlegen sie hierher und verlegen sie dorthin, und Israel tat damals das Gleiche.

Michael Collins Piper: Ja, was sie getan haben, ist, dass sie sozusagen eine „Deckfabrik" gebaut haben. Eine „Deck"-Atomfabrik um die Hauptfabrik herum, um zu versuchen, die amerikanischen Waffeninspektoren abzulenken, um sie davon zu überzeugen, dass es nicht um den Bau von Atombomben ging, sondern um das Destillieren von Wasser, um den Nahen Osten zum Blühen zu bringen. Zu diesem Zeitpunkt war die Situation so intensiv; es war nur zwei Wochen vor dem Attentat auf Kennedy. Es gab ein hochrangiges Treffen hier in Washington zwischen einem israelischen Vertreter, einem amerikanischen Vertreter und anderen, und sie haben die Atomfrage tatsächlich beiseite geschoben, weil sie so sensibel war und sie andere Dinge zu regeln hatten. Also legten sie sie beiseite. Dies geschah inmitten der sehr scharfen Briefe von Präsident Kennedy an den israelischen Premierminister Ben Gurion und später an seinen Nachfolger.

Alles deutet darauf hin - auch wenn einige versucht haben, dies zu widerlegen -, dass JFKs wahrgenommene Unnachgiebigkeit in der Atomwaffenfrage einer der Gründe für Ben Gurions Rücktritt als Premierminister Israels war. Die ganze Atomfrage zwischen Israel und den USA ist eine Sache, der man sich nicht entziehen kann.

Das andere, was die Leute zu mir gesagt haben, und ich wünschte wirklich, ich hätte einen ernsthaften Kritiker, der mich auseinandernehmen könnte, aber sie haben es nicht getan - die andere Kritik, die immer wieder kommt, und ich lache fast, wenn ich sie höre, ist: „Oh, nun, ein winziges, kleines Land wie Israel würde sich niemals an der Ermordung eines amerikanischen Präsidenten beteiligen, weil, wenn sie erwischt werden würden? Ich antworte ihnen immer: „Wer auch immer John F. Kennedy getötet hat, wurde nicht erwischt, weil er wusste, dass Lyndon Johnson und die Warren-Kommission die Sache vertuschen würden.

Und natürlich, ohne diesen Punkt zu betonen, zeige ich in meinem Buch sehr überzeugend, dass es Schlüsselpersonen unter den Mitarbeitern der Warren-Kommission gab, und nicht nur Mitglieder der Kommission selbst, die tatsächlich direkt mit Israels Atomwaffenprogramm in Verbindung standen, oder sollte ich sagen, daran beteiligt waren; und zweitens Personen, die davon profitierten. Es war also diese verborgene Frage des Atomproblems , die JFK mit Israel hatte.

Ich erhielt mehr Briefe von Menschen, die mir sagten: „Als ich zum ersten Mal von Ihrem Buch hörte, dachte ich, das sei verrückt. Sie hielten es für Propaganda oder dachten, es sei dumm. Dann lasen sie das Buch, drehten sich um und schrieben mir Entschuldigungsbriefe und sagten: „Wissen Sie was, ich denke, Sie könnten Recht haben.

Ich bin sehr zufrieden damit und neulich schrieb mir ein Mann, dass er ein Exemplar meines Buches von einer „sehr wichtigen Person" erhalten hatte, die ihm gesagt hatte: „Ich glaube, Sie müssen dieses Buch lesen, weil es sich ungefähr so zugetragen hat".

Also, das Wort über mein Buch ist raus, und das ist zum Teil Leuten wie Ihnen zu verdanken, die sich getraut haben, nette Dinge über das Buch zu sagen und das Wort weiterzugeben. Das ist der einzige Weg. Wir kommen auf das zurück, worüber wir gesprochen haben.

Das ist der Kern meiner und Ihrer Arbeit: die wahren Nachrichten und alternativen Meinungen, Theorien und Ideen, die in den Mainstream-Medien nicht zum Ausdruck kommen, bekannt zu machen - sei es der Mord an Kennedy, die Außenpolitik der USA, die Wirtschaftspolitik oder andere wichtige Themen. Das ist der Punkt, um den es geht. Wir haben in diesem Land das Recht auf freie Meinungsäußerung und viele versuchen, es uns zu nehmen. Wir wissen, wer die Schuldigen sind.

Victor Thorn: Was die Leute überraschen wird, wenn sie dieses Buch lesen, ist, dass sie denken werden, es handle nur von der Ermordung Kennedys. Was mich beeindruckt hat, ist, wie historisch es ist, wie sehr es darüber hinausgeht, um politische Ereignisse, aktuelle Ereignisse und Dinge, die bis heute geschehen sind, aufzuzeigen. Wie Sie über David Ben Gurion sagten (und ich paraphrasiere hier): Er war so kategorisch in dieser Frage - er sagte, dass das bloße Überleben Israels davon abhinge, Atomwaffen zu bekommen.

Michael Collins Piper: Absolut, absolut. Sie haben recht. Das ist wirklich wahr. Das mit dem *Jüngsten Gericht* ist auch so eine Sache.

Obwohl es sich um das Attentat auf JFK dreht, unterscheidet es sich sehr von vielen anderen Büchern zu diesem Thema, weil es das gesamte Attentat in einen historischen Kontext stellt und zeigt, wie die aktuellen Ereignisse der Zeit durch das Attentat beeinflusst wurden und wie es mit anderen Entwicklungen in der Geschichte zusammenhängt, von

Dingen wie der Verwicklung der CIA in den internationalen Drogenhandel über Vietnam bis hin zu Mittel- und Südamerika. Alles ist miteinander verbunden und, wie gesagt, der rote Faden ist die israelische Verbindung.

Selbst heute noch, mit dem Iran-Contra-Skandal, war der geheime Teil dieser Affäre Israel. Israel war bis zum Hals in die Iran-Contra-Affäre verwickelt. Selbst die US-Abkommen, und natürlich das Iran-Contra-Abkommen, waren direkt mit der Verwicklung der CIA in den Drogenhandel verbunden.

Wenn Sie derzeit nach Südamerika schauen, sind die Israelis tief mit dem Drogenhandel verbunden. Dies ist aufgrund des Iran-Irak-Krieges buchstäblich mit dem Irak verbunden. Die Israelis haben beide Seiten gespielt und dazu beigetragen, die Rolle der USA in diesem Krieg, der Millionen von Menschen das Leben kostete, zu verändern. Es geht um den Krieg zwischen dem Irak und dem Iran. All dies führt uns zu den Ereignissen in Dallas zurück.

Victor Thorn: Michael, Sie bringen uns zu einer sehr bekannten Figur zurück: Meyer Lansky.

Michael Collins Piper: Meyer Lansky ist ein sehr interessanter Charakter. Wir haben all diese wunderbaren Filme. *Der Pate* ist ein großartiger Film. Ich liebe diesen Film. Ich habe ihn zehnmal gesehen. Er erzählt die Geschichte einer italo-amerikanischen Familie, des organisierten Verbrechens und so weiter. „Die Mafia, die Mafia." Aber wenn Sie sich die verschiedenen Personen anschauen, die am häufigsten mit dem Mord an JFK in Verbindung gebracht wurden, und wenn sie sagen, dass es die Mafia war, dann finden Sie Carlos Marcello in New Orleans und Santo Trafficante in Tampa. Es tut mir leid, Ihnen das sagen zu müssen, aber diese Typen waren alle über Meyer Lansky eng mit dem Mossad verbunden.

Meyer Lansky ist derjenige, der Carlos Marcello zum Chef des organisierten Verbrechens in New Orleans gemacht hat. Tatsächlich gehörte Carlos Marcello nicht einmal zu der berühmten „Mafiafamilie", die New Orleans regierte. Meyer Lansky kam, ließ den wahren Mafiaboss verschwinden und übergab die Macht an Carlos Marcello. Santo Trafficante wurde nur deshalb zum Leiter von Tampa, weil er sich mit Meyer Lansky verbündete. Meyer Lansky wiederum hatte enge

Verbindungen zu den Israelis und dem Mossad. Er war auch in zahlreiche CIA-Affären verwickelt.

Seit dem Erscheinen *der* fünften Ausgabe von *Final Judgment* wurde ein neues faszinierendes Buch mit dem Titel *Double Deal* veröffentlicht. Der Co-Autor dieses Buches ist Sam Giancana, ein Neffe des berühmten Sam Giancana aus Chicago. Es stellt sich heraus, so Giancana und sein Co-Autor, der ein lokaler Polizist aus Chicago mit Verbindungen zur Mafia war, dass die wahre Macht hinter dem Thron des organisierten Verbrechens in Chicago von den 1930er bis in die 1970er und 1980er Jahre ein gewisser Hyman Larner war, der wiederum ein Partner von Meyer Lansky war, der wiederum zahlreiche Geschäfte mit dem Mossad abschloss.

So sah selbst Sam Giancana, der berüchtigte Mafiaboss von Chicago, Mafiabosse und Figuren des italo-amerikanischen Verbrechens in Chicago kommen und gehen, die für einige Jahre an der Macht blieben und dann schließlich ins Gefängnis wanderten. Hyman Larner ging jedoch nie ins Gefängnis.

Wie ich bereits sagte, drehen wir die Steine immer wieder um und finden die israelische Verbindung. Und ich spreche nicht unbedingt von einer jüdischen Verbindung. Ich spreche von einer israelischen Verbindung.

Victor Thorn: Ich wünschte, wir hätten den ganzen Abend Zeit, um über dieses Thema zu sprechen; aber in einem anderen Zusammenhang: Ich weiß, dass Sie in den letzten Wochen und Monaten über diese schreckliche neue FCC-Entscheidung berichtet haben, die vor wenigen Tagen verabschiedet wurde. Sagen Sie uns, was Sie davon halten und was Ihrer Meinung nach mit diesem Land passieren wird, nachdem es nun verabschiedet wurde.

Michael Collins Piper: Das ist eine sehr komplexe Sache, aber im Großen und Ganzen sieht es zum jetzigen Zeitpunkt folgendermaßen aus: Es gibt eine Handvoll großer internationaler Unternehmen, die eine große Anzahl von Zeitungen, Radiosendern, Fernsehsendern und zunehmend auch verschiedene Formen der Kommunikation kontrollieren. Die Zahlen variieren je nach Einschätzung des Einzelnen , aber im Großen und Ganzen gibt es maximal zehn große

Unternehmen. Dabei handelt es sich um Zeitungsketten, Kommunikationsunternehmen wie Disney, Viacom etc.

Im Laufe der Jahre wurden von der Federal Communications Commission Beschränkungen auferlegt, die die Anzahl der Zeitungen und/oder Fernseh-/Radiostationen, die auf einem bestimmten Medienmarkt gehalten werden dürfen, begrenzten. Im vergangenen Jahr wurde der Vorsitz der Federal Communications Commission jedoch von Michael Powell übernommen, der von den Republikanern nominiert wurde und Sohn des Außenministers Colin Powell ist. Derzeit besteht die Kommission mehrheitlich aus Republikanern.

Wie dem auch sei, die FCC hat angekündigt, die Regeln zu ändern und großen Medienkonzernen die Möglichkeit zu geben, mehr Zeitungen, Radiosender und Fernsehkanäle auf den verschiedenen Medienmärkten zu kaufen. Der Grundgedanke einer freien Presse ist, dass es so viele verschiedene Stimmen wie möglich gibt. Die von der FCC vorgeschlagenen neuen Regeln sind jedoch so konzipiert, dass große Unternehmen ihren Einfluss ausbauen können.

AFP veröffentlichte einen Artikel auf der Titelseite zu diesem Thema und ich möchte Ihnen sagen, dass ich damals ziemlich zuversichtlich war, als ich behauptete, dass dies das erste Mal war, dass diese Geschichte landesweite Publizität erhielt. Es wurden Artikel in den Wirtschaftsteilen der Zeitungen veröffentlicht. Begraben, sollte ich sagen, in den Wirtschaftsteilen der Zeitungen.

Aber in den letzten zwei Monaten, als sich die Nachricht verbreitete, haben verschiedene Organisationen - sowohl von rechts als auch von links - und beachten Sie, dass ich dieser Theorie von „rechts" gegen „links" nicht anhänge.

Ich bin der Ansicht, dass es sich hier um eine Angelegenheit der Großkonzerne und speziellen Interessengruppen gegen das Volk handelt. Jedenfalls ermutigt ein breites Spektrum an Organisationen, von der National Rifle Association über die National Organization for Women bis hin zu vielen anderen Personen, ihre Anhänger, sich an die FCC und den Kongress zu wenden und ihnen zu sagen: „Wir wollen nicht, dass das passiert. Wir sind gegen das Medienmonopol. Wir sind dagegen, dass diese Unternehmen weiter fusionieren".

Das Ergebnis ist, dass die FCC fast 500 000 Briefe, E-Mails, Postkarten - und so weiter - erhalten hat. Das ist beispiellos. Trotzdem machte die FCC weiter und verabschiedete diese neuen Regelungen.

Die Bevölkerung lehnte das Projekt weitgehend ab. Die einzigen, die sie unterstützt haben, waren die großen Unternehmen. Sie erzählen uns ständig, dass wir eine freie Presse haben und dass wir in den USA eine Demokratie haben, dabei haben wir 500.000 Menschen, die sich ausreichend betroffen fühlen, um etwas zu unternehmen und ihnen „Nein" zu sagen - und trotzdem sind sie weitergegangen und haben es trotzdem getan.

Lisa Guliani: Michael, der Autor Edward Aboud behauptet, dass die Mehrheit der Wählerschaft in den Mainstream-Medien nicht vertreten ist. Was sind Ihre Kommentare zu diesem Thema

Michael Collins Piper: Ich denke, das ist absolut richtig. Ich habe gerade einen Artikel für *American Free Press* geschrieben, in dem ich unter Berufung auf die Arbeit von Robert McChesny, der ein sehr guter Autor mit Schwerpunkt Medien und Professor für Medienkommunikation an der Universität von Illinois ist - jedenfalls betont er, dass man den Eindruck hat, dass die Massenmedien liberal sind; aber die Medien sind viel konservativer, als viele glauben. Tatsächlich gibt es viele, die ich als „zugelassene konservative Stimmen" bezeichne, wie Bill O'Reilly bei FOX News, Rush Limbaugh, Mike Savage, G. Gordon Liddy - diese „zugelassenen konservativen Stimmen", denen es erlaubt ist, bestimmte Themen zu diskutieren. Aber Sie werden sie nicht über die Neue Weltordnung sprechen hören.

Sie werden sie nicht über die Trilaterale Kommission oder den Rat für Auswärtige Beziehungen sprechen hören. Sie sprechen nie von „Verschwörung". Sie sprechen nie über die Federal Reserve oder Ähnliches.

Was wir haben, ist ein Unternehmensmedium, das die Interessen einer mächtigen und wohlhabenden Elite in diesem Land bedient. Darauf läuft es hinaus.

Victor Thorn: Um den Status quo zu erhalten.

Michael Collins Piper: Genau.

Victor Thorn: Das ist die Definition von Konservatismus: den Status quo zu bewahren. Ich würde daher sagen, dass die Medien im Sinne des Status quo sehr konservativ sind.

Michael Collins Piper: Das stimmt, und es ist sehr lustig, weil man all diese sehr berühmten und gut bezahlten konservativen Kommentatoren findet, deren Bücher von den Medien gefördert werden und die in den Medien gefördert werden, die darüber sprechen, wie die Liberalen die Medien kontrollieren. Aber wenn die Liberalen die Medien wirklich kontrollieren würden, hätten diese „zugelassenen" konservativen Stimmen keine Reichweite und keinen Absatzmarkt.

Es ist eine Art kleines Fest. Sie setzen sich hin und wissen, dass das große Geheimnis darin liegt, dass es eine Elite ist, die die Medien kontrolliert, und sie geben uns ein regelmäßiges Regime der vermeintlichen Debatte zwischen rechts und links, das uns alle konzentriert hält - wage ich zu sagen - entweder im linken oder im rechten Feld. Und wir verpassen sozusagen das, was wirklich in der Mitte passiert.

Lisa Guliani: Und was letztendlich passiert, ist, dass die wirklichen Nachrichten nicht der Öffentlichkeit zugänglich gemacht werden.

Michael Collins Piper: Nein, das ist nicht der Fall. Und das ist es, was mich wirklich irritiert. Jemand erwähnte heute einen Artikel, der diese Woche in der *AFP* erschien und darauf hinwies, dass die Mainstream-Presse viel über die Tragödie um diese Frau, Laci Peterson, in Kalifornien berichtet habe. Verzeihen Sie mir, das ist sehr tragisch, aber ich sage Ihnen etwas: Hier in Washington, D.C., werden alle zwei Tage Menschen brutal ermordet, und das allein in Washington. Es werden sogar Menschen am State College ermordet und das schafft es nicht auf die Titelseiten der nationalen Zeitungen, während diese anderen Morde manchmal sehr aufsehenerregend sind.

Wir müssen uns also fragen, warum die Medien den Fall Laci Peterson zu einem landesweiten Thema gemacht haben. Was versuchen sie damit zu erreichen? Versuchen sie, uns von den wirklichen Nachrichten abzulenken, die alle Amerikaner betreffen? Das ist meine Befürchtung. Ich weiß sogar, dass es so ist.

Victor Thorn: Genau wie die „Long Island Lolita" hat er die richtigen Zutaten.

Michael Collins Piper: Genau das ist der Punkt. Es ist eine echte Beleidigung für mich als einigermaßen gebildete Person, mit diesen Nicht-Nachrichten unter dem Anschein von Nachrichten gefüttert zu werden, während es echte Probleme gibt, wie die Federal Reserve, die unser Geldsystem beeinflusst, oder wie den Golfkrieg. All diese Dinge beeinflussen unser tägliches Leben, unser Überleben und unsere Existenz, nicht nur als Amerikaner, sondern auch als Menschen auf diesem Planeten. Vor diesem Hintergrund konzentrieren wir uns auf den Fall Peterson oder, wenn ich so sagen darf, auf den Fall O.J. Simpson.

Lisa Guliani: Oder, wie Edward Aboud es ausdrückt, „die Berichterstattung durch das Team über Regenstürme".

Michael Collins Piper: Genau! Im Ernst, darauf läuft es hinaus, und deshalb ist es so wichtig, dass es unabhängige Medien gibt. Diese großen Medienmonster, dieses Medienmonopol - ihre Ausrede, um immer mehr Medien kaufen zu können, ist, dass jeder Zugang zum Internet hat. Aber was sie vergessen zu erwähnen, ist, dass viele dieser großen Unternehmen - selbst heute noch - wenn Menschen nach Nachrichten und Informationen suchen, gibt es Menschen in Peoria, Illinois oder Lincoln, Nebraska, die glauben, dass sie wirklich Zugang zu den wahren Nachrichten haben, weil sie ins Internet gehen und auf die *New York Times* und *die Washington Post* zugreifen können, die sie nicht über ein Abonnement bekommen konnten, einfach weil es sie nicht gab. In Wirklichkeit werden die gleichen Nachrichten über eine Vielzahl verschiedener Kanäle endlos wiederholt.

Walter Cronkite, der Urgroßvater der Nachrichtensendungen (oder vielleicht der Fernsehpropaganda), wurde einmal gefragt: „Wie entscheiden Sie, was in den Abendnachrichten kommt?". Er antwortete: „Die Chancen stehen immer gut, dass, wenn Sie entscheiden wollen, was in den Nachrichten kommt, es das ist, was auf der Titelseite *der New York Times steht*". Wenn Walter Cronkite so vorgegangen ist, bedeutet das, dass derjenige, der darüber entscheidet, was auf der Titelseite der *New York Times* steht, auch darüber entscheidet, was an diesem Abend in den CBS-Nachrichten gesendet wird.

Victor Thorn: Michael, was glauben Sie, wird diese Entscheidung der FCC in einigen Jahren bewirken? Wie sehen Sie den Medienmarkt in einigen Jahren

Michael Collins Piper: Zum jetzigen Zeitpunkt haben mehrere Kongressabgeordnete Fragen zu diesem Thema aufgeworfen. Positiv ist, dass sie anscheinend versuchen, diese Frage als Wahlkampfthema gegen George Bush zu verwenden. Einige Kongressabgeordnete fühlen sich wahrscheinlich genauso betroffen wie Sie und ich. Wenn wir davon profitieren können, weil die Demokraten es gegen George Bush verwenden wollen, bin ich absolut damit einverstanden, dies zu tun, weil es wichtig ist. Wir müssen uns weiterhin auf dieses Thema konzentrieren, selbst wenn sie diese Regeln nicht erneut ändern, selbst wenn der Kongress keine Maßnahmen ergreift, um die FCC zur Umkehr zu zwingen - was er tun kann -, müssen wir weiterhin für dieses Thema kämpfen. Dies ist ein weiterer wichtiger Punkt, den ich erwähnen möchte.

Andere Länder wie Neuseeland, Kanada und Australien haben alternative politische Parteien und Drittparteien gegründet, die die Zerschlagung der Medienmonopole zu einem wichtigen politischen Thema gemacht haben.

Und das sind politische Parteien, die etwas bewirken können. Wenn sie das in anderen Ländern tun können, in einem Land wie den USA, in dem wir so viele Kommunikationsmittel haben, so viele Möglichkeiten, auf Probleme hinzuweisen, dann sollten wir das meiner Meinung nach auch hier in den USA tun.

Lisa Guliani: Das Problem, das wir haben, ist, den Kreis zu erweitern, denn die Informationen über das Internet sind so bewusst auf das Innere der Box beschränkt, dass es praktisch unmöglich ist, zu versuchen, sie in der breiten Öffentlichkeit zu verbreiten.

Michael Collins Piper: Das stimmt, und das ist eines der Probleme, die ich mit dem Internet habe; aber auf der anderen Seite hat sich der Kreis durch das Internet erheblich erweitert.

Offen gesagt, war dies für Publikationen wie The *American Free Press* ein Problem. Ich würde nie sagen, dass wir ein Monopol haben, aber in gewisser Weise war *The Spotlight* vor einigen Jahren, als ich für *The*

Spotlight arbeitete - *das ist vielleicht* 20 Jahre her - eine große Zeitung, und es gab viele kleine unabhängige Publikationen. Heute sind leider viele dieser kleinen unabhängigen Publikationen verschwunden, eine direkte Folge des Internets. Nur dank eines treuen Publikums, , *konnte* eine Zeitung wie die *American Free Press* überleben.

Lisa Guliani: Sie haben unseren größten Respekt.

Michael Collins Piper: Genau darum geht es. Das ist der Grund, warum die *American Free Press* nur dank ihrer Sympathisanten überleben konnte. Ich möchte einen weiteren Punkt hervorheben, ohne darauf bestehen zu wollen, aber eine Zeitung wie *American Free Press* oder Ihre Internetpublikation, wir sind auf unsere Sympathisanten angewiesen, um unsere Bemühungen buchstäblich zu finanzieren, denn wenn wir diese Unterstützung nicht hätten, könnten wir nicht existieren. Im Gegensatz dazu erhalten die großen Medien in diesem Land, die großen Zeitungen, Fernsehsender und Radiosender buchstäblich Milliarden von Dollar an Finanzmitteln von Werbekunden und großen Unternehmen.

Und wissen Sie, die Ironie an der Sache ist, dass die meisten Menschen das nicht wissen, aber die meisten Amerikaner glauben, dass ihre tägliche Zeitung eine Art öffentliche Dienstleistung ist. So ähnlich wie das Telefon, das Radio oder das Fernsehen. Für die meisten Menschen ist der Eindruck, den sie davon haben, der, dass es „kostenlos" ist. Sie schalten es ein und erhalten ihre Informationen „kostenlos". Sie zahlen vielleicht 10, 15 oder 25 Cent pro Tag für ihre Zeitung. Sie sehen dies nicht als Kosten an und denken daher, dass Menschen wie Tom Brokaw dazu da sind, nett zu sein und ihnen die Informationen zu bringen, die sie brauchen.

Tatsächlich aber gehört Tom Brokaw zu den Mitgliedern des Rates für Außenbeziehungen. Einige mächtige Familien haben erhebliche finanzielle Interessen an den drei großen Netzwerken. Es handelt sich also um ein Medienmonopol. *American Free Press* sagt, dass die Medien der Feind sind, und wir glauben das.

Lisa Guliani: Wir glauben auch daran.

Victor Thorn: Michael, lassen Sie uns einen Moment an der Außenpolitik interessiert sein. Sagen Sie uns, was Sie von diesem Fahrplan für den Frieden halten.

Michael Collins Piper: Das Grundkonzept der Roadmap ist etwas, das jeder gerne unterstützen würde. Allerdings finden Sie Kritiker der so genannten christlichen Rechten hier in den USA, die sagen, dass George Bush, den sie noch vor wenigen Wochen dafür lobten, dass er die Hölle des Irak bombardiert hat; dieselben Leute sagen jetzt, dass George Bush in die Hölle kommt, weil er Israel im Stich lässt.

Andererseits sagen einige Elemente unter den Palästinensern, dass diese Roadmap eine Kapitulation der Palästinenser darstellt und sie sich nicht setzen werden. Sie weigern sich, sich an dieser Kapitulation zu beteiligen. Ein Teil des Problems ist, und das stammt aus meinen eigenen Studien über den Mossad, dass, wenn man anfängt, einige dieser islamisch-fundamentalistischen Gruppen und unnachgiebigen palästinensischen Gruppen zu untersuchen, man im Laufe der Jahre herausfindet, dass die Israelis tatsächlich irgendwann die Hamas finanziert haben. Nun ist die Hamas aber ihr erbittertster Feind.

Die Israelis haben viele dieser „terroristischen" Gruppen tief infiltriert. Sie wissen, was sie tun und wann sie Bomben zünden. Auch wenn wir alle gerne Frieden im Nahen Osten sehen würden, glaube ich ehrlich gesagt nicht, dass er eintreten wird. Ich glaube nicht, dass er in nächster Zeit in Reichweite ist, weil es zu viele unversöhnliche Elemente auf beiden Seiten gibt; und überraschenderweise finden sich sogar in der israelischen Rechten unversöhnliche Elemente, die extremistische Elemente unter den Palästinensern und anderen Gruppen finanzieren und fördern, weil das für sie von Vorteil ist.

Wenn es ihnen gelingt, die Palästinenser glauben zu machen, dass sie keinen Frieden wollen, dann können sie sich umdrehen und sagen, dass sie sich nicht zu Verhandlungen hinsetzen werden. Das ist eine echte Schlangenfalle. Es ist eine echte Tragödie, weil es auf beiden Seiten - Muslime, Christen und Juden - viele unschuldige Menschen unter all den hier Beteiligten gibt.

Es handelt sich nicht wirklich um ein religiöses Problem, auch wenn die Frage der Religion immer wieder auftaucht. Es geht um echte Machtpolitik, und man kann sich fragen, ob die wahren Machthaber -

die geheimen Kontrolleure dieser Welt - das nicht wollen. Es ist, als wollten sie diese Art von Problemen, weil sie ihnen die Macht verleiht, die Welt zu gestalten. Ich will, dass es einen palästinensischen Staat gibt, und wenn sich die Israelis gut benehmen, will ich, dass sie ihren eigenen Staat haben.

In der gegenwärtigen Situation sehe ich jedoch nicht, wie dies geschehen könnte.

Victor Thorn: Sie halten genauso den Atem an, wie wir es tun. Was ist mit Perle, Wolfowitz, Cheney und Rumsfeld? Wollen sie die Kriegsmaschinerie weiter am Laufen halten

Michael Collins Piper: Das befürchte ich auch. Zuerst dachte ich, dass sie auf Syrien abzielen, aber plötzlich scheinen sich die Dinge in Luft aufgelöst zu haben. Jetzt scheint sich der Fokus plötzlich auf den Iran zu richten.

Ich habe neulich gehört, dass Condoleezza Rice diskret verlauten ließ, dass es unter der ersten Bush-Regierung keine militärischen Aktionen mehr geben würde. Sie wollen nicht das Risiko eingehen, die Dinge zu verderben. Ich denke, das liegt wahrscheinlich daran, dass sie wissen, dass die Irak-Frage noch nicht geklärt ist. Es gibt immer noch Leichen, die nach Hause kommen. Der Krieg ist noch lange nicht vorbei, trotz des großen Auftritts unseres Präsidenten auf dem Flugzeugträger und all der wunderbaren Fotos von lächelnden Truppen, die ihn begrüßen. Es ist nicht so einfach, wie es aussieht.

Ich denke, was mich am meisten beunruhigt - und das ist eine schreckliche Sache - ist, dass ich mich heute Abend mit jemandem auf der Straße über dieses Thema unterhalten habe und er mich fragte, ob es einen weiteren Terroranschlag geben wird. Ich antwortete ihm: „Nun, wissen Sie, das ist durchaus möglich".

Und wenn ich „sie" sage, meine ich nicht die Handvoll arabischer Terroristen, die von Höhlen in Afghanistan aus operieren. Ich spreche von den Leuten, die dieses Verbrechen in Auftrag gegeben haben. Ich weiß nicht, wer es getan hat, aber ich glaube nicht, dass eine Handvoll Terroristen es getan hat.

Victor Thorn: Glauben Sie, dass eines Tages die Wahrheit über den 11. September in großem Stil ans Licht kommen wird

Michael Collins Piper: Nein. Wissen Sie, warum das nie in großem Maßstab geschehen wird? Hier und da werden auf ihre Weise Bruchstücke der Wahrheit enthüllt. Neulich hat eine der Ehefrauen einer der Personen, die in einem der Flugzeuge vom 11. September ums Leben gekommen sind, vor einem Sonderausschuss ausgesagt und all diese sehr ernsten Fragen aufgeworfen. Die Medien haben nie darüber berichtet.

KAPITEL XVI

WING TV Die Hohepriester des Krieges Interview 24. Mai 2004

Victor Thorn: Heute können wir auf WING TV stolz unseren ersten Gast ankündigen, jemanden, den wir für den besten politischen Schriftsteller des Landes halten: Mr. Michael Collins Piper. Er ist der Autor des kürzlich erschienenen Buches *The High Priests of War (Die Hohepriester des Krieges)* sowie des grundlegenden Buches über das Attentat auf JFK, *Final Judgment (Endgericht)*, das mittlerweile in der sechsten Auflage vorliegt. Michael schreibt auch für die Zeitung *American Free Press.* Wie geht es Ihnen, Michael

Michael Collins Piper: Ich bin bereit, mich darauf einzulassen. In unserer Welt passiert heute viel, Victor und Lisa, deshalb müssen wir wachsamer sein als je zuvor, fürchte ich.

Lisa Guliani: Michael, wir freuen uns sehr, dass Sie bei uns sind.

Michael Collins Piper: Ja, es ist schön, wieder in Ihrer Sendung zu sein. Ich habe bereits in Ihrer Radiosendung mitgewirkt, aber dies ist eine neue Erfahrung für mich mit WING TV. Es wird eine Lernerfahrung für uns alle sein, nehme ich an.

Victor Thorn: Sie sind unser erster Gast, wir beginnen also mit einem BANG! Lassen Sie uns also gleich zum Kern des Themas kommen. Inwieweit wird unsere Außenpolitik von den Interessen Israels bestimmt

Michael Collins Piper: Ich sage Ihnen, zu einem bestimmten Zeitpunkt hätte ich gesagt, dass es sich um einen sehr starken Einfluss handelt. Ich würde jetzt aufgrund dessen, was ich beobachtet habe und was ich beim Schreiben von *Die Hohepriester des Krieges* gelernt habe, sagen, dass eine pro-israelische Clique - diese Gruppe, die ich die „Hohepriester des Krieges" genannt habe - die Neokonservativen - absolut den Entscheidungsapparat der Außenpolitik der Vereinigten Staaten kontrolliert. Das bedeutet nicht, dass beispielsweise alle Mitglieder der Bush-Regierung zu dieser Clique gehören. Aber diejenigen, die Mitglieder der Hohepriester des Krieges sind, dieser Clique von Neokonservativen vatives, sind der vorherrschende Faktor bei der Politikgestaltung.

Senator Fritz Hollings - ein pensionierter Senator aus South Carolina - erklärte selbst, dass das Ziel des Irakkriegs auf die Israel-Schutzpolitik von Präsident Bush ausgerichtet war.

Genau darum ging es in diesem Fall. Es hatte nichts mit Massenvernichtungswaffen zu tun. Es hatte nichts mit der Verbreitung der Demokratie zu tun. Es hatte nichts mit der Befreiung des irakischen Volkes von Saddam Hussein zu tun. Es war lediglich Teil einer Politik, die darauf abzielte, Israel vor Saddam Hussein zu schützen.

Diese Politik wurde von diesen Neokonservativen festgelegt und ist Teil einer viel umfassenderen Politik, in der sie nicht nur die Grenzen Israels vom Nil bis zum Euphrat erweitern wollen (sie nennen es Groß-Israel), sondern es handelt sich auch um eine Verschwörung. Nennen wir die Dinge beim Namen: eine Verschwörung, um die militärische Macht der Vereinigten Staaten - die Männer und Frauen, Jungen und Mädchen, die dort sterben - zur Unterstützung dieser ganzen geheimen neokonservativen Agenda einzusetzen.

Lisa Guliani: Ich werde Ihnen einige Namen nennen und ich möchte, dass Sie über ihre Rolle in dieser Clique sprechen. Zunächst einmal Paul Wolfowitz.

Michael Collins Piper: Okay, Paul Wolfowitz ist stellvertretender Verteidigungsminister unter Donald Rumsfeld, aber um ehrlich zu sein, sind Wolfowitz und sein Leutnant Douglas Feith wahrscheinlich die wahren Mächte hinter dem Thron im Pentagon. Wolfowitz ist seit 25 oder 30 Jahren Teil dieser neokonservativen Kabale, aber es ist offensichtlich, dass die Menschen erst mit dem Irakkrieg und den Begleitumständen begonnen haben, sich für diese Neokonservativen und ihre Kriegsagenda zu interessieren. Wolfowitz gibt es schon sehr lange.

Lisa Guliani: Und Richard Perle

Michael Collins Piper: Richard Perle ist wahrscheinlich der große Zauberer der Neokonservativen, wenn es je einen gegeben hat. Er ist sicherlich ihr wichtigster geopolitischer Stratege hinter den Kulissen.

Er ist vor allem in militärischen und verteidigungspolitischen Kreisen der einflussreichste Mann. Als ehemaliger stellvertretender Verteidigungsminister in der Reagan-Regierung hat er zuletzt Präsident Bush als Mitglied des scheinbar unabhängigen Defense Policy Board „beraten". Richard Perle hat enge Verbindungen zu Israel. Er war ein registrierter Lobbyist für die israelische Rüstungsindustrie und gegen ihn wurde vom FBI - unserem eigenen FBI - wegen Spionage für Israel ermittelt. Selbstverständlich wurde er nie strafrechtlich verfolgt. Es handelt sich also um einen der Männer, die die Politik innerhalb und außerhalb der Bush-Regierung manipuliert haben.

Victor Thorn: Außerdem ihr „Prinz der Finsternis".

Michael Collins Piper: Richard Perle wird als „Prinz der Finsternis" bezeichnet. Das ist eigentlich ziemlich passend.

Lisa Guliani: William Kristol.

Michael Collins Piper: William Kristol ist Chefredakteur *des Weekly Standard,* der von Ruppert Murdoch herausgegeben wird. *Der Weekly Standard* ist ein wöchentlich erscheinendes Magazin, in dem die Neokonservativen das Wort führen. Neulich sagte ich zu jemandem, dass dieses Magazin so israelzentriert ist, dass es nicht einmal einen Artikel über Baseball schreiben kann, ohne Israel in irgendeiner Weise in einem bestimmten Kontext zu erwähnen. Dieses Magazin ist der Schlüssel zum Verständnis der Politik der Neokonservativen - sie glauben, dass jeder Aspekt der US-Außenpolitik, ob er sich nun direkt mit dem Nahen Osten befasst oder nicht, selbst wenn es um Island, Irland oder Indonesien geht; jede Politik, die von den USA betrieben wird - sie wollen, dass sie sorgfältig mit den Interessen Israels verwoben wird. Wenn die USA beschließen, ein freundliches Handelsabkommen mit Indonesien abzuschließen, muss dieses Abkommen sabotiert werden, wenn sich herausstellt, dass es die Vermarktung israelischer Produkte in den USA beeinträchtigt. Dies zeigt, wie intensiv die Neokonservativen Israel korreliert und in ihr eigenes politisches Denken integriert haben.

Davon kann man sich überzeugen, wenn man die Zeitschrift von William Kristol liest. Er und sein Vater Irving Kristol waren die wichtigsten politischen Koordinatoren der neokonservativen Bewegung im offiziellen Washington. Sie legten Hand an zahlreiche Stiftungen. Dank dieses Einflusses konnten sie die Verteilung von Stiftungsgeldern an zahlreiche neokonservative Gruppen servative groups kontrollieren. Wenn Sie also nicht die Gunst von William Kristol und seinem Vater Irving Kristol sowie der Neokonservativen genießen, erhalten Sie kein Geld. Was sagen sie immer? Dem Geld folgen? Nun, wenn Sie dem Geld folgen, führt es Sie immer wieder zur Familie Kristol zurück.

Lisa Guliani: Wie steht es mit der Rolle Henry Kissingers in all dem

Michael Collins Piper: Henry Kissinger ist eine sehr interessante Figur in all dem, weil er traditionell nicht als Teil des neokonservativen Netzwerks angesehen wurde. Doch seit er 1977 sein Amt als Außenminister niederlegte und sich in private Geschäfte stürzte, ist er durch seine Verbindungen zu William Kristol, Irving Kristol und dem neokonservativen Netzwerk tatsächlich in das neokonservative Machtnetzwerk eingetaucht.

Ironischerweise kritisierten viele dieser modernen Neokonservativen offen die Politik, die Henry Kissinger in seiner Zeit als Außenminister in den Regierungen Nixon und Ford vertrat. Doch heute hat sich Kissinger in gewisser Weise den Neokonservativen angeschlossen, indem er im Wesentlichen genau diese Politik vertritt. Da er nun nicht mehr im Amt ist, kann er genau das tun, was er will, ohne von irgendjemandem sonst regiert zu werden.

Victor Thorn: Immer der Opportunist.

Michael Collins Piper: Ja, er ist ein Opportunist.

Kissinger wird aufgrund seines politischen Hintergrunds im Allgemeinen nicht als Neokonservativer an sich anerkannt, aber er kam dazu, die von ihnen befürwortete Politik zu billigen. Es ist also interessant.

Der Leopard kann seine Flecken verändern.

Victor Thorn: Wenn wir über die Neokonservativen sprechen, ist es leicht zu erkennen, wie teuflisch und irreführend sie sind, aber es gibt immer dieses intrigante Element um sie herum, als ob es sich eine Sekte handelt, die irgendwie einen breiten Bekanntheitsgrad erhalten hat. Was können Sie zu diesem „intriganten" Element sagen, das sie zu verfolgen scheint

Michael Collins Piper: Wissen Sie, es ist sehr interessant, dass Sie diese Frage aufwerfen, denn man muss im Hinterkopf behalten, dass ich William Kristols Vater, Irving Kristol, erwähnt habe, der der intellektuelle Pate dieser neokonservativen Bewegung war. Er war der intellektuelle Pate dieser neokonservativen Bewegung, und was man nicht vergessen darf, ist, dass sie, obwohl sie heute als Konservative anerkannt werden, intellektuell - und das ist immer sehr komplex - aber als trotzkistische Kommunisten begannen.

Sie waren Anhänger von Leo Trotzki. Ich komme hier auf die 1930er Jahre zurück. Irving Kristol war ein trotzkistischer Kommunist.

Sie hassten Josef Stalin, den nationalistischen Diktator der Sowjetunion, und folgten Leo Trotzki, der von Stalin aus Russland vertrieben worden war. Trotzki hatte die Idee, die Revolution weltweit auszuweiten. Stalin war mit dieser Idee nicht einverstanden. Er wollte die Dinge mehr oder weniger innerhalb Russlands eindämmen und die Welt aus einer russisch-nationalistischen Perspektive betrachten. Das machte Stalin nicht zu einem sympathischen Typ, aber die anderen Typen waren die Inter-Nationalisten, die Trotzkisten.

Diese amerikanischen Anhänger Trotzkis - Leute wie Norman Podhoretz, Irving Kristol und eine Handvoll anderer - begannen, sich intellektuell „weiterzuentwickeln". Im Laufe der Zeit wurden sie plötzlich zu dem, was sie selbst als Neokonservative bezeichneten. Mit anderen Worten: Sie sind nichts anderes als eine neue Form des Trotzkismus im alten Stil.

Victor Thorn: Sie waren Anhänger von Henry „Scoop" Jackson, und als die Demokraten Israel nicht mehr so viel Aufmerksamkeit schenkten, kam es zum Bruch.

Michael Collins Piper: Ja, das ist das Interessante daran. Wenn die meisten Menschen an 1972 denken, erinnern sie sich an Nixon gegen McGovern, und jeder hat den Eindruck, dass die jüdische Gemeinschaft sehr liberal ist und automatisch für die demokratischen Kandidaten stimmt. Was 1972 tatsächlich geschah, war, dass die jüdischen Hardcore-Anhänger Israels, die eigentlich das sind, was man als das Rückgrat der Neokonservativen bezeichnen könnte, mit McGovern gebrochen haben und McGovern nicht viel Geld aus Quellen erhielt, die normalerweise für die Demokratische Partei gespendet hätten.

Zu dieser Zeit begann die neokonservative Gruppe, die Führer dessen, was heute als Neokonservative bezeichnet wird, die Demokratische Partei zu verlassen und sich der Republikanischen Partei anzuschließen. Um 1980 unterstützten sie alle nachdrücklich Ronald Reagan. Aus diesem Grund kam es unter Ronald Reagan in den 1980er Jahren zu einer massiven Anhäufung von Waffen. Die Neokonservativen waren da, um zu sagen: „Oh, die Sowjetunion bereitet sich auf all diese großen militärischen Unternehmungen in der ganzen Welt vor und wir brauchen eine massive Aufrüstung, und nur wenn wir weiter aufrüsten, können wir den Staat Israel unterstützen, der unser großer Verbündeter im Krieg gegen den Kommunismus ist".

Natürlich haben wir Milliarden und Abermilliarden Dollar ausgegeben, um unsere Verteidigung zu stärken, während wir vieles nach Hause gehen ließen; und es stellte sich heraus, dass die Sowjetunion ohnehin zusammenbrach. Und das hatte nichts mit unserer Rüstungspolitik zu tun. Die Sowjetunion brach zusammen, wie wir es vorhergesagt hatten.

Interessant ist jedoch, dass uns die Neokonservativen wieder einmal belogen haben. Sie sagten uns, dass die CIA die sowjetische Macht unterschätzte und wir deshalb diese massive Aufrüstung benötigten. Die Neokonservativen haben gelogen. Sie haben gelogen, sie haben gelogen, sie haben gelogen... genauso wie sie über Saddam Hussein gelogen haben. Es gibt ein altes Sprichwort, das besagt: „Wenn du mich einmal betrügst, sollst du dich schämen": Betrüge mich einmal, schäme dich. Betrüge mich zweimal, schäme dich.

Victor Thorn: Nun, in diesem Land haben wir jetzt viel „Schande über mich".

Michael Collins Piper: Ja, wir sind wieder einmal darauf reingefallen, denn diese Neokonservativen sind die Lügner, die uns die letzten Tage der massiven Aufrüstung im Kalten Krieg beschert haben, eine Aufrüstung, die nicht notwendig war und die die amerikanische Wirtschaft viel gekostet hat; und auch jetzt haben sie uns den Krieg im Irak beschert, in dem wir jeden Tag Menschen verlieren. Natürlich hat Präsident Bush vor einem Jahr den Sieg erklärt, aber das fühlt sich für mich nicht wie ein Sieg an.

Lisa Guliani: Wenn man bedenkt, dass die Neokonservativen anfangs eine kleine, nicht sehr mächtige Gruppe waren, wie konnte diese Clique dann eine solche Macht in unserer Regierung erlangen

Michael Collins Piper: Das ist ein sehr interessanter Punkt, und ich denke, dass alles auf die Medien hinausläuft. Ein gutes Beispiel dafür ist dieser William Kristol. Obwohl er nur der Herausgeber einer Zeitschrift mit relativ geringer Auflage ist, gilt diese Zeitschrift in den politischen Kreisen der Republikaner als „unverzichtbar". Jeder intelligente junge Republikaner hat mittlerweile eine Ausgabe des *Weekly Standard* in seiner Aktentasche.

Victor Thorn: Sie sehen ihn wahrscheinlich überall in Washington, nicht wahr

Michael Collins Piper: Ja, und es ist ein ziemlich langweiliges Magazin, um ehrlich zu sein. Ansonsten ist es einflussreich. Außerdem - und das werden Sie selbst feststellen - kann man nicht den Fernseher einschalten oder eine überregionale Zeitung aufschlagen, die über ein wichtiges politisches Ereignis berichtet, ohne William Kristol zitiert oder interviewt zu finden. Er ist in der Presse allgegenwärtig. Er und andere Neokonservative haben das glückliche Talent, ausgewählt zu werden, um im Fernsehen zitiert zu werden. Nicht, weil sie für sich selbst werben, was sie auch tun, sondern weil sie die wohlwollende und freundliche Unterstützung der amerikanischen Presse genießen.

Mit anderen Worten: Es gibt vielleicht zehn oder fünfzehn andere Personen, die genauso zitierfähig sind, oder sozusagen sogar zitierfähiger, aber die Presse geht immer zu William Kristol. Oder zu Richard Perle.

Sie waren es, die das alles koordiniert haben; und dann waren sie natürlich mit all dem Geld, das ich vorhin über ihre Stiftungen erwähnt habe, in der Lage, in den Kreisen der republikanischen politischen Entscheidungsträger in Washington viel Einfluss zu nehmen, indem sie ihre Leute, ihre Verbündeten, an Schlüsselpositionen platzierten und sie in der Rangfolge aufsteigen ließen. Als Folge davon ist jeder dieser neuen Mitarbeiter, wenn er beginnt, sein eigenes Machtnetzwerk aufzubauen, immer noch mit der Familie Kristol verbunden.

Victor Thorn: Eine der Stärken Ihres Buches ist es, zu zeigen, dass die Neocons Teil einer viel größeren globalistischen Bewegung sind, wie die Bilderberge, das CFR und das Royal Institute of International Affairs; und Sie zeigen, dass sie kontrolliert werden, oder , dass sie Teil dieses größeren Bildes sind.

Michael Collins Piper: Ja, das ist etwas, auf das man leicht mit dem Finger zeigen kann. Viele Leute schreiben über Außenpolitik und sagen: „Der Council on Foreign Relations steckt dahinter", oder „Die Bilderberg-Gruppe steckt dahinter", oder „Die zionistische Lobby steckt dahinter". Tatsache ist, dass all diese Gruppen miteinander verbunden sind und sich in vielerlei Hinsicht überschneiden. Man kann sich nicht vom Council on Foreign Relations entfernen, ohne sich mit der Rothschild-Familie in Europa zu beschäftigen, die einer der größten Förderer Israels ist.

Obwohl der CFR eine amerikanische Organisation ist, die mit Unterstützung der Rockefeller-Familie und anderer New Yorker Familien gegründet wurde, ist es eine Tatsache, dass der Council on Foreign Relations in gewisser Weise das amerikanische Stiefkind des Royal Institute of International Affairs ist, das in Europa, in London, von der Rothschild-Familie finanziert wird. Auch hier ist alles Teil eines Netzwerks. Diese Gruppen operieren alle im Tandem. Innerhalb dieser Gruppen gibt es Meinungsverschiedenheiten, wie es auch bei der Bilderberg-Gruppe der Fall ist. Viele der europäischen Mitglieder der Bilderberg-Gruppe wollten nicht, dass die USA in den Irak gehen. Frankreich und Deutschland lehnten die Intervention der USA im Irak kategorisch ab.

So gibt es selbst in den höchsten Kreisen Meinungsverschiedenheiten, und ein Großteil davon hängt tatsächlich mit der Kluft zwischen den Unterstützern Israels und denjenigen zusammen, die nur nach Geld und

Macht streben und ideologisch nicht durch die Sorge um Israel motiviert sind. Dies ist ein Merkmal der neokonservativen Bewegung.

Aber dieses neokonservative Hardliner-Netzwerk, von dem wir sprechen, ist sehr stark mit der Likud-Fraktion von Ariel Sharon und Israel verbunden und spiegelt die islamischen Fundamentalisten der Hardliner wider. Zufälligerweise sind sie jüdische Hardcore-Fundamentalisten und mit christlichen Hardcore-Fundamentalisten in den USA verbündet. Das ist eine seltsame Dichotomie.

Lisa Guliani: Ist der Rest des Kongresses und der politischen Klasse durch die Macht dieser Clique handlungsunfähig geworden? Und wie sieht Ihrer Meinung nach die Zukunft Amerikas aus? Die Leute fragen uns ständig, was wir gegen sie tun können.

Michael Collins Piper: Oh là là, das wird wahrscheinlich die schwierigste Frage sein. Was den Rest des Kongresses betrifft, so halte ich es für sehr aufschlussreich, dass in den letzten Jahren einer der schärfsten Kritiker Israels und der US-Politik in dieser Hinsicht Jim Traficant war. Er befindet sich derzeit in einem Bundesgefängnis im Bundesstaat New York und seine Berufung für ein neues Verfahren wurde kürzlich abgelehnt. Er wird also sieben Jahre im Gefängnis verbringen. Natürlich war Fritz Hollings neulich hier, um den israelischen Einfluss in Washington anzuprangern, aber er geht in den Ruhestand. Er ist 84-85 Jahre alt und zieht sich aus dem Senat zurück.

Victor Thorn: Und die Abgeordnete Cynthia McKinney...

Michael Collins Piper: Ja, Cynthia McKinney wurde in Georgia aus dem Amt gejagt, aber sie hat sich zurückgemeldet. Es gibt einige positive Punkte im Kongress zu verschiedenen Themen, aber insgesamt ist der Kongress machtlos. Das Geld der Israel-Lobby, das dort fließt, ist sehr mächtig. Aber die Medien sind noch mächtiger. Das sollte man sich immer vor Augen halten, denn jeder Kongressabgeordnete, der aus der Reihe tanzt, kann sicher sein, dass er von einem Sperrfeuer negativer Medienberichterstattung getroffen wird. Die Medien können Sie machen und besiegen. Was die unmittelbare Zukunft bringt, sieht in Bezug auf die Wahl zwischen Bush und Kerry nicht sehr gut aus, denn Kerry verspricht lediglich, den Krieg etwas besser zu führen.

Victor Thorn: Übergeben Sie es den Vereinten Nationen...

Michael Collins Piper: Ja, und darauf würde ich mich nicht einmal verlassen. Kerry gehört zur Elite der Außenpolitik. Man darf nicht vergessen, dass er an der Seite von George W. Bush Skull & Bones ist. Er ist also eine der Nicht-Wahlen, die uns zur Verfügung stehen. Ich persönlich werde für Ralph Nader stimmen, wenn er zur Wahl steht.

Lisa Guliani: Was können wir tun

Michael Collins Piper: Wissen Sie, das ist eine gute Frage. Ich nehme an, wir müssen so lange weitermachen, bis sich eine nationale politische Bewegung al zusammenfindet und eine echte Chance hat, anzukommen und anzufangen, Wahlen zu gewinnen. Aber was die Kommunalwahlen betrifft, so denkt jeder daran, alle vier Jahre einen Präsidentschaftskandidaten aufzustellen. Die Menschen haben wirklich Bedürfnis, in ihren lokalen Gemeinden etwas zu tun, um die Dinge aufzuwirbeln und eine öffentliche Debatte über die Ereignisse zu erreichen und so weiter.

Es gibt noch eine Gelegenheit, die Sie nutzen können.

Die meisten Menschen haben kein nationales Forum, aber sie haben Kontakte in ihren lokalen Gemeinden. Die Botschaft mit allen möglichen Mitteln zu verbreiten, ist in der heutigen Zeit das Beste, was wir tun können. Dank des Internets und der neuen Technologien, die uns zur Verfügung stehen, wird die Welt viel kleiner und wir haben wahrscheinlich bessere Chancen.

Lassen Sie uns die Dinge so sagen, wie sie sind. Obwohl sich die Lage in den USA in den letzten 25 Jahren erheblich verschlechtert hat, verfügen wir immer noch über unmittelbarere Kommunikationsmittel als vor 25 Jahren, was uns neue Möglichkeiten eröffnet, mit anderen Menschen und Gleichgesinnten in Kontakt zu treten, Koalitionen zu bilden und die herrschende Macht herauszufordern.

Im Moment wäre es wohl am unmittelbarsten, wenn ich George Bush und die Neokonservativen loswerden würde, aber ich bin mir nicht sicher, ob John Kerry uns etwas Besseres bieten würde.

Victor Thorn: John McCain hat in letzter Zeit viel von sich reden gemacht, und als wir ein Video über die *U.S.S Liberty* drehten, sahen wir, dass sein Vater (McCain) an der Vertuschung dessen beteiligt war, was 1967 mit der *U.S.S Liberty* passiert war. In Ihrem Buch zitieren Sie den Senator John McCain aus Arizona mit den Worten: „Das Überleben Israels ist eine der wichtigsten moralischen Verpflichtungen dieses Landes". Fasst das nicht alles zusammen

Michael Collins Piper: Ja, das ist richtig. John McCain...

Ich könnte eine Stunde damit verbringen, über John McCain zu sprechen, aber es genügt zu sagen, dass er in seiner Familie sehr seltsame Beziehungen hat, und zwar zu seinem Schwiegervater. John McCain ist einer dieser Politiker, die offen gesagt viel Geld verdient haben, indem sie an den richtigen Stellen vernetzt waren, und einige dieser Beziehungen gehen direkt auf die Personen zurück, die ich in *Final Judgment* dokumentiert habe und die in das Kennedy-Attentat verwickelt waren.

Lisa Guliani: Anstatt zu sagen, dass das Überleben Amerikas eine unserer stärksten moralischen Verpflichtungen ist, sagt McCain, dass es Israel ist.

Michael Collins Piper: Ja, das konnte ich nie verstehen.

Wissen Sie, ich sage immer, dass ich als Amerikaner die Leute nicht sagen höre, dass das Überleben von Island, Indonesien oder Irland ein integraler Bestandteil der amerikanischen Sicherheit ist. Ich verstehe das nicht. Es ist eine Frage der Ideologie - es ist fast schon ein Kult. Der Zionismus hat eine gewisse Anziehungskraft auf eine kleine Gruppe von Menschen, die viel Geld und Einfluss haben.

Einige der besten Israelkritiker, die ich kenne, sind Juden. Sie glauben aufgrund des jüdischen Glaubens nicht einmal, dass der Staat Israel existieren sollte. Und das aus einer puristischen theologischen Perspektive. Dennoch stehen eine Handvoll Menschen wie John McCain unter dem Einfluss von zionistischem Geld und Macht und haben ihren Namen, ihr Prestige und ihren Ruf der ganzen Sache geliehen. Und die Ergebnisse sehen wir gerade jetzt im Nahen Osten, jedes Mal, wenn ein Leichensack mit einem Amerikaner darin zurückkehrt.

KAPITEL XVII

WING TV Interview mit der American Free Press 29. Oktober 2004

Victor Thorn: Michael, willkommen bei WING TV.

Michael Collins Piper: Es ist immer gut, auf... man kann keinen besseren Ort finden, um auf dem Internet zu sein.

Victor Thorn: Ich habe gerade heute daran gedacht, dass Sie der erste Gast von WING TV sind.

Michael Collins Piper: Das hatte ich ganz vergessen, aber Sie haben völlig Recht. Ich erinnere mich, dass Sie mir erzählt haben, wie Sie das Programm eingeführt haben. Seitdem haben Sie sicherlich einen weiten Weg zurückgelegt. Wissen Sie, ich habe gestern an einer Radiosendung auf einem kleinen Sender im Westen teilgenommen. Es ist ein sehr gut etablierter unabhängiger AM-Sender, aber ich habe den Leuten gesagt, dass ich nicht glaube, dass ihnen klar ist, wie sehr die Medien des Landes in den Händen einiger weniger Privilegierter sind, dieses Medienmonopol, über das wir bei der *American Free Press* immer sprechen. Es ist also gut, dass es andere unabhängige Stimmen gibt - unabhängige Medienressourcen, von denen die Menschen profitieren können. WING TV ist eine davon.

Victor Thorn: *American Free Press* berichtet so gut über die Unternehmensmedien und hebt hervor, worüber sie *nicht* berichten. Michael, ich möchte heute mit folgender Frage beginnen: Wenn jemand *Final Judgment* nicht gelesen hat, was könnte er aus diesem Buch über die Ermordung Kennedys mitnehmen, worüber kein anderes Buch oder Mainstream-Medium berichtet hat

Michael Collins Piper: Ich nehme an, es ist die Tatsache, dass es einen geheimen Krieg zwischen John F. Kennedy und Israel gab. JFK wollte Israel davon abhalten, nukleare Massenvernichtungswaffen zu bauen.

Ich denke, die Schlussfolgerung lautet: Wenn JFK nicht getötet worden wäre, hätte Israel wahrscheinlich nie Atomwaffen erhalten, und folglich hätte der Irak nie versucht, Atomwaffen herzustellen, und wir hätten nicht den Irakkrieg gehabt, mit dem wir heute konfrontiert sind.

Lisa Guliani: Als *Final Judgment* zum ersten Mal veröffentlicht wurde, gab es eine große Kontroverse, vor allem von Seiten bestimmter Interessengruppen, die versuchten, Ihr Buch verbieten zu lassen. Warum

Michael Collins Piper: Nun, es ist Ihnen nicht wirklich erlaubt, irgendetwas Kritisches über Israel zu sagen, oder zumindest in gewissem Maße; sicherlich nicht eine Idee, die nahelegt, dass Israel in die Ermordung Kennedys verwickelt war. Das ist eine sehr extreme Kritik. Nicht extrem in dem Sinne, dass es keine Möglichkeit ist, sondern es wird als über die Grenzen dessen hinausgehend angesehen, was man über Israel sagen darf oder nicht. Es gibt nicht nur Israel, es gibt so viele andere umstrittene Bereiche im amerikanischen Leben, in denen es Grenzen dessen gibt, was man sagen darf. Aber es stellt sich heraus, dass Israel vielleicht der sensibelste von allen ist.

Lisa Guliani: Ihre These dreht sich darum, dass der Mossad, die CIA und das organisierte Verbrechen eine Schlüsselrolle bei der Ermordung von JFK gespielt haben, was den Weg für den zionistischen Einfluss in Amerika geebnet hat, oder

Michael Collins Piper: Das ist völlig richtig. Das ist in etwa das, was nach der Ermordung von JFK passiert ist. Die Israel-Lobby gewann in Washington einen stärkeren Einfluss als je zuvor, und die amerikanische Nahostpolitik machte nach dem Tod von JFK eine 180-Grad-Wende. Diejenigen, die an eine Verschwörung rund um die Ermordung von JFK glauben, diskutieren jedoch weiterhin. Manche fragen sich immer noch, welche genauen Absichten JFK beispielsweise in Bezug auf Vietnam hatte.

Aber Tatsache ist, dass es in Bezug auf die Politik im Nahen Osten nach dem Tod von JFK eine 180-Grad-Wende gab. Auch wenn es 1963 war, spüren wir immer noch die Auswirkungen dieser plötzlichen Wende und den immensen Machtzuwachs der Israel-Lobby, denn der gesamte heutige Nahe Osten, der gesamte arabische Nahe Osten, würde nicht den Wunsch hegen, Atomwaffen zu haben - geschweige denn, Atomwaffen zu beherbergen -, wenn es nicht die Tatsache gäbe, dass Israel jahrelang über diesen geheimen Vorrat an Massenvernichtungswaffen verfügte und dies nicht zugeben wollte.

Victor Thorn: Ich habe eine Reihe von Artikeln für WING TV geschrieben.

über einen gewissen John Lehman, der Mitglied des sogenannten 9-11 Whitewash Committee war. Ursprünglich hieß dieses Komitee die Unabhängige 9/11-Kommission, doch wenn man sich mit dieser Person beschäftigt, stellt man fest, dass er einer der Unterzeichner der PNAC-Briefe ist. Er ist auch Mitglied des „B-Teams" sowie des CPD, des Committee on the Current Danger (Komitee für die aktuelle Gefahr). Er wird auch mit Wolfowitz, Perle und Feith in Verbindung gebracht. Im heutigen Artikel habe ich die Leser auf Ihr Buch „*Die Hohepriester des Krieges*" verwiesen. Erzählen Sie doch jedem von „Team B", dem PNAC und all den anderen Gruppen, mit denen John Lehman zu tun hat.

Michael Collins Piper: Ich denke, das Hauptmerkmal all dieser Gruppen ist, dass sie auf einer sehr hohen Ebene integraler Bestandteil der Politikgestaltung der Israel-Lobby innerhalb des Establishments für nationale Sicherheit in den Vereinigten Staaten sind, zumindest hier in Washington. Lehman war an Rüstungsgeschäften mit Israel beteiligt, er hatte offensichtlich hohe Positionen inne und er hat alle Beziehungen, die Sie erwähnt haben. Er gehört zu dieser sehr kleinen und eng verbundenen Gruppe von Neokonservativen, die - zumindest im Moment - in der Bush-Regierung die Politik diktieren. Viele Jahre lang haben sie versucht, die amerikanische Politik auf die Art und Weise zu beugen, wie es ihnen heute gelungen ist. Er gehörte zu diesem „B-Team". Dabei handelte es sich um Personen, die seit den 1970er Jahren an einem komplexen Programm beteiligt waren, das ins Leben gerufen wurde, als die CIA kritisiert wurde, weil sie die militärischen und imperialen Absichten der Sowjets unterschätzt hatte. Die Personen, die diese Kritik äußerten, waren größtenteils Unterstützer Israels, die festgestellt hatten, dass der beste Weg, militärische Hilfe und Unterstützung für Israel zu erhalten, darin bestand, zu behaupten, dass

Israel ein Schlüsselelement der Verteidigung der USA gegen den sowjetischen Expansionismus sei.

Victor Thorn: Das erinnert an den Irak und die Massenvernichtungswaffen, nicht wahr

Michael Collins Piper: Genau. Sie sagten sich also, dass sie der CIA nicht trauen könnten und deshalb eine alternative Institution aufbauen würden, um die Analysen der CIA zu analysieren, d.h. die Analysten zu analysieren. Die Gruppe „Team B", der Perle, sein Freund Lehman und all diese anderen Personen angehörten, war ein Versuch, der Arbeit der CIA etwas entgegenzusetzen und zu sagen: „Die CIA hat Unrecht und wir haben Recht". Diese erste Erfahrung mit dem „B-Team" festigte die Beziehungen zwischen vielen der Neokonservativen, die später eine so wichtige Rolle in unserer heutigen Welt spielten. Persönlich ist John Lehman ein gutes Beispiel. Er ist eine der letzten Personen, die in die 9/11-Kommission hätten berufen werden sollen, gerade wegen seiner engen Verbindungen zu den Neokonservativen in Israel.

Lisa Guliani: Wir haben gesehen, wie die US-Außenpolitik Israel in Bezug auf den Nahen Osten und Zentralasien begünstigt, aber das gilt doch auch für andere Länder und Nationen in Europa, oder nicht

Michael Collins Piper: Ja, das ist das, was so seltsam ist.

Wie Sie wissen, habe ich gerade eine Reise nach Malaysia unternommen, und eines der Requisiten, die ich in der Hand hielt, war eine Ausgabe des *Journal of International Security Affairs*, das vom Jewish Institute for National Security Affairs (JINSA) herausgegeben wird. Es gab eine Sonderausgabe mit dem Titel *Asia Now*, in der die Politik der USA gegenüber *Asien* analysiert *wurde:* The American Asia Policy.

Aber in Wirklichkeit haben diese Neokonservativen eine sehr breite Weltsicht, und ob es nun um die Politik gegenüber Europa oder Asien, Afrika, Südamerika und so weiter geht, sie sind ständig mit einer und nur einer Sache beschäftigt: was für Israel das Beste ist.

Wenn die USA also beispielsweise ein Handelsabkommen mit Kolumbien abschließen, werden die Verteidiger Israels in diesen neokonservativen Kreisen dieses Handelsabkommen prüfen und sagen:

„Hören Sie, wenn Sie Oliven aus Kolumbien importieren, wird sich das auf die US-Importe von Oliven aus dem Staat Israel auswirken? Ich weiß nicht einmal, ob es in Kolumbien überhaupt Oliven gibt; das war nur ein Beispiel.

Aber etwas so Banales wie das beinhaltet all diese Analysten, die sich hinsetzen, die US-Politik prüfen und zu entscheiden versuchen, ob sie gut für Israel ist. Zweitens stellt sich die Frage - vielleicht sogar auf einer dritten Ebene -: Ist es gut für die USA

Victor Thorn: Ein Nebenprodukt.

Michael Collins Piper: Ja, das ist richtig.

Victor Thorn: Heute habe ich mich mit einer iranischen Frau unterhalten, die Elektroingenieurin ist, und wir hatten etwa 25 Minuten Zeit, um uns zu unterhalten.

Wir fingen an, über einige Dinge zu sprechen, und sie sagte, es könnte CIA-Elemente in der iranischen Regierung geben, die versuchen, einen neuen Krieg im Nahen Osten zu provozieren. Nachdem ich das gehört hatte, verwies ich auf Ihr heutiges Buch, in dem Sie schreiben: „Ist die arabische Welt, wie auch der Rest der Menschheit, nur eine Schachfigur in einem viel größeren Spiel, in dem die Neokonservativen nur Werkzeuge für sich selbst sind?". Und all das schien ineinander zu greifen.

Michael Collins Piper: Ja, das ist wirklich erschreckend, denn im Laufe der Jahre haben die Amerikaner zwar den Zusammenbruch Saddam Husseins genossen, aber ich glaube zu wissen - ohne zu viele Details - dass der Grund, warum Saddams Armee und Regierung im letzten Krieg so schnell zusammengebrochen sind, darin liegt, dass die USA einige seiner Schlüsselfiguren bestochen haben, damit sie kommen und dafür sorgen, dass die Armee sich zurückzieht. Ich will die Arbeit der US-Truppen, die dort waren, nicht schmälern, aber manchmal gibt es Elemente, die im Hintergrund agieren, und ich fürchte, dass dies auch im Iran der Fall sein wird.

Ich habe im Laufe der Jahre Ähnliches gehört, nämlich dass bestimmte Fraktionen innerhalb der iranischen Regierung sozusagen „Außenverbindungen" haben. Es kann sehr gut sein, dass sie nicht im

Interesse ihres eigenen Landes arbeiten. Vielmehr könnte es im Interesse der USA sein, dass in diesem Land ein Regierungswechsel stattfindet.

Wenn andererseits ein größeres Programm am Werk ist, wie das, das ich in *Die Hohepriester des Krieges* erwähnt habe, wenn das Programm Krieg um des Krieges willen ist, um die Welt nach den Plänen dieser großen Schachspieler neu zu gestalten, dann weiß ich nicht, ob das im Interesse Amerikas liegt, und auch nicht im Interesse des Iran.

Aber ja, der Punkt ist, dass die CIA und andere Geheimdienste Leute in den Regierungen haben, Leute, die bestochen werden, Leute, die erpresst werden, und so weiter und so fort. Was Sie sehen, ist daher nicht immer das, was Sie bekommen.

Lisa Guliani: Was abgereichertes Uran und unsere Truppen betrifft, so hat die *American Free Press* berichtet, dass acht von zwanzig Männern, die in einer Einheit während der Militäroffensive 2003 im Irak dienten, heute an bösartigen Tumoren leiden. Das sind 40 % der Soldaten dieser Einheit, die innerhalb von 16 Monaten an bösartigen Tumoren erkrankt sind. Wie verheimlichen sie diese Informationen über abgereichertes Uran vor unseren Truppen, und glauben Sie, dass dies die endgültige Ursache für das Golfkriegssyndrom ist

Michael Collins Piper: Ich habe mir gerade einige unserer Artikel angesehen und denke an das Golfkriegssyndrom zurück, wie es nach der ersten US-Invasion im Irak genannt wurde. Von Anfang an war klar, dass sich unter den Golfkriegsveteranen ernsthafte Probleme entwickelten, aber die US-Regierung wies die Vorstellung, dass etwas vor sich ging, kategorisch zurück. Diejenigen, die das Thema diskutierten, waren natürlich „Verschwörungstheoretiker", „Händler der Angst" und „schenkt diesen Leuten keine Beachtung, denn sie sind nur Unruhestifter". Und doch haben wir die Folgen gesehen.

Zehn Jahre sind seit der ersten Invasion des Irak vergangen... weit mehr als zehn Jahre jetzt... und dank der Arbeit von Christopher Bollyn, der *American Free Press* und vieler anderer unabhängiger Forscher aus dem Land und der ganzen Welt wissen wir viel mehr über dieses abgereicherte Uran, und ich denke, es ist ziemlich offensichtlich, dass etwas nicht stimmt.

Aber wie lange wird es dauern? Wird es noch zehn Jahre dauern, bis der Rest der Welt merkt, was vor sich geht? Wie viele Krebsfälle werden wir noch registrieren müssen

Lisa Guliani: Glauben Sie, dass es Henry Kissinger war, der den Einsatz von abgereichertem Uran entworfen hat? Es zerstört die genetischen Codes und die zukünftigen Populationen von Arabern und Muslimen, und unsere Soldaten tragen diesen radioaktiven Staub in die ganze Welt hinaus und verseuchen andere.

Michael Collins Piper: Das ist interessant, denn vor einigen Jahren veröffentlichte die *Londoner Sunday Times*, glaube ich, einen Artikel, in dem es hieß, dass die Israelis an genetischen Waffen arbeiteten, die speziell auf Menschen mit arabischen Genen abzielen würden. Ich erwähnte dies in einer Rede, die ich vor der Arabischen Liga im Nahen Osten hielt, und wurde dafür hier in den USA von der Anti-Defamation League angegriffen. Sie behaupteten, ich hätte *behauptet*, dass die Israelis an einer solchen Bombe arbeiten würden. Mit anderen Worten, sie unterstellten mir, dass dies etwas sei, das ich aus der Luft gegriffen hätte, obwohl es tatsächlich, wie ich bereits sagte, von, ich glaube, der *Londoner Times* vor einigen Jahren berichtet wurde. Es könnte sich also durchaus um eine Folge dieses Falls handeln.

Es ist sehr gut möglich, dass es eine genetische Behandlung gab, und es ist unvermeidlich, dass eine große Anzahl von Menschen, aus welchen Gründen auch immer, davon betroffen ist. Das wissen wir heute.

Daran gibt es keinen Zweifel. Die Folgen sind immens.

Obwohl sie in einigen Mainstream-Medien erwähnt wurde, erhält sie nicht die Publicity und Aufmerksamkeit, die sie aufgrund des Ausmaßes dessen, was sie repräsentiert, verdient. Ich meine, wie viele Soldaten glauben Sie - selbst der mutigste amerikanische Soldat - wie viele von ihnen glauben Sie, dass sie wirklich bereit wären, in einem Krieg zu kämpfen, in dem sie Konsequenzen erleiden können, ohne auch nur durch das Feuer des Feindes verletzt zu werden? Das ist unglaublich.

Lisa Guliani: Das ist ein Todesurteil.

Victor Thorn: Michael, lassen Sie uns einen Moment auf den Boulevardaspekt der Mainstream-Medien zurückkommen. Heute wurde bekannt, dass Bill O'Reilly eine außergerichtliche Einigung mit der Produzentin von FOX News erzielt hat, die gegen ihn geklagt hatte.

Medienberichten zufolge soll die Summe der Vereinbarung zwischen 2 und 10 Millionen US-Dollar liegen. Außerdem würde die Frau keinerlei Verantwortung für den Vorfall übernehmen, ebenso wenig wie O'Reilly. Was denken Sie, auf , über das ganze Debakel

Michael Collins Piper: Oh, sie haben die Sache gütlich geregelt - sehr, sehr interessant. Die Tatsache, dass jemand die Angelegenheit außergerichtlich regelt, bedeutet nicht zwangsläufig, dass er in irgendeiner Weise schuldig ist. Manchmal ist es finanziell und emotional einfacher, so etwas zu tun. Aber ich denke, was ich über Bill O'Reilly und viele dieser Leute zu sagen habe - und sie sind alle Teil des neokonservativen Netzwerks - ist, dass Bill O'Reilly und viele dieser Leute Teil des neokonservativen Netzwerks sind. Sie wissen, dass Bill O'Reilly für FOX arbeitet.

Ich fand es immer ziemlich lustig - und ich bin überhaupt nicht prüde, glauben Sie mir -, aber diese Neokonservativen reden ständig von Familienwerten und davon, dass das Fernsehen saniert werden müsse. Trotzdem lieben sie FOX News und alle Kommentatoren von FOX. Aber ich garantiere Ihnen, dass Sie, wenn Sie den FOX-Fernseher einschalten, mehr, wie soll ich sagen, schleimigere Programmelemente finden werden.

Victor Thorn: Und dann gibt es noch Dick Morris und seine Zehensauger.

Michael Collins Piper: Ja, das sage ich. Ich sage Ihnen, da ist ein bisschen Heuchelei dabei. Sogar Pat Robertson hatte, wenn ich mich recht erinnere, Sendeverträge mit dem Fernsehsender FOX abgeschlossen. Da ist Pat Robertson, der die letzten 40 Jahre damit verbracht hat, über die Sanierung des Fernsehens zu sprechen, und daran ist nichts falsch. Wie ich bereits sagte, bin ich nicht prüde. Aber auf der anderen Seite gibt es viele Dinge im Fernsehen, die ziemlich schleimig sind, in Ermangelung eines besseren Wortes. Und ich ziehe es vor, sie nicht im Fernsehen zu sehen.

Lisa Guliani: Wir haben ihn (Bill O'Reilly) heute im Radio lügen hören.

Er sagte: „Es gibt keine Kontrollinstanz für die Medien". Aber wissen Sie, was das Kuriose daran ist? Er hat in letzter Zeit auch diese Neigung, zu versuchen, sich von den großen Medien zu trennen.

Michael Collins Piper: Das ist lustig. Er versucht zu behaupten, dass er anders ist, dabei ist er nur ein weiteres Element in ihrem Stall mit gut trainierten Pferden, die herauskommen und auftreten. Er ist wie ein tanzendes Pferd oder ein Tanzbär. Das ist alles, was er ist. Er hat ein bestimmtes Spiel, eine bestimmte Agenda, und das ist es, was all diese Tanzbären und Tanzpferde, diese dressierten Affen, die für die „Nachrichtenorgane" der Mainstream-Medien auftreten, auch tun.

Victor Thorn: Michael, in dieser sehr langen Wahlsaison denke ich, dass der erfrischendste Moment kam, als Ralph Nader anfing, über die israelischen Puppenspieler zu sprechen, die ins Weiße Haus kommen... und es sind die gleichen Puppenspieler, die in die Flure des Kongresses gehen... und sie kommen wieder heraus und bringen Israel alles, was sie wollen.

Tatsächlich war dieses Zitat diese Woche auf der Mittelseite der *American Free Press* zu lesen. Was wird Ralph Nader Ihrer Meinung nach von diesem sehr gefährlichen Zitat das er geäußert hat, haben

Michael Collins Piper: Ich werde es Ihnen sagen. Was Ralph Nader betrifft, so denke ich, dass er sich definitiv einen sehr hohen Rang auf der „to watch"-Liste der Israel-Lobby und anderer Leute, die ihr Geschäft mit der Kontrolle der Meinungsfreiheit in diesem Land machen, verdient hat, denn Nader ist wahrscheinlich der erste „Mainstream"-Politiker, wenn man ihn so nennen kann; ich nehme an, er ist Mainstream in dem Sinne, dass er seit vielen Jahren eine Art Mainstream-Berühmtheitsfigur ist. Er ist der erste, der diese Art von Terminologie verwendet. Andere haben über die Macht der Israel-Lobby in Washington gesprochen, aber so weit zu gehen, den Ausdruck „Marionettenmeister" zu verwenden, relativiert wirklich die gesamte Debatte über die Macht der Israel-Lobby. Es vermittelt eine Perspektive, die klarer ist, als irgendjemand sie jemals zuvor dargestellt hat. Leider hat er weitgehend Recht. Ich wünschte, ich könnte sagen, dass er übertreibt.

Lisa Guliani: Anfang des Jahres schrieben Sie über HR 3077, das Gesetz gegen Hassreden, das den ersten Verfassungszusatz direkt angreift, sowie über den Einfluss der zionistischen Lobby auf diesen Gesetzentwurf und die Art und Weise, wie sie ihn durch das Repräsentantenhaus gebracht hat. Bitte erzählen Sie uns ein wenig darüber.

Michael Collins Piper: Das ist auch sehr interessant, denn wenn Sie die Gesetzgebung selbst lesen, ist sie völlig harmlos. Ich sollte nicht sagen, dass sie harmlos ist - sie ist in harmloser Weise formuliert. Es handelt sich um eine sehr trockene Gesetzessprache, die der Durchschnittsbürger nicht verstehen würde, wenn er sie aus dem Zusammenhang gerissen hätte.

Aber was diese Gesetzgebung genau tut, ist, einen Mechanismus einzuführen, mit dem die Bundesregierung tatsächlich Dissidenten Israels auf dem amerikanischen Campus zum Schweigen bringen kann, seien es Universitätsprofessoren oder Ausbilder, und implizit hätte dies weitreichende Verzweigungen für das gesamte Universitätssystem selbst. Es würde ein Gericht einsetzen, das ernannt wird, um zu prüfen, wie Nahoststudien auf dem amerikanischen Campus gelehrt werden. Die Absicht dieses Gesetzes - offensichtlich , wenn man sich an denjenigen orientiert, die es unterstützen (die Israel-Lobby) - bestand darin, amerikanische Universitätsprofessoren daran zu hindern, Israel zu kritisieren.

Victor Thorn: Bevor Sie gehen, teilen Sie uns bitte Ihre Gedanken darüber mit, was die Zukunft für die Neue Weltordnung und Amerika bereithält

Michael Collins Piper: Was die Zukunft dieser Neuen Weltordnung betrifft, so denke ich, dass ein Großteil dieser Frage noch von den Wahlen bestimmt werden muss, obwohl ich im Allgemeinen nicht glaube, dass Wahlen langfristig einen sehr großen Unterschied machen werden. Ich denke, dass diese Wahl einen größeren Einfluss haben könnte als andere, gerade weil diese neokonservativen Hohepriester des Krieges im Bush-Lager sind. Wenn sie vier weitere Jahre bekommen, könnten sie immensen Schaden anrichten, der nicht möglich wäre, wenn John Kerry und seine „Gang" gewählt würden. Wenn Sie mir diese Frage am Dienstag nach der Wahl stellen, denke ich, dass ich Ihnen eine definitivere Antwort geben kann.

Ich möchte jedoch nur sagen, dass es - dank WING TV und *American Free Press* und vielen anderen unabhängigen Stimmen im Internet, im Radio und in den Printmedien - so viele abweichende Stimmen gibt, die sich erheben, dass es für die Neue-Welt-Ordnung-Bande nicht so einfach sein wird, uns dorthin zu bringen, wo sie uns haben wollen. Sie üben weiterhin Druck aus, und sie haben viel Macht und Einfluss, aber wir können zurückschlagen. Genau das tun wir hier und heute.

KAPITEL XVIII

WING TV Das Interview des neuen Jerusalem 17. Juni 2005

Victor Thorn: Ich habe *The New Jerusalem: Zionist Power in America* vor ein paar Wochen erhalten, und es ist phänomenal. Wir haben uns sehr darauf gefreut, heute hier bei Ihnen zu sein. Zunächst einmal denke ich, dass der wichtigste Punkt, den jeder Mensch in diesem Land kennen sollte, auf der ersten Seite der Einleitung dieses Buches zu finden ist, wo Sie sagen, dass die beiden großen Tragödien dieses noch jungen Jahrhunderts natürlich der 11. September und auch die amerikanische Invasion im Irak sind, die eine direkte Folge der amerikanischen Nahostpolitik ist, die von der Israel-Lobby diktiert wird. Meine erste Frage lautet: Sagen Sie uns, warum es so wichtig ist, diesen grundlegenden Begriff zu verstehen.

Michael Collins Piper: Es ist ganz einfach, Victor. Wie ich in meinem Buch betone, sind wir in diesen blutigen, sinnlosen und absurden Krieg im Irak verwickelt, der die Vereinigten Staaten nur zu Feinden in der ganzen Welt macht, und wir hatten 3.000 amerikanische Opfer einer terroristischen Tragödie, die Terroristen aus dem Nahen Osten zugeschrieben wurde. Ehrlich gesagt habe ich sehr ernste Zweifel daran, wer für den 11. September verantwortlich ist, aber um der Argumentation willen sollten wir die Behauptung des Präsidenten akzeptieren, dass wir von wütenden Muslimen aus dem Nahen Osten angegriffen wurden.

Im Laufe meines Lebens gab es zwei Dinge, gegen die ich mich verzweifelt gewehrt habe, seit ich alt genug war, um politisch zu denken. Das erste: Die Verwicklung der Vereinigten Staaten in einen Krieg, insbesondere im Nahen Osten. Ich habe gesehen, was in Vietnam passiert ist, und ich sehe keinen Grund, warum jemand wieder der Brutalität des Krieges ausgesetzt werden sollte. Das betraf auch meinen eigenen Bruder. Er war ein Vietnam-Veteran, er hat sich nie ganz davon erholt und sein früher Tod war eine direkte Folge seiner Erfahrungen in Vietnam.

Die andere Sache, die mir große Sorgen bereitete, waren die Terroranschläge in den USA; und siehe da, wir hatten endlich einen. Und das alles wegen - es tut mir leid, das sagen zu müssen - Israel. Es hat nichts mit Öl zu tun. Es geht um Israel, und es ist offensichtlich, dass wir eine sehr starke Lobby in diesem Land haben, ob man sie nun Israel-Lobby, pro-israelische Lobby oder jüdische Lobby nennt - wie auch immer man sie nennen mag -, Tatsache ist, dass es sie gibt. Es handelt sich nicht um eine Verschwörungstheorie.

Manche sagen, es handele sich um eine Verschwörungstheorie oder eine Altweibergeschichte, die auf den *Protokollen der Weisen von Zion* beruht, von denen sie behaupten, sie seien eine Fälschung. Das ist nicht der Fall. Es ist kein Märchen.

Wir haben diese mächtige Israel-Lobby, und diejenigen, die sie finanzieren, sind eine Gruppe von sehr reichen und einflussreichen Personen, die zufällig Juden sind. Sie haben diese Macht und diesen Reichtum angehäuft, und wir sind jetzt in einer Position, in der wir tatsächlich eine Elite haben, die unsere Außenpolitik diktieren kann. Diese Außenpolitik zielt darauf ab, die Interessen eines anderen Landes zu fördern! Ich finde das außergewöhnlich.

Lisa Guliani: Michael, wir haben kürzlich zusammen mit Ihrem Kollegen von der *American Free Press*, Pat Shan-nan, *am Tag der Wahrheit* teilgenommen, der in Oklahoma City anlässlich *des zehnten Jahrestags des OKC-Anschlags veranstaltet* wurde. In Ihrem Buch weisen Sie darauf hin, dass Dutzende von bekannten öffentlichen Persönlichkeiten aus allen Gesellschaftsschichten als Antisemiten bezeichnet wurden.

Nach unserer Rückkehr aus Oklahoma City fanden wir heraus, dass die ADL diese Veranstaltung, den Tag der Wahrheit, auf ihrer Website auf die „Hassliste" gesetzt hatte. Könnten Sie uns bitte erklären, wie die ADL als Gedankenpolizei für die amerikanische zionistische Elite agiert

Michael Collins Piper: Das ist eine sehr interessante Frage, die in einem sehr aufschlussreichen Kontext gestellt wurde. Ich wusste, dass die ADL diese Veranstaltung in der Tat als „hasserfüllte" oder „extremistische" Veranstaltung bezeichnet hat, und ich finde das an sich schon außergewöhnlich, denn ich glaube nicht, dass irgendjemand an dieser Veranstaltung mit der Absicht teilgenommen hat, eine Gruppe von Menschen zu diffamieren, und das ist es, was die Anti-Defamation League behauptet, dass sie versucht hat, zu verhindern - die Diffamierung von Gruppen.

Es handelte sich lediglich um eine Gruppe aufrichtiger Menschen, die herauszufinden versuchten, wer all diese Menschen unter Oklahoma City ermordet hatte, und wir wissen natürlich, dass die offizielle Version der Regierung nicht stichhaltig ist. Ich finde es daher sehr interessant, dass sich die Anti-Defamation League tatsächlich als Verteidiger der Regierung positioniert.

Tatsächlich hat die Anti-Defamation League eine interessante Geschichte. Sie begann - und es tut mir leid, das sagen zu müssen - weil es in New York Ende des 19. Jahrhunderts viele Juden gab, die in kriminelle Aktivitäten verwickelt waren. Die Leute fingen an, abfällige Bemerkungen über Juden zu machen, und deshalb gründeten sie die Anti-Defamation League, um diesen Bemerkungen entgegenzuwirken, denn die Beamten und Strafverfolgungsbehörden beschwerten sich sehr.

Im Laufe der Jahre hat sich die Anti-Defamation League nach der Gründung des Staates Israel zu einem sehr effektiven Kanal und Propagandaorgan für diesen Staat entwickelt. Die ADL spioniert - buchstäblich spioniert - natürlich Tausende und Abertausende von Amerikanern aus. Sogar das FBI und die Polizei von San Francisco haben die Spionagetätigkeiten der ADL gründlich untersucht und festgestellt, dass die ADL Akten über Tausende von Amerikanern besitzt. Und nicht nur die Rechten, sondern auch viele Menschen, die sich selbst als Liberale betrachteten, dachten, die ADL würde nur diese bösen Klansmen und Nazis ausspionieren, und es stellte sich heraus, dass sie alle möglichen Leute aus allen politischen Richtungen ausspionierte.

Grundsätzlich ist die ADL eine Gedankenpolizei. Sie soll jeden daran hindern, etwas Kritisches über den Staat Israel zu sagen, es sei denn, es wird vorher von der ADL abgesegnet. Jeder, der es wagt, auch nur die Tatsache zu erwähnen, dass die Israelis in diesem Land eine immense

Macht haben, wird als Antisemit betrachtet. Das ist es, was die ADL ist. Sie ist eine Gedankenpolizei.

Victor Thorn: In Ihrem Buch *Final Judgment* enthüllen Sie, dass es offensichtlich Spannungen zwischen John Kennedy und David Ben Gurion gab, und jeder weiß, was Richard Nixon über die Juden dachte. Aber in Ihrem neuen Buch machen Sie auch Enthüllungen über Harry Truman, Gerald Ford, Jimmy Carter und sogar James Baker darüber, was sie von der jüdischen Lobby hielten. Erzählen Sie uns ein wenig darüber.

Michael Collins Piper: Ich kann Ihnen etwas sagen - alle Personen, die Sie erwähnt haben, wurden in Quellen für Mainstream-Nachrichten zitiert, wie sie eine ziemlich grobe Sprache verwenden, die ich in Ihrer Sendung nicht sagen möchte in Bezug auf die Macht des jüdischen Volkes in Amerika in *Bezug* auf seinen Einfluss, insbesondere auf die Außenpolitik der Vereinigten Staaten. Harry Truman - seine Tagebücher wurden entdeckt - ist ein Held des jüdischen Volkes wegen der Rolle, die er bei der Gründung des Staates Israel gespielt hat.

Natürlich hat er den Staat Israel anerkannt, und er war immer ein Held. Aber aus seinem Tagebuch, das von *der Washington Post* zitiert wurde, lese ich dieses Zitat: Hier ist, was Harry Truman, der ehemalige Präsident der Vereinigten Staaten, am 21. Juli 1947 in seinem Tagebuch sagte

> „Juden haben keinen Sinn für Proportionen und haben kein Urteilsvermögen in Bezug auf die Weltangelegenheiten. Ich finde, dass die Juden sehr, sehr egoistisch sind. Es ist ihnen egal, wie viele Esten, Letten, Finnen, Polen, Jugoslawen oder Griechen ermordet oder als Binnenvertriebene misshandelt werden, solange die Juden eine Sonderbehandlung genießen. Doch als sie die Macht - physisch, finanziell oder politisch - innehatten, mussten sich weder Hitler noch Stalin Gedanken über die Grausamkeiten oder Misshandlungen der Zurückgelassenen machen.

Das ist eine ziemlich starke Aussage. Sie ist sicherlich stärker als alles, was ich jemals gesagt habe, oder was viele Menschen jemals gesagt haben. Aber ich möchte Ihnen etwas sagen. Nach meinem Geschichtsstudium - und ich stehe in meiner Bibliothek - allein in diesem Raum habe ich etwa 6000 Bücher. Ich bin sehr belesen. Ich muss sagen, dass nach meiner Lektüre das, was Harry Truman gesagt hat, absolut wahr ist. Das ist es, was wir heute feststellen.

Wir stellen fest, dass die herrschenden jüdischen Eliten in Amerika - und ich spreche jetzt nicht von jedem einzelnen jüdischen Menschen - ich spreche von diesen großen, mächtigen jüdischen Eliten, die buchstäblich Milliarden von Dollar kontrollieren und diesen Einfluss aufgrund ihres Wunsches, den Staat Israel voranzubringen, nutzen. Diesen Leuten ist es egal, wie viele amerikanische Kinder im Irak abgeschlachtet werden. Es ist ihnen egal. Das ist ihnen völlig egal. Sie sind durchaus bereit, uns in einen Krieg gegen den Iran und gegen Syrien zu verwickeln, und ich sage voraus, dass sie letztlich versuchen werden, einen Weg zu finden, in Saudi-Arabien einzumarschieren. Und das ist wahrscheinlich erst der Anfang.

Diese Leute sind wirklich blutdürstig - vielleicht ist blutdürstig nicht das richtige Wort. Es ist ihnen einfach egal. Sie wissen, dass die amerikanischen Kinder als Kanonenfutter dienen werden, aber nicht ihre eigenen.

Lisa Guliani: Sie haben Benjamin Ginsbergs Buch *The Fatal Embrace* zitiert, in dem er behauptet, dass 75% des US-Auslandshilfebudgets für Israels Sicherheitsinteressen verwendet werden. Michael, glauben Sie, dass diese Zahl die meisten Amerikaner schockieren könnte

Michael Collins Piper: Wissen Sie, das ist lustig, das ist ein interessanter Punkt. Die schnelle Antwort auf diese Frage ist JA, denn viele Menschen mögen keine Auslandshilfe, Punkt. Und diejenigen, die Auslandshilfe mögen, denken, dass es darum geht, den hungernden Kindern in Äthiopien zu helfen.

Sie haben diese aufrichtigen, liebevollen, sehr sentimentalen Ideen. Wir sind ein schönes, reiches und mächtiges Land hier in den Vereinigten Staaten und wir geben unser Geld Menschen, die verhungern. Nun, es sind nicht sie, denen wir das Geld geben.

Der Großteil unserer Auslandshilfe geht nach Israel, und ein erheblicher Teil geht nach Ägypten, um Ägypten dafür zu bezahlen, dass es nett zu Israel ist. Das Volk von Israel hat, wenn ich das richtig verstanden habe, eines *der* höchsten Pro-Kopf-Einkommen der Welt. Und das liegt genau daran, dass die USA den Staat Israel unterstützen.

Dieses kleine Land ist nur deshalb sehr, sehr reich, weil es von den Vereinigten Staaten unterstützt wird.

Sie wissen alles über die Wunder der israelischen Technologie, der israelischen Wissenschaft, über dies und das. All das existiert nur, weil die USA Geld in diese Dinge investieren. So könnte jedes andere Land der gleichen Größe die gleichen Dinge mit Hilfe der USA erreichen. Es ist im Grunde ein Bettelstaat.

Es könnte ohne die USA nicht existieren, und doch beruht die gesamte Außenpolitik der USA derzeit - sei es im Nahen Osten oder anderswo auf der Welt - auf dem, was für die Interessen Israels notwendig ist.

Victor Thorn: Wir haben uns vor kurzem eine Videokassette angesehen, die vieles von dem bestätigt, was Sie in *Das neue Jerusalem* gesagt haben. Diese Videokassette wirft einen historischen Blick auf das jüdische Volk und den Staat Israel.

Im Wesentlichen besagt er, dass überall, wo sich das jüdische Volk im Laufe der Geschichte befand, eines der folgenden drei Dinge geschah.

Sie wurden versklavt, vertrieben oder massenhaft getötet. Worauf führen Sie diese Situation zurück? Gab es darüber hinaus in der Geschichte eine andere Gruppe von Menschen, die das gleiche Phänomen erlebte

Michael Collins Piper: Lassen Sie mich Ihnen erzählen, was ich einem jüdischen Freund gesagt habe. Ich sagte ihm: Ich schaue mir die Zeitungen eurer jüdischen Gemeinde an, und der Großteil des Inhalts dreht sich um Menschen, die die Juden nicht mögen und von denen die Juden glauben, dass sie sie nicht mögen.

Ich hatte eine Zeitschrift der polnischen Gemeinschaft abonniert und sah viele andere Zeitschriften von ethnischen Gemeinschaften. Ein Redakteur unserer früheren Zeitung *The Spotlight* hatte viele Freunde aus Osteuropa, sodass wir viele Publikationen aus ethnischen Gemeinschaften erhielten. Alle diese Veröffentlichungen waren sehr positiv, sehr zukunftsorientiert. Sie enthielten schöne Artikel über die

Heimat und Artikel über Gemeinschaftsveranstaltungen, bei denen an einen berühmten polnischen Amerikaner oder italienischen oder slawischen Amerikaner usw. erinnert wurde.

Wenn Sie aber eine jüdische Zeitung lesen, ist es ein Panorama der Wut und des Hasses auf alle. Sie beschweren sich ständig.

Also, wenn das die Art und Weise ist, wie Juden als Gruppe handeln und denken - und das ist es, was die Gemeindezeitungen widerspiegeln, Gruppendenken sozusagen - wenn das die Art und Weise ist, wie sie heute in den USA handeln, wo sie mehr Macht und Einfluss haben, als sie jemals in irgendeinem anderen Land der Welt hatten, selbst wenn man übrigens Israel mit einbezieht, dann möchte ich nicht der, wie sie früher gehandelt haben, als sie aus all diesen Ländern vertrieben wurden.

Jede Gruppe hatte zu irgendeinem Zeitpunkt jemanden, der sie nicht mochte. Aber aus irgendeinem Grund wurde das jüdische Volk im Laufe der Geschichte irgendwann aus allen europäischen Ländern vertrieben.

Lisa Guliani: Michael, es gibt eine neue Welle innerhalb der zionistischen Medienelite, wie William Kristol. Sie geben den Ton an: Wenn man Israel kritisiert, ist man nicht nur antisemitisch, sondern auch antiamerikanisch und antichristlich. Könnten Sie uns bitte Ihre Kommentare zu diesem Thema mitteilen

Michael Collins Piper: Natürlich ist das absoluter Unsinn. Das ist die eigentliche Propagandalinie, die sie heute zu etablieren versuchen, nämlich dass (wie Sie sagen) jeder, der antiisraelisch ist, folglich antiamerikanisch ist. Das ist eine außergewöhnliche Behauptung, und sie sagen auch, dass man, wenn man antiisraelisch ist, automatisch antichristlich ist. Das wird christliche Pastoren, die Israel kritisieren, sehr überraschen. Aber wie Harry Truman schon sagte, haben sie keinen Sinn für Proportionen, und diese Leute werden lügen, die größten Lügen erzählen und erwarten, dass die Leute sie glauben.

Wie ich immer sage, ist die Außenpolitik der USA im Nahen Osten ein einziges Lügengewebe, das durch Einschüchterung, brutale Gewalt und eine Vielzahl von Doppelmoral untermauert wird. Wenn wir das in unserer US-Politik im Nahen Osten sehen, werden wir es auch in allen

Facetten des Einflusses dieser zionistischen Hardliner und ihrer Multiplikatoren in den Medien sehen.

Victor Thorn: „Deep Throat" machte in den letzten Wochen Schlagzeilen, und es wurde bekannt, dass es sich um einen Mann namens Mark Felt handelt. Eine der Personen, die diese Information bestätigt hat, ist Bob Woodward, der dazu neigt, solche Informationen nur dann zu veröffentlichen, wenn die Person sie nicht bestätigen kann. Ein gutes Beispiel dafür ist das Interview mit William Casey auf dem Sterbebett. Heute ist Mark Felt 91 Jahre alt und kann viele dieser Informationen nicht wirklich bestätigen. Beschreiben Sie daher Ihre Sicht auf „Deep Throat" sowie die Tatsache, dass er ein starker Raucher war, was bei Mark Felt nicht der Fall war.

Er war auch sehr belesen, was bei Mark Felt und schließlich James Jesus Angleton nicht der Fall war.

Michael Collins Piper: Was Mark Felt betrifft, so stimme ich nicht unbedingt mit der Vorstellung überein, dass er sozusagen der einzige „Deep Throat" war. Andere Personen haben über dieses Thema geschrieben, und sie alle sind davon überzeugt, dass es möglich ist, die Existenz anderer Quellen zu vermuten. Aber aus irgendeinem Grund, und obwohl Mark Felt eine der Hauptquellen gewesen sein könnte, hat er wahrscheinlich nicht als „einsamer Engel" gehandelt. Vielmehr wird er als eine Art Held dargestellt. Wahrscheinlich arbeitete er hinter den Kulissen für jemand anderen; und ironischerweise ist es nach meinem Verständnis - und ich suche weiter - sehr wahrscheinlich, dass Mark Felt eine Verbindung zu James Angleton hatte, den Sie vorhin erwähnten.

Felt war an COINTELPRO beteiligt, dem damals geheimen Programm des FBI, das zur Infiltration und Störung politischer Gruppen eingesetzt wurde. James Angleton leitete bei der CIA seine eigene „Operation Chaos", ein ähnliches Programm, das völlig illegal war, da die CIA nicht auf amerikanischem Boden operieren durfte. James Angletons Stellvertreter in diesem Programm hieß Richard Ober; und Debra Davis führt in ihrem Buch *Katharine the Great* über Katharine Graham von der *Washington Post* sehr überzeugende Argumente an, dass Richard Ober „Deep Throat" hätte sein können und ihrer Meinung nach auch war. Wie ich bereits erwähnt habe, ist der Fall direkt mit Mark Felt verbunden, da sowohl Felt als auch Ober verwandte Operationen leiteten.

Ober war ein Stellvertreter von James Angleton. Nun war James Angleton als starker Raucher, notorischer Kettenraucher und zum Zeitpunkt seines Todes als schwerer Alkoholiker bekannt. Er war ziemlich wahnhaft. Bob Woodward und Bernstein beschreiben „Deep Throat" in ihrem Buch *All the President's Men* als starken Raucher und starken Trinker.

Diese Beschreibung passt jedoch nicht auf Mark Felt. Der Grund, warum sie sich für diese Beschreibung entschieden haben, ist daher interessant, denn wenn sie gelogen haben, dass „Deep Throat" versucht hat, die Sache zu vertuschen, finde ich es interessant, dass sie eine Beschreibung angegeben haben, die der von James Angleton sehr ähnlich ist.

Lisa Guliani: Einem Bericht zufolge soll das Traumticket der GOP für 2008 aus John McCain und Jeb Bush bestehen. Wir wissen nicht, ob das plausibel ist, aber könnten Sie uns ein paar Hintergrundinformationen geben, die die McCain-Familie mit der Figur des organisierten Verbrechens Jim Hensley und der Bronfman-Familie, die führende Figuren des Jüdischen Weltkongresses sind, verbinden

Michael Collins Piper: Ja, das ist eine interessante Geschichte. Ich habe mit Leuten darüber gesprochen, die John McCain mögen, und sie wollen es nicht glauben, oder sie versuchen, es zu erklären. Die Situation ist folgende: John McCains Frau Cindy ist die Tochter einer ziemlich interessanten Person namens Jim Hensley. Jim Hensley ging vor einigen Jahren ins Gefängnis - ich glaube, er ist jetzt tot -, aber er übernahm den Platz seines Chefs, eines gewissen Kemper Marley. Kemper Marley regierte den Bundesstaat Arizona - die demokratische und die republikanische Partei.

So mächtig Kemper Marley auch war, in Wirklichkeit war er der Strohmann der Bronfman-Familie in Kanada. Das ist außergewöhnlich, wenn man bedenkt, dass eine in Kanada operierende Familie in Wirklichkeit einen US-Bundesstaat regierte. Tatsächlich ist es vielleicht nicht ganz so außergewöhnlich, denn Arizona hat auch heute noch eine relativ geringe Bevölkerungszahl. Es ist zwar ein großer Bundesstaat, aber seine Bevölkerung ist sehr gering. Wenn man sich an einem solchen Ort niederlässt, ist man in einer sehr guten Position, um so etwas zu tun. Genau das hat die Familie Bronfman getan. Sie befand sich in der Nähe von Nevada, einem Außenposten des Glücksspielsyndikats.

Die Bronfmans waren auch eng mit dem Verbrechersyndikat Meyer Lansky verbunden, so dass alles miteinander vernetzt war. Und Jim Hensley, der der Schwiegervater von John McCain war, war die Schlüsselfigur in diesem kriminellen Unternehmen, das den Staat Arizona regierte.

Seine Belohnung dafür, dass er die Verantwortung für Kemper Marley übernommen hatte, war ein wichtiger Vertrag über den Vertrieb von Budweiser-Bier, was ihn zu einem sehr reichen Mann machte. Heute hat dies natürlich John McCain zu einem sehr reichen Mann gemacht.

Victor Thorn: Glücklicherweise stehen nicht alle Führer der Welt unter dem Einfluss der Zionisten. Zwei gute Beispiele sind Hugo Chavez in Venezuela und der Premierminister von Malaysia, Mahathir Mohamad. Glauben Sie, dass andere diesem Beispiel folgen werden, insbesondere angesichts eines kürzlich stattgefundenen Treffens, das in den USA praktisch verschwiegen wurde - ein Treffen, an dem Vertreter von zwölf südamerikanischen Ländern und 22 arabischen Nationen teilnahmen

Michael Collins Piper: Was in diesen südamerikanischen Ländern passiert, ist, dass alle die Nase voll von Israels Macht haben und sie den Vereinigten Staaten zuschreiben, die Israel ungeschoren davonkommen lassen. Es gibt also immer mehr Menschen - immer mehr Länder -, die sich sehr frei fühlen, über die zionistische Macht in Amerika zu sprechen.

Selbst Wladimir Putin in Russland, obwohl er nicht sehr offen war, traut die zionistische Lobby der USA Putin nicht wirklich und kümmert sich nicht um ihn. Wenn sie Putin stürzen und jemanden nach ihrem Geschmack installieren könnten, würden sie es tun.

Ja, Sie finden diesen Ausdruck der Verachtung für die Macht des Zionismus sehr ernst, und ich denke, das ist schlecht für Amerika, weil wir uns an ein Gebilde binden, für das die Völker der Welt sehr wenig Achtung haben.

Lisa Guliani: Ich würde gerne Ihre Meinung zum jüngsten französischen und niederländischen „Nein" zur Charta der Europäischen Union hören.

Michael Collins Piper: Früher sagte man, dass der Nationalismus schlecht, altmodisch und tot sei. Ich denke, was wir heute sehen, sind Ausdrucksformen des Nationalismus. Die Menschen wollen die Integrität ihres Landes und ihrer ethnischen Gruppe aufrechterhalten. Daran ist nichts Falsches. Sie haben immer versucht, uns zu sagen, dass wir uns alle vermischen, heiraten und unsere Traditionen aufgeben sollten. Es ist nichts Falsches daran, seine Nation und seine ethnische Gruppe zu bewahren und ihrer zu gedenken. Ich würde sagen, dass es bei dieser Abstimmung gegen die Europäische Union im Wesentlichen darum geht.

Ich kenne viele Menschen, die die Europäische Union für eine gute Idee halten. Ich kenne auch viele Menschen, die sie für eine sehr schlechte Idee halten. Offen gesagt, bin ich mir selbst nicht sicher. Ich habe keine wirklich feste Meinung dazu, weil ich so viele gute Argumente von beiden Seiten gehört habe, aber das Wichtigste ist, dass das Votum der Niederländer ein Ausdruck von Nationalismus ist.

Victor Thorn: Wenden wir uns den Wahlen im Jahr 2008 zu. Glauben Sie, dass Hillary Clinton die Nominierung für die Demokratische Partei gewinnen wird und dass es möglich ist, dass sie erneut ins Weiße Haus einzieht

Michael Collins Piper: Es soll ein Buch über Hillary Clinton erscheinen.

Victor Thorn: *Die Wahrheit über Hillary* von Ed Klein.

Michael Collins Piper: Ja, und er schreibt für das Magazin *Parade*, das der Familie Newhouse gehört, einem der großen jüdischen Verlagsimperien. Ihnen gehört neben anderen Zeitungen auch der *Harrisburg Patriot*. Jedenfalls habe ich eine Kopie des *Vanity Fair-Artikels*, der dieses Buch über Hillary herausnimmt, und in großen, fett hervorgehobenen Buchstaben in der Mitte der Seite steht ein Zitat von Liz, der Frau des Senators Pat Moynihan, an Hillary gerichtet: „Der Grund, warum Sie in New York nicht erfolgreich sind", sagte Liz

Moynihan, „ist, weil die Juden Sie nicht mögen". Sehen Sie, so reden mächtige Politiker.

Ich weiß, dass dies für viele Ihrer Zuschauer schockierend klingen mag, aber es ist eine echte Rede über Macht und Politik. Das ist es, was Frau Moynihan zu Hillary gesagt hat.

Tatsache ist, dass es zahlreiche Behauptungen gibt, wonach Hillary Clinton in der jüdischen Gemeinschaft verdächtigt wird. Der Durchschnittsamerikaner würde denken, dass Hillary die große Favoritin der Juden ist. Tatsächlich erhielt sie, als sie bei den Senatswahlen in New York kandidierte und diese gewann, nur 55 % der jüdischen Stimmen. Wenn man bedenkt, dass Al Gore - der im selben Jahr auf dem gleichen Ticket kandidierte - 80% der jüdischen Stimmen erhielt, zeigt das meiner Meinung nach, dass es ein wenig Sorge um Hillary gibt.

Einige haben auch behauptet, dass sie privat einen ziemlich antisemitischen Ton anschlägt. Als sie als Studentin an der Universität Bill Clinton kennenlernte, war sie für ihre scharfe Kritik an Israel und seinen palästinensischen Anhängern sowie für ihre Verachtung der amerikanischen Nahostpolitik bekannt. Das jüdische Volk hat die ultimative Macht bei der Auswahl des demokratischen Kandidaten, was es natürlich nicht zugibt, aber es hat in dieser Hinsicht eine Menge Macht. Ich glaube, dass die jüdische Elite Hillary gegenüber misstrauisch genug ist, um alles in ihrer Macht Stehende zu tun, um sie zu verhindern.

Victor Thorn: Eine letzte Frage. Jeder wartet auf das, was er für das nächste herausragende Ereignis hält. Wir sehen, dass die EU-Charta in Europa zusammenbricht. Wir sehen, dass die Unterstützung für den Krieg in diesem Land zusammenbricht. Wir sehen, dass es einen starken Widerstand gegen das neue CAFTA-Abkommen gibt. Wir sehen, dass George Bushs Schwindel der Privatisierung der Sozialversicherung zusammenbricht. Die Neokonservativen haben es nicht geschafft, den Nahen Osten zu erobern, und schließlich gibt es da noch das Downing Street Memo und die Affäre um den 11. September, die immer noch für viel Gesprächsstoff sorgt. Glauben Sie, dass ein ähnliches Ereignis wie der 11. September am Horizont auftaucht

Michael Collins Piper: Das ist eine sehr beängstigende Frage, Victor. Ich mache mir Sorgen darüber, dass diese Machteliten, wenn sie beginnen, ihren Einfluss zu verlieren, immer etwas brauchen, um ihre Motoren wieder aufzuladen. Sie müssen sich erholen und ihre Autorität wiederherstellen. Gibt es ein besseres Mittel als einen neuen „terroristischen" Anschlag

Victor Thorn: So sehen wir das, weil die Jungs nicht gerne verlieren, und es sieht so aus, als würden sie jetzt in eine Ecke gedrängt; und Gott bewahre, wir hoffen, dass es nicht noch mehr werden.

Michael Collins Piper: Wir wissen, dass wir in Bezug auf den 11. September belogen wurden, wer war also verantwortlich? Ich bin mir nicht sicher, aber ich habe eine gute Vorstellung davon, und ich glaube nicht, dass es Osama Bin Laden war.

KAPITEL XIX

Radio Free America Oklahoma City Bombing Interview mit Tom Valentine 6. Juli 1997

(Ursprünglich in *The Spotlight* veröffentlicht) Es wird immer deutlicher, dass die Anti-Defamation League (ADL) von B'nai B'rith die Aktivitäten von Timothy McVeigh, der wegen des Bombenanschlags in Oklahoma City verurteilt worden war, schon lange vor dem tragischen Bombenanschlag vom 19. April 1995 genau beobachtete.

Darüber hinaus scheint es, dass die ADL selbst McVeigh durch einen Undercover-Agenten in McVeighs engstem Kreis manipulieren konnte.

Am 6. Juli 1997 nahm der Veteran unter den *Spotlight-Korrespondenten*, Michael Collins Piper, als Sondergast an Tom Valentines wöchentlicher Diskussionsrunde auf *Radio Free America* teil und diskutierte die Beweise für die Verwicklung der ADL in McVeighs Aktivitäten und legte schlüssige Beweise dafür vor, dass die ADL aktiv versucht hatte, Liberty Lobby, den Herausgeber von *Spotlight*, wegen ihrer Beteiligung an dem Verbrechen „hereinzulegen".

Das Folgende ist eine bearbeitete Abschrift von Pipers Beitrag auf *RFA*.

Tom Valentine: Die Anti-Defamation League (ADL) von B'nai B'rith hat versucht zu suggerieren, dass Liberty Lobby und *The Spotlight* irgendwie mit Timothy McVeigh „verbunden" und somit in den Bombenanschlag von Oklahoma City verwickelt seien.

Michael Collins Piper: Ironischerweise ist die Wahrheit genau das Gegenteil. Liberty Lobby und *The Spotlight* haben unwiderlegbare Beweise dafür, dass die sogenannte „Ermittlungsabteilung" der ADL lange vor dem Anschlag eine Quelle in Timothy McVeighs innerem

Kreis hatte, und dass die ADL (über diese Quelle) einige von McVeighs Aktivitäten vor dem Anschlag gesteuert haben könnte. Ein Teil der Manipulation von McVeigh durch die ADL scheint aus einem bewussten Plan bestanden zu haben, die Liberty Lobby in McVeighs Aktivitäten zu verwickeln. Dennoch kann man in jedem Fall die feine Hand der ADL erkennen. Die große Frage lautet daher: „Was wusste die ADL, und wann wusste die ADL es?".

Es scheint ziemlich klar zu sein, dass Timothy McVeigh aktiv an der Verschwörung zum Bombenattentat beteiligt war. Es ist jedoch auch sehr klar, dass bestimmte Personen (insbesondere die ADL) wussten, was McVeigh tat, und dass sie genauso schuldig am Bombenanschlag sind wie McVeigh, und sei es nur aus dem Grund, dass sie nichts unternahmen, um ihn zu verhindern.

Am beunruhigendsten ist jedoch, dass die ADL ihn offenbar sogar für ihre eigenen heimtückischen Zwecke manipuliert hat.

Obwohl viele Menschen gerne vom „Vorwissen der Regierung" über das Oklahoma-Bombenkomplott sprechen, ist es eine Tatsache, dass ein Großteil dieses „Vorwissens der Regierung" in Wirklichkeit über aktive ADL-Informanten innerhalb der „Rechten" (und sogar der „Linken") im heutigen Amerika an das FBI und das BATF und wahrscheinlich sogar an die CIA gelangte.

Vergessen Sie nicht, dass die ADL sogar Spione hatte, die Dr. Martin Luther King verfolgten, und dass diese ADL-Spione diese Informationen dann an das FBI weitergaben. Es war also nicht wirklich das FBI, das King ausspionierte (wie es in den Medien dargestellt wird), sondern die ADL. Wenn Sie also von „Vorwissen der Regierung" über das geplante Bombenattentat sprechen, sprechen Sie in Wirklichkeit zu einem großen Teil von „Vorwissen der ADL" über das Projekt - und das ist etwas, von dem die ADL nicht will, dass die Menschen es wissen.

Untersuchen wir also, was die ADL über Timothy McVeigh wusste.

Tom Valentine: Viele Amerikaner haben aus den Mainstream-Medien erfahren, dass Timothy McVeigh angeblich im Besitz einer Prepaid-Telefonkarte war, die er bei *Spotlight* gekauft hatte. Aber Sie sagen, dass es in der Geschichte noch viel mehr gibt.

Michael Collins Piper: Lassen Sie mich Ihnen etwas über diese Telefonkarte erzählen. *Das Spotlight* hat eine Prepaid-Telefonkarte gesponsert.

Viele Organisationen haben solche Calling Cards angeboten. Bei *The Spotlight* erfuhren wir jedoch nach dem Bombenanschlag in Oklahoma, dass jemand - das FBI sagt, es handelte sich um Timothy McVeigh - eine *Spotlight-Calling* Card gekauft und zahlreiche Anrufe im ganzen Land im Zusammenhang mit der Verschwörung zum Bombenanschlag getätigt hatte.

Da saßen wir nun in Washington, D.C., und nahmen Tausende von Bestellungen für Calling Cards aus dem ganzen Land entgegen. Wir hatten keine Ahnung, wer diese Leute waren. Wir bearbeiteten ihre Bestellungen, verschickten die Karten und die Leute nutzten sie. Diese Karten sind für die Allgemeinheit zugänglich. Man muss nicht einmal *Spotlight* abonniert haben oder die populistischen politischen Ansichten *von Spotlight* unterstützen, um diese Karte zu kaufen oder zu verwenden.

Allerdings gibt es eine sehr merkwürdige Sache in Bezug auf die Karte, von der uns gesagt wurde, dass sie von McVeigh gekauft wurde: Die Karte wurde von jemandem gekauft, der den Namen „Daryl Bridges" verwendet. Aufgrund der Beweislage scheint es, dass die Karte tatsächlich von McVeigh gekauft wurde.

Das FBI kam zum *Spotlight* und wir lieferten alle Details und Unterlagen, die wir vorlegen konnten. Aber wie gesagt, alles, was wir in unseren Akten als Beweis hatten, war die Tatsache, dass jemand, der den Namen „Daryl Bridges" benutzte, eine dieser Karten bestellt hatte. Der Name „Timothy McVeigh" tauchte in keiner unserer Unterlagen auf, obwohl die Karte an „Daryl Bridges" an eine Adresse in Michigan geschickt worden war, wo, wie wir heute wissen, Timothy McVeigh lebte.

Das FBI behauptet, dass diese Karte verwendet wurde, um Vorräte für die Bombe zu kaufen, die angeblich bei dem Anschlag in Oklahoma verwendet wurde (obwohl es, wie viele inzwischen wissen, stichhaltige Beweise dafür gibt, dass höchstwahrscheinlich mehr als eine Bombe verwendet wurde).

In unserem Büro in Washington gab es keine Aufzeichnungen über die Anrufe. Alle Aufzeichnungen von Anrufen wurden im Servicebüro aufbewahrt, das das Calling Card-Programm für *The Spotlight* verwaltete. Wir wussten nicht, woher die Anrufe kamen, wohin sie geleitet wurden oder wer die Karte benutzte. Wir wussten nur, dass eine Karte von einem gewissen „Daryl Bridges" gekauft worden war.

Interessant ist Folgendes: Das FBI kam zu *The Spotlight* zurück und fragte uns: „Warum hat *The Spotlight* Anrufe bei Timothy McVeigh getätigt und dabei die Visitenkarte von Daryl Bridges benutzt?". Es hat uns überrascht , unnötig zu sagen, dass das FBI diese Behauptung aufstellte.

Folgendes scheint passiert zu sein. Ein Spotlight-Mitarbeiter, der die Bestellungen der Calling Cards bearbeitet hat, erinnert sich, dass er hier in Washington Anrufe von jemandem erhalten hat, der ihm sagte: „Könnten Sie uns mit der Calling Card zurückrufen, um zu sehen, ob sie funktioniert" (d. h. die Karte wurde auf den Namen „Daryl Bridges" registriert).

Ein Mitarbeiter von *Spotlight* nutzte daher die Zugangsnummer der auf den Namen „Daryl Bridges" gespeicherten Calling Card, um diese Person zurückzurufen und zu überprüfen, ob die Karte funktionierte. Es wurde also eine Aufzeichnung dieses Anrufs angefertigt - oder, wie es im Geheimdienstjargon heißt, eine „Legende".

Mit anderen Worten: Ein unschuldiger Spotlight-Mitarbeiter benutzte dieselbe Calling-Card-Zugangsnummer, um die Person, die *Spotlight* angerufen hatte, zurückzurufen, und kam dann zu dem Schluss, dass die Calling-Card tatsächlich funktionierte. Tatsächlich scheint dieses Szenario mehrfach mit anderen Calling-Card-Kunden aufgetreten zu sein. Wir gingen natürlich davon aus, dass die Person, die die Karte benutzte, ein Problem mit der Nutzung hatte und dass wir lediglich versuchten, dem Karteninhaber bei der Lösung des Problems zu helfen.

Als uns das FBI nach dem Anschlag in Oklahoma mitteilte, dass McVeigh über eine *Spotlight-Visitenkarte* verfügte, haben wir dem FBI natürlich gesagt, dass wir auf jede erdenkliche Weise kooperieren würden. Allerdings - und das ist sehr beunruhigend - haben wir erst kürzlich in einem Bericht des Scripps-Howard News Service erfahren, dass das FBI schon damals (hinter den Kulissen und ohne unser Wissen) versuchte, die „Beweise" der Telefonkarte zu verwenden, um auf die eine oder andere Weise zu beweisen, dass *The Spotlight* dazu beigetragen hatte, McVeighs Bemühungen um das Bombenattentat voranzutreiben.

Tom Valentine: Mit anderen Worten, die Rolle von *The Spotlight* in diesem Szenario war völlig unschuldig, aber das FBI versuchte zu suggerieren, dass *The Spotlight* mit McVeigh in Verbindung stand und ihn wahrscheinlich bei seinem geplanten Bombenanschlag unterstützte.

Michael Collins Piper: Das ist das Verrückteste. Wir erhielten diese Anrufe in Washington von irgendjemandem. Wir erhalten Hunderte von Anrufen pro Tag. Wir wissen nicht wirklich, wer am anderen Ende der Leitung ist. Nachdem jedoch all diese Informationen über McVeighs Kauf der Visitenkarte (und seine angebliche Verwendung der Karte) veröffentlicht worden waren, erinnerte sich einer unserer Mitarbeiter an Anrufe bezüglich der „Daryl Bridges"-Karte.

Letztendlich versuchte die Person, die *The Spotlight* anrief (ob McVeigh oder jemand anderes), *The Spotlight* dazu zu bringen, ausgehende Anrufe zu tätigen, indem sie die Calling Card benutzte, die sich laut FBI im Besitz von McVeigh befand. Tatsächlich scheint das FBI anzudeuten (obwohl das sicherlich nicht stimmt), dass McVeigh selbst in das Büro von *The Spotlight* in Washington gekommen war und unser Telefon benutzte, um abgehende Anrufe zu tätigen, die über die auf den Namen „Daryl Bridges" registrierte Prepaid-Calling-Karte abgerechnet wurden. Außerdem ist es wirklich interessant, dass wir nicht genau wissen, ob es McVeigh war, der *The Spotlight* angerufen hat. Nach allem, was wir wissen, hätte es auch jemand anderes gewesen sein können. Wir wissen nur, dass der Anrufer sich nach der Karte „Daryl Bridges" erkundigte.

Aber das ist nur die Spitze des Eisbergs. Die Dinge liegen viel tiefer und sind viel interessanter. Das Einzige, was wir sicher wissen, ist, dass es Leute gibt - Leute, die seit langem enge Verbindungen zum FBI und zum BATF unterhalten -, die absichtlich versucht haben, *The Spotlight* und seinen Herausgeber Liberty Lobby in den Bombenanschlag in Oklahoma zu verwickeln. Wir beschuldigen sie, dies getan zu haben, weil sie im Voraus wussten, dass der Anschlag stattfinden würde, und weil sie wollten, dass die Menschen glauben, dass *The Spotlight* in diese Verschwörung verwickelt war.

Tom Valentine: Sie sagen, dass dies nur die Spitze des Eisbergs ist. Welche anderen Elemente lassen Sie zu dem Schluss kommen, dass es einen absichtlichen Versuch gab, Liberty Lobby „reinzulegen"

Michael Collins Piper: Nun, zwei Tage nach dem Anschlag saßen wir hier in Washington und kümmerten uns um unsere Angelegenheiten, und *die Washington Post* berichtete - zu unserer großen Überraschung, wie ich Ihnen versichern muss -, dass die Anti-Defamation League (ADL) der B'nai B'rith bekannt gegeben hatte, dass ein Jahr vor dem Anschlag Timothy McVeigh unter erneutem Gebrauch eines Pseudonyms, dieses Mal „T. Tuttle", eine Kleinanzeige in *The Spotlight* veröffentlicht hatte.

Wir verfügen nicht über unser Computer-Kleinanzeigenarchiv, was uns daher, wie gesagt, überraschte. Wir fragten uns sofort, wie die ADL wissen konnte, dass McVeigh eine solche Anzeige geschaltet hatte, zumal sie unter dem Namen „T. Tuttle" veröffentlicht wurde.

Interessant ist Folgendes: Ich habe mehrere Telefonanrufe getätigt, um nachzufragen, was los ist. Eines dieser Telefonate führte ich mit einer freundlichen Quelle, die sehr hochrangige Beziehungen hat. Ich erzählte ihm von der Anzeige von „T. Tuttle" und er lachte und sagte: „Wissen Sie, wie die ADL herausgefunden hat, dass McVeigh in *The Spotlight* inseriert hat?"

Ich sagte: „Nein, sagen Sie es mir." Er antwortete: „Die ADL hatte einen Typen in McVeighs innerem Kreis, der McVeigh nahestand."

So hatte die hoch angesehene ADL, die sich selbst als „Bürgerrechtsorganisation" bezeichnet, jemanden, der mit McVeigh zusammenarbeitete und eng mit ihm zusammenarbeitete. McVeigh hatte dieser Person offenbar gesagt, dass er eine Anzeige in *The Spotlight* schalten würde, oder - und das ist wahrscheinlich der Fall - dieser ADL-Agent schlug McVeigh vor, eine Anzeige in *The Spotlight* zu schalten.

Nur McVeigh und die ADL wissen mit Sicherheit, was wirklich passiert ist. Aber wenn McVeigh diese Worte zu dem Zeitpunkt liest, an dem sie in *The Spotlight* veröffentlicht werden, könnte er einen echten öffentlichen Dienst leisten, indem er uns wissen lässt, was passiert ist. Zu diesem Zeitpunkt denke ich, dass McVeigh wahrscheinlich selbst herausgefunden hat, was wirklich passiert ist, und dass er genau weiß, wer dieser ADL-Agent ist.

Die Werbung von „T. Tuttle" betraf eine Leuchtpistole, aber die ADL erklärte, dass es sich um eine Art Waffe handelte - einen Raketenwerfer. Es handelte sich um eine einfache Leuchtpistole, die so konstruiert war, dass sie wie eine Militärwaffe aussah.

Damals war es interessanterweise die Politik von *The Spotlight*, keine Werbung für Waffen jeglicher Art zu zeigen.

Auf der Grundlage der bewussten Verzerrung der Wahrheit durch die ADL berichtete *die Washington Post - und später* auch die nationalen Medien - jedoch, dass *The Spotlight* eine Anzeige für einen Raketenwerfer veröffentlicht habe. Unnötig zu sagen, dass es einen sehr großen Unterschied zwischen einer Raketenpistole und einem Raketenwerfer gibt.

Wie gesagt, wir versuchten zu verstehen, woher die ADL wusste, dass diese Werbung geschaltet worden war, und als unsere Quelle uns mitteilte, dass die ADL über einen „Bagger" in McVeighs engstem Kreis verfügte, erklärte dies einiges. Unsere weiteren Nachforschungen ergaben jedoch zusätzliche Daten, die noch mehr bestätigten, dass die ADL schon lange vor dem Bombenanschlag bis zum Hals in McVeighs geheime Geschäfte verstrickt war.

Die Situation ist noch interessanter, wie Sie sehen werden. Der Artikel in der *Washington Post* über „T. Tuttle" (basierend auf einer Pressemitteilung der ADL) wurde erst in der ersten Ausgabe *der Washington Post* am 21. April, zwei Tage nach dem Bombenanschlag, veröffentlicht.

Derselbe Artikel wurde jedoch fast wörtlich in der späteren Ausgabe desselben Tages veröffentlicht, doch in dieser späteren Ausgabe strich die *Post* den Hinweis auf die ADL und ihre Behauptungen über „T. Tuttle".

Dies ist eine persönliche Spekulation, aber ich denke, sie beruht auf Tatsachen: Der Grund, warum *die Washington Post* diese Information unterdrückte, war, dass die ADL in der Zeit unmittelbar nach der Veröffentlichung des Artikels entdeckte, dass ihre eigenen

Informationen falsch waren, und dass sie (die ADL) daraufhin erkannte, dass die Unrichtigkeit ihrer Informationen ein kleines (oder großes) Problem aufzeigte: Die Tatsache, dass die ADL über unkorrekte Informationen verfügte, deutet eigentlich darauf hin, dass die ADL unter im Voraus von Tim McVeighs Plänen, in *The Spotlight* zu werben, wusste.

Hier sind die Beweise, die die ADL beschuldigen, von Timothy McVeighs Plänen, eine Anzeigenkampagne in *The Spotlight* zu führen, gewusst zu haben: Obwohl „T. Tuttle" (wahrscheinlich McVeigh) sich verpflichtete, in vier aufeinanderfolgenden Ausgaben von *The* Spotlight eine Anzeige zu schalten, wurde die Anzeige nicht in der ersten Woche (in der Ausgabe vom 9. August 1993) veröffentlicht, in der sie hätte erscheinen sollen. Die Anzeige wurde erst eine Woche später, in der Ausgabe vom 16. August 1993, veröffentlicht.

Als sich die ADL jedoch an die *Washington Post* wandte und von erfuhr, dass McVeigh eine Anzeige in *The Spotlight* geschaltet hatte, behauptete die ADL, die Anzeige sei in der Ausgabe vom 9. August erschienen.

Die ADL wusste, dass McVeigh sich verpflichtet hatte, eine Anzeige in der Ausgabe vom 9. August zu schalten, aber was sie nicht wusste, war, dass wir bei *The Spotlight* ein Produktionsproblem hatten und die Anzeige nicht wie ursprünglich geplant erschienen war.

Was passiert war, war, dass die ADL auf der Grundlage ihres eigenen Vorwissens über McVeighs Absicht, in *The Spotlight* zu werben, nach dem Attentat eilig öffentlich verkündete, dass McVeigh in *The Spotlight* geworben hatte. Die ADL bemerkte daraufhin ihren Fehler und machte eine Kehrtwende, indem sie sich an die *Post* wandte und sie offensichtlich aufforderte, „den Mund zu halten und die Sache zu vergessen", was die *Post* auch tat. Diese erste Ausgabe der *Post* finden Sie nicht einmal in der Bibliothek des Kongresses. Sie ist in das Loch der Erinnerung gefallen.

Hier ist noch ein ziemlich interessantes Element. Der Redaktionsleiter von *Spotlight* hatte nämlich die Anzeige „T. Tuttle" gesehen und fand, dass sie etwas Seltsames an sich hatte. Er zog die Anzeige mit den Worten zurück: „Wir veröffentlichen keine Waffenwerbung in *The Spotlight*", und die Anzeige erschien nur in drei statt der geplanten vier

Ausgaben. Dennoch hatte die ADL in ihren Akten die Information, dass Timothy McVeigh unter dem Namen „T. Tuttle", mehr als ein Jahr vor dem Bombenanschlag in Oklahoma in *The Spotlight* geworben hatte.

Das FBI muss nicht zu mir oder einem anderen Mitglied des *Spotlight-Teams* kommen, um uns über unsere Verbindungen zu Timothy McVeigh zu befragen. Ich würde Louis Freeh vom FBI sagen: „Was wusste die ADL über Timothy McVeigh und wann wusste sie es?". *Spotlight* wusste nichts. Das ist eine sehr große Frage.

Die Grand Jury in Oklahoma City, die den Bombenanschlag untersucht, könnte und sollte ADL-Mitglieder wie Abe Foxman, den nationalen Direktor der ADL, Irwin Suall, den langjährigen Direktor der ADL, der für die Ermittlung der Fakten zuständig ist, und Mira Lansky Boland, eine „ehemalige" CIA-Agentin, die das ADL-Büro in Washington leitet, als Zeugen aufrufen.

Wenn die Grand Jury den Fall vorantreibt, könnte sie Foxman, Suall und Boland tatsächlich wegen Vorwissens über die Aktivitäten von Timothy McVeigh anklagen und sie wegen Verschwörung im Zusammenhang mit dem Bombenattentat anklagen.

Es gibt viele augenöffnende Informationen, Informationen, die nirgendwo anders als in *The Spotlight* berichtet wurden, *aber* die Menschen müssen sorgfältig darüber nachdenken und anfangen, sich zu fragen: „Was geht hier vor?".

Tom Valentine: Aber die Verschwörung, Liberty Lobby eine Falle zu stellen, geht doch noch weiter, oder

Michael Collins Piper: Das ist richtig. Und an dieser Stelle werde ich einige ziemlich beunruhigende Tatsachen berichten, die zweifelsfrei beweisen, dass jemand anderes als Timothy McVeigh wusste, dass in Oklahoma City ein Bombenanschlag verübt werden sollte. Dennoch behaupten die Bundesanwälte, dass nur McVeigh und Terry Nichols in die Verschwörung verwickelt waren und dass nur Michael Fortier und seine Frau von der Verschwörung wussten. Dennoch gibt es unwiderlegbare Beweise, die belegen, dass auch jemand anderes involviert war.

Das Attentat in Oklahoma City fand am 19. April 1995 statt. Am 20. April, dem Tag nach dem Anschlag, öffnete ein Postangestellter von *The Spotlight* einen Umschlag mit dem Stempel „Oklahoma City", der am 17. April, zwei Tage vor dem Anschlag, an *The Spotlight* abgeschickt worden war. Dieser Stempel war von der US-Regierung, dem Postamt, angebracht worden. Es gibt nichts „Offizielleres" als das. Es handelt sich nicht um eine Verschwörungstheorie. Es handelt sich um eine Tatsache. Es war nicht *Spotlight*, der den Stempel angebracht hat. Es war die Post, die es getan hat. Dieser Umschlag und sein Inhalt wurden vor dem Attentat abgeschickt.

In diesem Umschlag befand sich eine Postkarte. Wir erhielten sie am Tag nach dem Attentat, als jeder im Land wusste, dass sich diese Tragödie in Oklahoma City ereignet hatte. Die Postkarte in dem Umschlag war eine Fotografie aus der Zeit der Depression, die einen Staubsturm über Oklahoma zeigte. In der Bildunterschrift hieß es, dass die Fotografie einen Staubsturm darstellte, der sich Oklahoma näherte, und dass dieses Foto (das ziemlich berühmt ist und das ich sicher schon einmal gesehen habe) den Titel *Black Sunday (Schwarzer Sonntag)* trug.

Ich glaube nicht, dass es ein Zufall ist, dass vor einigen Jahren ein sehr beliebter Hollywoodfilm über den Terrorismus in den USA ebenfalls *Black Sunday* hieß.

Sie können sich vorstellen, wie die Damen in unserer Poststelle reagierten, als sie diese Postkarte (die zwei Tage vor dem Anschlag aus Oklahoma City abgeschickt wurde) sahen, auf der ein „schwarzer Sonntag" über Oklahoma abgebildet war, am Tag nach einem tragischen Bombenanschlag in Oklahoma City, bei dem 168 Männer, Frauen und Kinder getötet wurden.

In dem Umschlag befand sich noch etwas anderes. Es handelte sich um eine Fotokopie eines Artikels, der zwölf Jahre zuvor in *The Spotlight* erschienen war. Es handelte sich um einen Artikel über Gordon Kahl, einen amerikanischen Patrioten, dessen Geschichte den Lesern von *The Spotlight* wohlbekannt ist. Kahl war ein Kritiker der Bundesregierung und starb 1983 durch die Hand von Bundesagenten.

Die Tatsache, dass der Umschlag auch einen Artikel über Gordon Kahl enthielt (sowie die „Black Sunday"-Postkarte), ist insofern interessant, als nach Kahls Tod behauptet wurde, dass Gordon-Kahl-Verehrer ein Komplott zur Sprengung des Murrah Federal Building in Oklahoma City als Vergeltung für Kahls Tod geschmiedet hätten. Eine der angeblich an dem Komplott beteiligten Personen hatte offenbar einen Sprengstoff in der Hand, was einer der Gründe war, warum das Komplott nie durchgeführt worden sein soll.

Für jeden normalen Menschen war der Umschlag mit der Postkarte und dem Artikel über Gordon Kahl eindeutig eine Art „Warnung" oder ein Hinweis darauf, dass in Oklahoma City etwas passieren würde. Es gab also tatsächlich am 19. April 1995 einen „Staubsturm" über Oklahoma, und die Person, die den Umschlag und seinen Inhalt abschickte, wusste dies im Voraus. So einfach ist das. Es handelt sich nicht um eine Verschwörungstheorie. Es ist eine Tatsache.

Tom Valentine: Es gab keinen Namen oder eine Absenderadresse auf dem Umschlag oder seinem Inhalt, keine direkte Nachricht irgendeiner Art

Michael Collins Piper: Das ist richtig. Die Produktion war völlig anonym, wurde aber zwei Tage vor dem Bombenanschlag aus Oklahoma City gepostet. Der Inhalt erschien uns als Beweis dafür, dass jemand wusste, dass es in Oklahoma einen „Staubsturm" (einen „schwarzen Sonntag") geben würde. Wir waren schockiert und riefen unseren Anwalt Mark Lane an, der sich sofort in unser Büro begab.

Mark steckte dann diesen Umschlag, die Postkarte und den dazugehörigen Artikel in einen Umschlag, den er direkt an Generalstaatsanwältin Janet Reno schickte. Mark kennt Janet Reno persönlich und schickte den Umschlag direkt an ihr Büro. Tatsächlich brachte Marks Frau den Umschlag direkt zum Justizministerium; zu diesem Zeitpunkt wussten wir also, dass das Justizministerium die fraglichen Dokumente tatsächlich erhalten hatte.

Obwohl wir in den folgenden Wochen und Monaten mit dem FBI zusammenarbeiteten und ihm Informationen aus unseren Akten über Timothy McVeighs Kauf der Prepaid-Karte für Anrufe zur Verfügung stellten, hörten wir nie wieder etwas von dieser Post aus Oklahoma City.

Inzwischen habe ich diese Information über das Mailing an Jim Ridgeway weitergeleitet, einen landesweit bekannten Journalisten, der für The *Village Voice*, eine linksgerichtete Wochenzeitung, schreibt. Weder Ridgeway noch die *Village* Voice haben auch nur die geringste Sympathie für *The Spotlight*.

Ridgeway wandte sich jedoch an das FBI, das ihm zunächst antwortete, dass es von dieser „Warnung" nichts wisse.

Ich hatte Ridgeway jedoch Fotokopien der Postkarte, des Umschlags und des Artikels geschickt, die Mark Lane für unsere eigenen Unterlagen aufbewahrt hatte. Ridgeway insistierte also beim FBI, das mit „Oh ja" antwortete, und der FBI-Sprecher musste sich schließlich eine Antwort einfallen lassen: „Wir haben nichts öffentlich darüber gesagt.

Mit anderen Worten: Das FBI gab zu, dass es diese brisante Information erhalten hatte - kein Wortspiel, das versichere ich Ihnen - und dass es nichts öffentlich dazu gesagt hatte. Was war der Grund dafür? Es ist ein Beweis dafür, dass jemand im Voraus wusste, dass der Anschlag unmittelbar bevorstand. Da der Umschlag aber offenbar nicht von Timothy McVeighs Hand geschrieben wurde, ist die Bundesregierung der Verbündete - im übertragenen Sinne -, der die Sache vertuscht.

Wenn wir von *The Spotlight* diese Information nicht über unseren Anwalt an das FBI weitergegeben hätten, sind wir überzeugt, dass das FBI auf irgendeine Weise (wahrscheinlich durch die ADL) „erfahren" hätte, dass der Umschlag (diese „Warnung") an *The Spotlight* geschickt worden war und dass wir vielleicht selbst im Voraus wussten, dass etwas passieren würde. Das hätte dann der ADL und ihren Freunden beim FBI etwas Handfestes gegeben, das sie an *The Spotlight* hätten aufhängen können, und die Folgen hätten wirklich tragisch sein können.

All dies verdeutlicht, was wir in einem Sonderbericht an die Leser von *The Spotlight* gesagt haben: Jemand, der an dem Bombenanschlag beteiligt war, versuchte, Liberty Lobby in die Verschwörung zu verwickeln - fast zwei Jahre vor der Tat

Offen gesagt glauben wir, dass dieser „jemand" genau der ist, den wir vorgeschlagen haben: die ADL - ein Geheimdienst der israelischen Regierung -, die seit Jahren versucht, Liberty Lobby zu zerstören, und wütend darüber ist, dass Liberty Lobby die einzige konstante Stimme war, die sich gegen die Manipulation der US-Außenpolitik durch die ADL ausgesprochen hat.

Durch das Zusammentragen bekannter Fakten summieren sich die Beweise zu einer unbestreitbaren Schlussfolgerung:

(1) *Jemand* hat sich bemüht, wiederholt Verbindungen zwischen dem LIBERTY LOBBY und Timothy McVeigh herzustellen und den Eindruck zu erwecken, wir hätten von dem Bombenattentat gewusst

(2) Dass „jemand" tatsächlich im Voraus von der Verschwörung bezüglich des Bombenanschlags gewusst hat; und

(3) Jeder, der von dem Bombenanschlag wusste, war Teil der Verschwörung, die zur kaltblütigen Ermordung von 168 unschuldigen Amerikanern führte.

Auf der Grundlage dieser Informationen beschuldigt der LIBERTY LOBBY die ADL und ihre hochrangigen Beamten, im Voraus von dem bevorstehenden Bombenanschlag gewusst zu haben. Wenn diese ADL-Führungskräfte und/oder andere Personen von der Verschwörung gewusst hätten, müssten sie sich Timothy McVeigh im Todestrakt anschließen, für die Rolle, die sie beim schlimmsten Terrorakt in der amerikanischen Geschichte gespielt haben.

Es gibt inzwischen Beweise dafür, dass auch einige Bundesbeamte des FBI und des BATF im Vorfeld von der Bombenverschwörung wussten. Es ist auch sehr gut möglich, dass verdeckte Bundesinformanten als *Agent Provocateur* fungierten und aktiv an der Verschwörung beteiligt waren. Die Rolle von Andreas Strassmeir und seinem Anwalt, dem rätselhaften Kirk Lyons, wurde zum Beispiel noch nicht enthüllt.

Doch das Wichtigste ist: Timothy McVeigh ist offensichtlich nicht die einzige Person, die mit der Todesstrafe belegt werden sollte. Doch trotz all dieser echten Beweise versuchten die Bundesbehörden, angetrieben von der ADL, die LIBERTY LOBBY als Komplizin der Verschwörung zu finden.

Sie wollen nicht, dass die Wahrheit ans Licht kommt. Sie ist eindeutig: Die gleichen Kriminellen, die das Murrah Building in die Luft gesprengt haben, haben versucht, Liberty Lobby und *The Spotlight* in dieses Verbrechen zu verwickeln.

ABSCHNITT VIER

REVUE

KAPITEL XX

Vorschau auf das Buch *Final Judgment* von Michael Collins Piper: *Das fehlende Glied in der Verschwörung zum JFK-Attentat* 10. Januar 2003

Victor Thorn

Bevor ich mich in diese gründliche Analyse von Michael Collins Pipers *Das Jüngste Gericht stürze*, möchte ich eines klarstellen: Israel in Frage zu stellen oder zu kritisieren ist nicht gleichbedeutend mit Antisemitismus, und jedes Gegenargument ist nichts weiter als eine Vernebelung. Ich beschäftige mich seit über einem Jahrzehnt mit dem Kennedy-Mord und mein einziges Ziel beim Verfassen dieser Analyse ist es, nicht nur die Kräfte aufzuzeigen, die letztendlich für den Mord an JFK verantwortlich sind, sondern auch, wie diese Tragödie Parallelen zu einigen Ereignissen aufweist, die sich heute in der Welt abspielen.

Ich versuche nicht, eine bestimmte Gruppe oder Klasse von Menschen ungerechtfertigt ins Visier zu nehmen, und ich hege keine Vorurteile („prejudice") gegenüber einer bestimmten Gruppe oder Klasse von Menschen. Wenn die Einwände von irgendjemandem gegen die Prämisse dieses Überblicks ausschließlich auf Rasse oder Religion beruhen, sind sie entweder unehrlich oder irreführend oder versuchen, von der Hauptthese abzulenken. Dasselbe gilt für Mr. Pipers Buch, das bereits zum fünften Mal gedruckt wurde und von dem mehr als 25.000 Exemplare im Umlauf sind. Tatsächlich sagt Mr. Piper über *Final Judgment:* „Bisher hat sich noch keine einzige Person gemeldet, die auch nur eine einzige Tatsache in Bezug auf meine Theorie, wie sie in *Final Judgment* erscheint, in irgendeiner Weise widerlegt *hätte".*

Wenn Sie die obige Warnung im Hinterkopf behalten, sollten Sie drei wichtige Punkte verstehen, die in diesem Aufsatz unter folgender Adresse behandelt werden:

1) Die psychologische Verfassung einiger israelischer Führungskräfte vor der Ermordung von JFK spielte unbestreitbar eine wichtige Rolle bei seinem Verschwinden.

2) Zu den brutalen Realitäten des Lebens gehört, dass der zentrale Nachrichtendienst der Vereinigten Staaten ein kriminell korruptes Gebilde ist, das ständig Hand in Hand mit Teilen des organisierten Verbrechens arbeitet.

3) Die Nation Israel (über den Mossad) inszenierte im Einklang mit der CIA und der Mafia die Ermordung unseres 35.

Obwohl dieses Postulat sehr umstritten ist, unterscheidet sich Piper in einem sehr wichtigen Punkt von anderen Forschern. Während diese die Attentäter in vagen und unspezifischen Begriffen erwähnen, wie etwa den „militärisch-industriellen Komplex", die „Mafia", die „CIA", die „Kubaner" und die „Russen", ist Piper sehr akribisch bei der Identifizierung der Personen, die er für die Ermordung von JFK verantwortlich macht. Noch wichtiger ist, dass dieselben Kräfte, die 1963 die Fäden zogen, auch heute noch am Werk sind und die Ereignisse seit dem 11. September denen von vor 40 Jahren verblüffend ähnlich sind. Um also an die Vergangenheit zu erinnern und darzulegen, was wirklich passiert ist, damit wir nicht dazu verdammt sind, es zu wiederholen, werde ich einen Überblick über Michael Collins Pipers *Das Jüngste Gericht* geben. Ich garantiere Ihnen, dass Sie bestimmte historische Kräfte in einem Licht sehen werden, das Sie vorher nie in Betracht gezogen haben.

JFK, die Atombombe und die israelische Kriegsmaschinerie

> *„Israel muss sich nicht für die Ermordung oder Vernichtung derjenigen entschuldigen, die es zerstören wollen. Das erste, was ein Land tun muss, ist, sein Volk zu schützen."*

> *Washington Jewish Week, 9. Oktober 1997*

Im März 1992 erklärte Paul Findley, Abgeordneter aus Illinois, im *Washington Report on Middle East Affairs:* „Es ist interessant - aber nicht überraschend - dass in allem, was über die Ermordung Kennedys geschrieben und gesagt wurde, der israelische Geheimdienst Mossad nie erwähnt wurde".

Wenn man bedenkt, dass der Mossad wahrscheinlich der skrupelloseste und effektivste Geheimdienst der Welt ist, ist es merkwürdig, dass er im Zusammenhang mit der Ermordung Kennedys nie näher untersucht wurde, zumal praktisch jede andere Instanz der Welt (mit Ausnahme der Elvis-Imitatoren) darin verwickelt war. Doch alles änderte sich im Januar 1994 mit der Veröffentlichung von Michael Collins Pipers Buch *Final Judgment*. In diesem Buch erklärt Piper: „Der israelische Mossad war ein wichtiger (und kritischer) Akteur hinter den Kulissen der Verschwörung, die das Leben von JFK beendete. Dank seiner umfangreichen Ressourcen und internationalen Kontakte in Geheimdienstkreisen und im organisierten Verbrechen hatte Israel die Mittel, die Gelegenheit und das Motiv, eine führende Rolle in dem Verbrechen des Jahrhunderts zu spielen - und das tat es auch.

Ihre Begründung? Der israelische Premierminister David Ben-Gurion, der das Land von seiner Gründung 1948 bis zu seinem Rücktritt am 16. Juni 1963 regierte, war so wütend auf John F. Kennedy, weil dieser Israel nicht erlaubt hatte, eine Atommacht zu werden, dass er laut Piper in den letzten Tagen seiner Amtszeit dem Mossad befahl, sich an einem Komplott zur Ermordung des US-Präsidenten zu beteiligen.

Ben-Gurion war so sehr davon überzeugt, dass das Überleben Israels selbst in großer Gefahr war, dass er in einem seiner letzten Briefe an JFK erklärte: „Herr Präsident, mein Volk hat das Recht zu existieren, und diese Existenz ist in Gefahr".

In den Tagen vor Ben-Gurions Rücktritt waren dieser und JFK in eine kontroverse, von den Medien nicht beachtete Debatte über die Möglichkeit Israels, nukleare Fähigkeiten zu erlangen, verwickelt. Ihre Meinungsverschiedenheit entwickelte sich schließlich zu einem regelrechten Krieg der Worte, der von der Presse praktisch ignoriert wurde.

Ethan Bronner schrieb über diese geheime Schlacht zwischen JFK und Ben-Gurion Jahre später in einem Artikel der *New York Times* vom 31. Oktober 1998 und bezeichnete sie als „heftig verborgenes Thema". Tatsächlich werden die Gespräche zwischen Kennedy und Ben-Gurion von der US-Regierung bis heute unter Verschluss gehalten. Vielleicht ist dies der Fall, weil Ben-Gurions Wut und Frustration so intensiv - und seine Macht in Israel so groß - geworden sind, dass Piper behauptet, sie seien der Kern der Verschwörung zum Mord an John Kennedy gewesen. Diese Position wird von dem New Yorker Bankier Abe Feinberg unterstützt, der die Situation wie folgt beschreibt: „Ben-Gourion konnte bösartig sein, und er hatte einen solchen Hass auf den alten Mann [Joe Kennedy, Vater von JFK]. Ben-Gourion verachtete Joe Kennedy, weil er der Meinung war, dass dieser nicht nur Antisemit war, sondern sich in den 1930er und 1940er Jahren auch auf die Seite Hitlers gestellt hatte. [Auf diesen Aspekt der Geschichte gehen wir später in diesem Artikel ein].

Wie dem auch sei, Ben-Gurion war davon überzeugt, dass Israel Atomwaffen brauchte, um sein Überleben zu sichern, während Kennedy dies kategorisch ablehnte. Die Unmöglichkeit, eine Einigung zu erzielen, führte zu offensichtlichen Problemen. Eines davon betraf Kennedys Entscheidung, Amerika und nicht Israel zu seiner außenpolitischen Priorität zu machen! Kennedy wollte die Dreiererklärung von 1950 ehren, in der es hieß, dass die USA Vergeltung gegen jede Nation im Nahen Osten üben würden, die ein anderes Land angreift. Ben-Gurion hingegen wollte, dass die Kennedy-Regierung ihm Offensivwaffen, insbesondere Hawk-Raketen, verkaufte.

Die beiden Politiker lieferten sich daher einen brutalen Briefwechsel, doch Kennedy gab nicht nach. Ben-Gurion, der von dieser Frage besessen war, verfiel in völlige Paranoia und sah in Kennedys Hartnäckigkeit eine eklatante Bedrohung für die Existenz Israels als Nation. Piper schrieb: „Ben-Gurion hatte sein Leben der Gründung eines jüdischen Staates und dessen Führung in der Weltarena gewidmet. Und in Ben-Gourions Augen war John F. Kennedy ein Feind des jüdischen Volkes und seines geliebten Staates Israel". Er fährt fort: „Die nukleare Option war nicht nur das Herzstück von Ben-Gourions persönlicher Weltanschauung, sondern die Grundlage von Israels nationaler Sicherheitspolitik."

Ben-Gurion war so besorgt über die Beschaffung von Atomwaffen, dass er am 27. Juni 1963, elf Tage nachdem er von seinem Amt zurückgetreten war, verkündete: „Ich kenne keine andere Nation, deren Nachbarn erklären, dass sie dem ein Ende setzen wollen, und dies nicht nur erklären, sondern sich mit allen ihnen zur Verfügung stehenden Mitteln darauf vorbereiten. Wir dürfen uns keine Illusionen machen: Was jeden Tag in Kairo, Damaskus und im Irak erklärt wird, sind nur Worte. Von diesem Gedanken lassen sich die arabischen Führer leiten...

Ich bin zuversichtlich... die Wissenschaft ist in der Lage, uns die Waffen zu liefern, die dem Frieden dienen und unsere Feinde abschrecken werden".

Avner Cohen verstärkt in *Israel and the Bomb*, veröffentlicht von Columbia University Press, dieses Gefühl der Dringlichkeit, indem er schreibt: „Durchdrungen von den Lehren des Holocaust, war Ben-Gourion von der Angst um die Sicherheit zerfressen... Die Angst vor dem Holocaust ging über Ben-Gourion hinaus und durchdrang das militärische Denken Israels." Er fügt dem hinzu, dass „Ben-Gourion keine Skrupel hatte, wenn es um Israels Notwendigkeit ging, Massenvernichtungswaffen zu erwerben" und dass „Ben-Gurions Weltanschauung und sein entschlossener Regierungsstil seine wesentliche Rolle in Israels nuklearer Entwicklung prägten".

Kennedy hingegen lehnte es kategorisch ab, den Aufstieg Israels auf der nuklearen Bühne zu fördern. Avener Cohen betont in *Israel and the Bomb*: „Kein amerikanischer Präsident war mehr über die Gefahr der Verbreitung von Atomwaffen besorgt als John Fitzgerald Kennedy. Er war davon überzeugt, dass die Verbreitung von Atomwaffen die Welt gefährlicher machen und die Interessen der Vereinigten Staaten untergraben würde". Cohen fährt am Ende dieser Passage fort: „Das einzige Beispiel, das Kennedy benutzte, um diese Ansicht zu verdeutlichen, war Israel".

Da Ben-Gurion erkannte, dass Kennedy seine Meinung nicht ändern würde, beschloss er, seine Kräfte mit denen des kommunistischen Chinas zu vereinen. Beide Länder waren sehr daran interessiert, ein Atomprogramm aufzubauen, und so begannen ihre geheimen Verhandlungen. Israel und China arbeiteten über Shaul Eisenberg, der mit dem Waffenhändler und Mossad-Buchhalter Tibor Rosenbaum zusammenarbeitete, zusammen und entwickelten ihre eigenen nuklearen Kapazitäten ohne das Wissen der USA.

Wenn Ihnen dieses Szenario unwahrscheinlich erscheint, möchte ich Sie dringend bitten, Gordon Thomas' ausgezeichnetes Buch *Seeds of Fire* zu lesen, in dem er beschreibt, wie der Mossad und der CSIS (der chinesische Geheimdienst) sich wiederholt verschworen haben, um nicht nur amerikanische Militärgeheimnisse zu stehlen, sondern auch amerikanische Geheimdienstprogramme wie die PROMISE-Software des Justizministeriums zu manipulieren. Dieses Beispiel, so fürchte ich zu sagen, ist nur das erste, in dem das Echo der Ermordung von JFK noch heute zu spüren ist und sich in unserer Welt nach dem 11. September niederschlägt. Das Risiko, dass Israel im Gleichklang mit China die Bombe entwickelt, ist zu einer äußerst volatilen Situation geworden und wurde von der CIA genau beobachtet.

Fest entschlossen, diesen Weg weiterzugehen, bauten die Israelis eine Atomanlage in Dimona. Als Kennedy verlangte, dass die USA diese Anlage inspizieren sollten, war Ben-Gurion so wütend, dass er eine weitere Scheinanlage errichtete, die keinerlei Beweise für nukleare Forschung und Entwicklung enthielt. (Hat dieses Szenario nicht eine verblüffende Ähnlichkeit mit dem Spiel, das wir derzeit mit Saddam Hussein im Irak spielen?) Da JFK sich ihrer Machenschaften vollkommen bewusst war, sagte er zu Charles Bartlett: „Diese Hurensöhne lügen mich ständig an, was ihre nukleare Kapazität betrifft.

Avner Cohen in *Israel and the Bomb* wiederholt diese Behauptung, indem er sagt, dass Ben-Gurion die Atomfrage so ernst genommen habe, dass er „zu dem Schluss gekommen war, dass er der amerikanischen Führung die Wahrheit über Dimona nicht sagen könne, nicht einmal unter vier Augen".

Gerald M. Steinberg, Professor für Politikwissenschaft am BESA-Zentrum für Strategische Studien der Bar-Ilan-Universität in Tel Aviv, fügt hinzu: „Zwischen 1961 und 1963 übte die Kennedy-Regierung starken Druck auf Ben-Gurion aus, damit er die internationale Inspektion von Dimona akzeptierte und auf seine Atomwaffen verzichtete. Dieser Druck änderte offenbar nichts an der israelischen Politik, trug aber dazu bei, dass Ben-Gurion 1963 zurücktrat."

Um sich den Ernst der gegenwärtigen Lage vor Augen zu führen, muss man sich nur die Ereignisse im Irak ansehen, wo die Sicherheitsteams der Vereinten Nationen Königspaläste und Bunker auf der Suche nach Atomwaffen und nuklearem Material inspizieren. Die Notlage ist so groß, dass unsere Nation am Rande eines Krieges steht. Vierzig Jahre zuvor war der Druck, den JFK auf Ben-Gurion ausübte, genauso groß wie der Druck, den George Bush heute auf Saddam Hussein ausübt.

In *Israel und die Bombe* bekräftigt Avner Cohen diesen Punkt.

„Um Ben-Gurion zu zwingen, die Bedingungen zu akzeptieren, setzte Kennedy den nützlichsten Hebel an, den ein US-Präsident in seinen Beziehungen zu Israel zur Verfügung hat: die Drohung, dass eine unbefriedigende Lösung das Engagement und die Unterstützung der US-Regierung für Israel gefährden würde.

Der Druck auf Ben-Gurion war so groß, dass er schließlich sein Amt niederlegte. Doch Kennedy ließ als echter Pitbull nicht von Ben-Gurions Nachfolger Levi Eshkol ab, wie Avner Cohen berichtet.

„Kennedy sagte Eshkol, dass das Engagement und die Unterstützung der USA für Israel 'ernsthaft gefährdet sein könnten', wenn Israel den USA nicht erlauben würde, 'zuverlässige Informationen' über seine Bemühungen im Nuklearbereich zu erhalten.

Kennedys Forderungen waren beispiellos. Sie kamen in der Tat einem Ultimatum gleich". Cohen schließt diese Betrachtung mit der Feststellung ab, dass „Kennedys Brief eine krisenähnliche Situation in Eshkols Büro heraufbeschwor".

Letztendlich wurde Kennedy, wie wir alle wissen, im November 1963 ermordet; weniger bekannt ist jedoch, dass China seinen ersten Atomtest im Oktober 1964 durchführte. Was dieses Ereignis noch tiefgründiger macht, ist Pipers Behauptung, dass, obwohl Israel behauptet, seine ersten Atomtests hätten 1979 stattgefunden, diese tatsächlich im Oktober 1964 stattfanden, zur gleichen Zeit wie die Chinas! Wenn das stimmt, könnte der Oktober 1964 mit Ausnahme des August 1945, als die USA Atombomben auf Hiroshima und Nagasaki abwarfen, der gefährlichste Monat in der Geschichte des 20.

Doch zurück zur Ermordung von JFK und ihren direkten Auswirkungen auf die jüdische Lobby, die amerikanische Außenpolitik und die Militarisierung Israels. Um zu verstehen, wie mächtig die israelische Lobby in diesem Land ist, hat der ehrwürdige Senator J. William Fulbright am 15. April 1973 in CBS *Face the Nation*: „Israel kontrolliert den US-Senat. Der Senat ist unterwürfig, viel zu sehr; wir sollten uns mehr um die Interessen der Vereinigten Staaten kümmern, anstatt Israels Befehlen zu gehorchen. Die große Mehrheit des US-Senats - etwa 80% - unterstützt Israel voll und ganz; was immer Israel will, bekommt Israel. Das wurde immer wieder bewiesen und hat die [Außenpolitik] für unsere Regierung schwierig gemacht".

Haben Sie gehört, was Senator Fulbright gesagt hat? Es handelt sich dabei nicht um einen Verschwörungstheoretiker oder einen KKK-Antisemiten. Es handelt sich um einen hoch angesehenen US-Senator, der behauptet, dass rund 80% der Senatsmitglieder unter der Fuchtel Israels stehen. Der Abgeordnete Paul Findley, zitiert im *Washington Report on Middle East Affairs* im März 1992, verleiht diesem Argument zusätzliches Gewicht: „Während John Kennedys Präsidentschaftswahlkampf hatte eine Gruppe von New Yorker Juden privat angeboten, seine Wahlkampfkosten zu übernehmen, wenn er sie seine Politik im Nahen Osten bestimmen ließe. Er nahm es nicht an... Als Präsident hat er Israel nur begrenzt unterstützt".

Um die Bedeutung der Entscheidungen Kennedys während seiner kurzlebigen Präsidentschaft zu verstehen, muss man sich mit der Frage der Wahlkampffinanzierung beschäftigen. Angesichts des Einflusses der Israel-Lobby im US-Senat (wenn man sich die Worte von Senator Fulbright anschaut) müssen sie wütend gewesen sein, als Präsident Kennedy tatsächlich den bisherigen Methoden der Wahlkampffinanzierung den Wind aus den Segeln nehmen wollte, die die Politiker so abhängig von den enormen Bareinlagen der Interessengruppen machten.

Leider hatte Kennedy nicht die Zeit, dieses Programm umzusetzen, und bis heute wird unser politisches System von den Lobbyisten eben dieser Interessengruppen monopolisiert. Man kann sich nur vorstellen, welche Veränderungen in unserer Außenpolitik eingetreten wären, wenn Kennedy diese Schlangen und Blutsauger aus den Hallen des Kongresses getilgt hätte.

Tragischerweise hatten Kennedys Ideen nie Erfolg, und der erbitterte Kampf, den er mit Premierminister Ben Gurion darüber geführt hatte, ob Israel die Entwicklung eines Atomprogramms erlaubt werden sollte, endete schließlich in einer Niederlage. Der Grund dafür war, dass Lyndon Baines Johnson, den Kennedy 1964 wegen seiner extremen Abneigung gegen ihn aus dem Programm nehmen wollte, eine komplette außenpolitische Kehrtwende vollzog. Wie Sie sehen werden, hat sich nicht nur das israelische Atomprogramm unkontrolliert weiterentwickelt, sondern es ist auch zum Hauptnutznießer unserer Auslandshilfe geworden.

Diese absolute Kehrtwende hätte es jedoch nicht gegeben, wenn Kennedy nicht ermordet worden wäre. Bis zu LBJs Amtsantritt als Präsident behandelte Kennedy den Nahen Osten auf eine Weise, die den USA am meisten nützte. Sein Hauptziel - das Ziel, das am ehesten der Erhaltung des Friedens diente - war ein Machtgleichgewicht im Nahen Osten, in dem jede Nation sicher sein würde. Dies stand im Einklang mit der Dreiparteienerklärung, die die USA 1950 unterzeichnet hatten. Doch unter der Johnson-Regierung wurde dieses fragile Gleichgewicht gestürzt und 1967 - nur vier Jahre nach der Ermordung Kennedys - waren die USA Israels größter Waffenlieferant und unsere höchsten Interessen standen weit hinter denen Israels zurück

Wie Michael Collins Piper schreibt: „Der Kern des Problems ist folgender: JFK war fest entschlossen, Israel am Bau der Atombombe zu hindern. LBJ hat einfach weggeschaut. Der Tod von JFK war in der Tat für Israels nukleare Ambitionen von Vorteil, und die Fakten beweisen das".

Reuven Pedatzer schreibt in einer Rezension des Buches *Israel and the Bomb* von Avner Cohen, die am 5. Februar 1999 in der israelischen Zeitung *Ha'aretz* erschien: „Die Ermordung von US-Präsident John F. Kennedy setzte dem massiven Druck der US-Regierung auf die israelische Regierung, ihr Atomprogramm aufzugeben, ein abruptes Ende." Er fährt fort: „Kennedy machte dem israelischen Ministerpräsidenten unmissverständlich klar, dass er unter keinen Umständen akzeptieren würde, dass Israel ein Atomstaat wird."

Pedatzer kommt zu dem Schluss: „Wäre Kennedy am Leben geblieben, wäre es fraglich, ob Israel heute über eine nukleare Option verfügen würde" und dass, „Ben-Gurions Entscheidung, 1963 zurückzutreten, weitgehend vor dem Hintergrund des enormen Drucks getroffen wurde, den Kennedy in der Atomfrage auf ihn ausübte".

Wenn Sie immer noch nicht überzeugt sind, wie wäre es dann mit ein paar Zahlen? In Kennedys letztem Haushaltsjahr 1964 belief sich die israelische Hilfe auf 40 Millionen Dollar. In LBJs erstem Haushalt 1965 stieg sie auf 71 Millionen Dollar, und 1966 hatte sie sich im Vergleich zu den beiden Vorjahren mehr als verdreifacht und erreichte 130 Millionen Dollar

Darüber hinaus war unter der Kennedy-Regierung fast keine unserer Hilfen für Israel militärischer Natur. Stattdessen verteilte sie sich zu gleichen Teilen auf Entwicklungsdarlehen und Nahrungsmittelhilfe im Rahmen des PL480-Programms. Dennoch waren 1965 unter der Johnson-Regierung 20% unserer Hilfe für Israel für das Militär bestimmt, während 1966 71% dieser Hilfe für Kriegsmaterial verwendet wurde.

In ähnlicher Weise verkaufte die Kennedy-Regierung 1963 fünf Hawk-Raketen als Teil eines Luftverteidigungssystems an Israel. 1965-1966 stellte LBJ Israel jedoch 250 Panzer, 48 Skyhawk-Angriffsflugzeuge sowie Kanonen und Artilleriegeschütze zur Verfügung, die alle offensiver Natur waren. Wenn Sie sich schon immer gefragt haben, wann die israelische Kriegsmaschinerie geschaffen wurde, hier ist es! LBJ war ihr Vater.

Laut Stephen Green in *Taking Sides: America's Secret Relations with a Militant Israel*, „waren die 92 Millionen Dollar Militärhilfe, die im Steuerjahr 1966 geleistet wurden, höher als die gesamte offizielle Militärhilfe, die Israel kumulativ in allen Jahren seit der Gründung dieser Nation im Jahr 1948 gewährt wurde".

Herr Green fährt fort: „70% der gesamten offiziellen US-Hilfe für Israel ist militärischer Art. Amerika hat Israel seit 1946 mehr als 17 Milliarden Dollar an Militärhilfe gegeben, wobei fast alles - mehr als 99% - seit 1965 geleistet wurde".

Sehen Sie, was hier vor sich geht? Zwei Jahre nach der Ermordung von JFK hat sich Israel von einem schwachen und überforderten Mitglied der instabilen Gemeinschaft des Nahen Ostens, dem es nicht erlaubt war, Atomwaffen zu entwickeln, zu einem Land entwickelt, das auf dem Weg ist, eine unbestreitbare militärische Macht auf der Weltbühne zu werden.

John Kennedy trat fest in ein Fettnäpfchen und weigerte sich, Israel die Entwicklung eines Atomprogramms zu gestatten, während LBJ sich verbog, um es zu ermöglichen und zu unterstützen. Oder, wie Seymour Hersh in *The Samson Option* schrieb: „1968 hatte der Präsident nicht die Absicht, irgendetwas zu tun, um die israelische Bombe zu stoppen.

Das Ergebnis dieses Richtungswechsels von der Kennedy-Regierung zur Johnson-Regierung ist meiner Meinung nach der Hauptgrund für unsere derzeitigen Probleme im Nahen Osten, die in den Anschlägen vom 11. September und unserem bevorstehenden Krieg mit dem Irak (und darüber hinaus) gipfelten. Ich bin in dieser Behauptung sehr zuversichtlich, denn wie Michael Collins Piper betont, sind dies die Ergebnisse der Ermordung von John F. Kennedy:

1) Unsere Auslands- und Militärhilfe für Israel stieg nach LBJs Amtsantritt als Präsident dramatisch an.

2) Anstatt zu versuchen, ein Gleichgewicht im Nahen Osten aufrechtzuerhalten, erschien Israel plötzlich als die dominierende Kraft.

3) Seit der LBJ-Administration verfügte Israel stets über eine bessere Bewaffnung als seine direkten Nachbarn.

4) Aufgrund dieser unbestreitbaren und offensichtlichen Zunahme der israelischen Kriegsmaschinerie wurde ein ständiger Kampf im Nahen Osten fortgesetzt.

5) LBJ ermöglichte es Israel auch, seine nukleare Entwicklung fortzusetzen, wodurch es zur fünftgrößten Atommacht der Welt wurde.

6) Schließlich haben unsere enormen Ausgaben für die Auslandshilfe an Israel (letztlich etwa 10 Milliarden US-Dollar pro Jahr) eine Situation endloser Angriffe und Vergeltungsmaßnahmen im Nahen Osten geschaffen sowie schiere Verachtung und Feindschaft gegenüber den USA, weil sie die Rolle der militärischen Unterstützung Israels spielen.

Was waren in den Augen Israels und insbesondere David Ben-Gurions damals die Alternativen: weiterhin geschwächt (oder zumindest ausgeglichen) gegenüber ihren Nachbarn und gefesselt durch JFKs Weigerung, sich ihrem Willen zu beugen, oder den einzigen Mann zu töten, der sie daran hinderte, den Nahen Osten zu beherrschen, beträchtliche Militärhilfe zu erhalten und über eine der ersten Atomstreitkräfte der Welt zu verfügen? Das ist eine Frage, über die man nachdenken muss. Während Ihnen diese Gedanken durch den Kopf gehen, sollten Sie sich folgende Frage stellen. Wenn Kennedy, LBJ und alle nachfolgenden Regierungen sich an die Dreiererklärung von 1950 gehalten und alles in ihrer Macht Stehende getan hätten, um das Gleichgewicht im Nahen Osten zu wahren, anstatt Israel ins Rampenlicht zu drängen, wären dann unsere Türme am 11. September 2001 angegriffen worden und würden wir heute am Rande eines möglicherweise katastrophalen Krieges stehen? Dies ist auf jeden Fall eine Frage, über die man nachdenken sollte.

DIE ROLLE DER CIA BEI DER ERMORDUNG VON JFK

Der wohl wichtigste Prozess der 1990er Jahre (ja, sogar noch mehr als der von O.J. Simpson) war der Prozess zwischen E. Howard Hunt und der Zeitung *The Spotlight*. Ich werde nicht näher auf die Umstände dieses Prozesses eingehen, aber der Geschworene Leslie Armstrong sagte *The Spotlight* in der Ausgabe vom 11. November 1991: „Mr. Lane [Vertreter des Angeklagten] verlangte von uns [den Geschworenen], etwas sehr Schwieriges zu tun. Er verlangte von uns zu glauben, dass John Kennedy von unserer eigenen Regierung getötet worden war. Doch als wir die Beweise genau untersuchten, mussten wir zu dem Schluss kommen, dass die CIA Präsident Kennedy tatsächlich getötet hatte". Diese Information ist für die Geschichte des 20. Jahrhunderts äußerst wichtig, doch die Mainstream-Medien berichteten aufgrund ihrer Brisanz so gut wie gar nicht darüber. Ich vermute, dass sie alles aufbewahrten, um zu sehen, ob O.J.'s Handschuh passt.

Der aufgeworfene und vom Kirchenausschuss 1975 bestätigte Hauptpunkt ist, dass es tatsächlich eine Verschwörung zur Ermordung von Präsident Kennedy gab, die sich direkt auf die US-Regierung erstreckte. Um die Verzweigungen dieser Information zu verstehen, muss man wissen, was die CIA tut, seit sie nach dem Zweiten Weltkrieg aus dem OSS hervorgegangen ist. Auch wenn die Zeit es mir nicht erlaubt, mich auf einen langen Vortrag einzulassen, sollten Sie über das „Projekt Paperclip" recherchieren, in dessen Rahmen nach dem Krieg heimlich Nazi-Wissenschaftler nach Amerika gebracht wurden. Sie könnten sich auch über die illegalen Experimente der CIA mit Bewusstseinsmanipulation informieren, über illegale Medikamententests, die ohne ihr Wissen an durchgeführt wurden, über ihre Aktivitäten im Drogenhandel, darüber, wie es ihr gelungen ist, die amerikanischen Medien zu infiltrieren, und über die Ermordung verschiedener Weltpolitiker. Mit anderen Worten: Diese Typen waren und sind bis auf die Knochen schmutzig.

Um nicht nur diesen Zweig der Geheimdienste, sondern auch das breitere Spektrum der Funktionsweise unserer Welt richtig zu verstehen, müssen wir uns darüber im Klaren sein, dass das, was in den abendlichen Nachrichtensendungen beschrieben wird, kein genaues Abbild der Realität ist. Tatsächlich wird der wahre Impuls oder die treibende Kraft unseres weltweiten politischen Systems von der amerikanischen Öffentlichkeit nur selten wahrgenommen. Die eigentlichen Entscheidungsträger verstecken sich im Hintergrund, schmieden Komplotte und planen und setzen dann ihre „operativen Arme" wie die CIA, den Mossad, andere Geheimdienste und das organisierte Verbrechen ein, um zu tun, was sie tun müssen. Wie uns Michael Collins Piper erklärt, sind diese Gruppen - Geldwäscher, Drogenhändler, Mörder und Betrüger - die einzigen Einheiten, die in der Lage sind, außerhalb der Gesetze und der Sitten der Gesellschaft zu operieren. Die Kontrolleure - internationale Banker, Leiter multinationaler Konzerne und hochrangige Mitglieder von Geheimgesellschaften - „lenken" unsere Welt und setzen dann ihre „Vollstrecker" ein, um ihre Entscheidungen umzusetzen. Politiker sind eine der „Figuren", die hinter den Kulissen eingesetzt werden, während die CIA, der Mossad und die Mafia ihre schmutzigen Geschäfte abseits der öffentlichen Wahrnehmung abwickeln. Es tut mir leid, das sagen zu müssen, aber so funktioniert unsere Welt.

Einer der Hauptgründe für die Ermordung John F. Kennedys war, dass er es gewagt hatte, in diesen dünnen Machtrahmen einzugreifen. Genauer gesagt wollte JFK, nachdem er erkannt hatte, wie sehr die verschiedenen Agenturen außer Kontrolle geraten waren, sie unter Kontrolle bringen und unter einem Dach vereinen, indem er seinem Bruder Bobby die Zuständigkeit für alle Agenturen übertrug. Außerdem plante er, den Meistermanipulator J. Edgar Hoover (der über ihre Pläne bestens informiert war, aber aus reinem Eigeninteresse kein Interesse daran hatte, die Wahrheit über Kennedys Ermordung herauszufinden). Um seinen Fall noch zu verschlimmern, entließ Kennedy den CIA-Direktor Allen Dulles, der einer der schmutzigsten Einflusshändler aller Zeiten war (Unglaublicherweise sollte Dulles später Teil der Warren-Kommission werden! Das nennt man freie Hand haben).

Arthur Krock schrieb am 3. Oktober 1963 in der *New York Times* über diesen Kampf zwischen Kennedy und der CIA und sagte, dass die CIA „für enorme Macht und völlige Abwesenheit von Verantwortung gegenüber irgendjemandem steht". Krock bezog sich auch auf einen engen Vertrauten Kennedys im Weißen Haus, der sagte, wenn jemand versuche, die Kontrolle über die US-Regierung zu übernehmen, dann sei es die CIA, und JFK sei nicht mehr in der Lage, sie an der kurzen Leine zu halten. Man darf nicht vergessen, dass diese Äußerungen nur eineinhalb Monate vor dem schicksalhaften Tag in Dallas gemacht wurden.

Den Kontrollverlust der CIA in dieser Zeit verstärkend, schrieb der Anwalt und Forscher Mark Lane in *The Spotlight* vom 17. Februar 1992: „Präsident Kennedy schickte Henry Cabot Lodge, seinem Botschafter in Vietnam, bei zwei verschiedenen Gelegenheiten Befehle an die CIA, und in beiden Fällen ignorierte die CIA diese Befehle mit der Begründung, dass sie sich von dem unterschieden, was die Agentur für richtig hielt. Mit anderen Worten, die CIA hatte beschlossen, dass sie und nicht der Präsident die Entscheidungen darüber treffen würde, wie die amerikanische Außenpolitik zu betreiben sei."

Beginnt diese Situation für Sie klarer zu werden? Können Sie erkennen, in welche Dimensionen sich die CIA entwickelt hat? Kennedy bewegte sich in sehr gefährlichen Gewässern, aber der Tropfen, der das Fass zum Überlaufen brachte, wurde erst Jahre später von der *New York Times* am 25. April 1966 berichtet. Es scheint, dass Kennedy so entschlossen war, die von ihm gewählten Befugnisse auszuüben und sie nicht von machthungrigen Individuen innerhalb der Geheimdienstgemeinschaft usurpieren zu lassen, dass er drohte, „die CIA in tausend Stücke zu teilen und sie in alle Winde zu zerstreuen". Mit diesen Worten war Kennedys Schicksal besiegelt, denn er hatte nun das Herz des Machtzentrums der Kontrolleure getroffen

Im Wesentlichen weist Michael Collins Piper darauf hin, dass Kennedy vier Dinge getan hatte oder zu tun beabsichtigte, die die CIA zur Weißglut brachten

1) Entlassung von Allen Dulles.

2) im Begriff war, eine Expertengruppe zu gründen, die die zahlreichen Verbrechen der CIA untersuchen sollte.

3) Begrenzung des Umfangs und der Reichweite der CIA.

4) ihre Fähigkeit einschränken, im Rahmen des Nationalen Sicherheitsmemorandums 55 zu handeln. Oberst Fletcher Prouty ging auf die Reaktion der CIA ein. „Nichts, an dem ich in meiner gesamten Laufbahn beteiligt war, hat einen solchen Aufschrei ausgelöst. NSAM 55 beraubte die CIA ihres geliebten Ziels, verdeckte Operationen durchzuführen, mit Ausnahme einiger kleinerer Aktionen. Es war ein brisantes Dokument. Der militärisch-industrielle Komplex war nicht glücklich".

Einer dieser zornigen Menschen war der Chef der CIA-Spionageabwehr, James Jesus Angleton. Nachdem er diesen Posten 1954 unter der Leitung von zwei echten Korrupten - Allen Dulles und Richard Helms - übernommen hatte, schrieb Peter Dale Scott in *Deep Politics and the* Death *of JFK*, dass Angleton „eine 'zweite CIA' innerhalb der CIA leitete". Angleton operierte so weit über seine legalen Parameter hinaus, dass er zusammen mit William Harvey das ZR/Rifle Team bildete und die Schützen anheuerte, die den kubanischen Führer Fidel Castro erschießen sollten. Und obwohl ich an dieser Stelle nicht ins Detail gehe, weist Piper in *Final Judgment* darauf hin, dass es sich dabei um dieselben Abzüge handelte, die auch bei der Ermordung Kennedys verwendet wurden.

Noch wichtiger ist, dass Angleton extrem enge Beziehungen zum Mossad und zu David Ben-Gurion aufbaute und sich des Hasses des israelischen Premierministers auf JFK sehr wohl bewusst war. Angleton stand den Israelis so nahe, dass er ihnen sogar bei der Entwicklung ihres geheimen Atomprogramms half, während die CIA und der Mossad im Nahen Osten eins wurden - eine praktisch ununterscheidbare Einheit, die im Gleichklang an der Verwirklichung ihrer gegenseitigen Ziele arbeitete.

Der Mossad, das müssen Sie wissen, wurde von Michael Collins Piper als „treibende Kraft hinter der Verschwörung" zum Mord an JFK bezeichnet.

Andrew Cockburn beschrieb in der Sendung *Booknotes*, die am 1. September 1991 auf C-Span ausgestrahlt wurde, ihre Beziehung zu den US-Geheimdiensten. „Seit den ersten Tagen des israelischen Staates und den ersten Tagen der CIA gibt es eine geheime Verbindung, die es dem israelischen Geheimdienst ermöglicht, für die CIA und den Rest der US-Geheimdienste zu arbeiten. Sie können nicht verstehen, was mit den amerikanischen Geheimoperationen und den israelischen Geheimoperationen geschieht, solange Sie diese geheime Abmachung nicht verstehen.

Ein weiterer äußerst wichtiger Punkt, den Michael Collins Piper in *Final Judgment* anspricht, ist, dass Yitzhak Shamir (der spätere israelische Premierminister) zur Zeit der Ermordung Kennedys ein Mossad-Killerteam anführte, das einen Handlanger des SDECE (französischer Geheimdienst) anheuerte, um Präsident Kennedy zu töten. Diese Information wird von der israelischen Zeitung *Ha'aretz* vom 3. Juli 1992 bestätigt, die berichtet, dass Yitzhak Shamir ein Unterweltterrorist war, der zum Mossad-Agenten wurde, und dann von 1955 bis 1964 ein Killerteam anführte. *Die Washington Times* verleiht dieser Position noch mehr Glaubwürdigkeit, indem sie am 4. Juli 1992 berichtet, dass es dieses geheime Killerteam nicht nur gegeben hat, sondern dass es „Anschläge gegen wahrgenommene Feinde und mutmaßliche Nazi-Kriegsverbrecher durchführte". Wenn Sie sich erinnern, hat David Ben-Gurion JFK als „Feind des Staates Israel" bezeichnet. Aus meiner Sicht macht ihn das zu einem VERSTEHTEN FEIND

Wenn man einen Moment lang bedenkt, dass Yitzhak Shamir einen der Auftragskiller des französischen Geheimdienstes - SDECE - anheuerte, was die Sache noch seltsamer macht, ist die Person, mit der James Jesus Angleton - die Hauptkraft der CIA, die hinter dem Kennedy-Attentat stand - am Nachmittag des 22. November 1963 zusammen war. Es handelte sich um Oberst Georges de Lannurien, den stellvertretenden Leiter des SDECE! Beide befanden sich im CIA-Hauptquartier in Langley, um sich auf die Schadensbegrenzung vorzubereiten, falls etwas schiefgehen sollte. Im Grunde haben wir also die Triangulation von drei Geheimdiensten - CIA, Mossad und SDECE -, die alle auf die Ermordung von Präsident Kennedy zulaufen, während sie gleichzeitig sicherstellen, dass Lee Harvey Oswald bereits Verbindungen zu Kuba und der Sowjetunion hergestellt hatte, damit eine kommunistische „Kalter-Krieg"-Berichterstattung in der amerikanischen Presse verbreitet werden konnte

Wie haben diese Geheimdienste das geschafft? Lassen Sie mich Fletcher Prouty, einen pensionierten Piloten der Luftwaffe, zitieren, den Michael Collins Piper zur Erhellung dieser Situation herangezogen hat. Prouty sagt uns: „Eine der wichtigsten Maßnahmen, die bei einem

Mordkomplott erforderlich sind, ist der Prozess der Beseitigung oder Durchbrechung der Sicherheitsdeckung des anvisierten Opfers". Er fährt fort: „Niemand muss ein Attentat anführen - es geschieht einfach. Die aktive Rolle wird heimlich gespielt, indem man zulässt, dass er stattfindet... Das ist der wichtigste Hinweis: Wer hat die Macht, die üblichen Sicherheitsmaßnahmen, die immer in Kraft sind, wenn ein Präsident reist, außer Kraft zu setzen oder zu reduzieren

Wer hatte Ihrer Meinung nach die Mittel und die Motive, um Präsident Kennedys Sicherheit an jenem Nachmittag in Dallas auszulöschen? Die Russen? Nein. Die Kubaner? Nein. Die Mafia? Nein. Ich würde auf die CIA wetten! Beginnt sich die Lage zu klären

(Nebenbei bemerkt: Wer hatte Ihrer Meinung nach die Mittel und die Motivation, die Wahrheit über die Terroranschläge vom 11. September in den Medien zu verschleiern - eine Gruppe schießwütiger Terroristen oder die CIA? Das ist eine Frage, über die man nachdenken sollte).

DIE CIA UND DAS ORGANISIERTE VERBRECHEN: ZWEI SEITEN DERSELBEN MÜNZE

Sobald ein Forscher den Lack abzieht, durch die Schichten der Illusion hindurchgeht, jahrelange Propaganda und Desinformation ignoriert und die Geschichte endlich aus ihrer wahren Perspektive sieht, entdeckt er oder sie, dass die gesamte globale Machtstruktur, die von den Unternehmen der Weltregierung kontrolliert wird, in Wirklichkeit nichts anderes ist als ein riesiges Netzwerk von miteinander verflochtenen Verbrechersyndikaten. Ja, Verbrechersyndikate! In diesem Artikel werden wir kurz auf die dunkle Vergangenheit der Kennedy-Familie eingehen und darauf, wie bestimmte Bündnisse und Verrat mit der von Meyer Lansky geführten Mafia (in Verbindung mit Teilen der US-Regierung und der CIA) schließlich zur Ermordung von JFK führten. Wie Michael Collins Piper so brillant hervorhebt, sind alle diese Gruppen - die Geheimdienste, die Regierung und das organisierte Verbrechen - eng miteinander verbunden und operieren außerhalb des Gesetzes (und der öffentlichen Überwachung), um ihre persönlichen Interessen zu wahren und zu fördern. Leider haben sie sich 1963 alle zusammengeschlossen, um den letzten US-Präsidenten zu beseitigen, der nicht von den globalistischen Finanzinteressen gekauft, verkauft und kontrolliert wurde.

Um zu verstehen, wie JFK am 22. November 1963 in ein solches Dilemma geriet, muss man zunächst die Zeit bis zu seinem Vater Joseph Sr. zurückdrehen. Wie viele wissen, baute der alte Kennedy sein Vermögen mit illegalem Alkoholhandel und später durch das Ausnutzen des Börsencrashs (d. h. durch Insiderinformationen) auf. Doch nur wenige wissen, wie eng Kennedy mit dem organisierten Verbrechen verbunden war. Um durch den Verkauf von Alkohol so unglaublich reich zu werden, musste Kennedy Absprachen mit zwielichtigen Gestalten treffen - Absprachen, die ihn später wieder heimsuchen sollten.

Ein weiterer Aspekt von Joe Kennedys Persönlichkeit, den seine Familie zu verschleiern versucht, sind seine pro-nazistischen Sympathien.

DeWest Hooker, ein New Yorker Manager im Showbusiness und Mentor von George Lincoln Rockwell (Gründer der amerikanischen Nazipartei), sagte über Kennedy: „Joe gab zu, dass er als Botschafter in England pro-hitlerisch gewesen war. Kennedy zufolge haben jedoch „wir" den Krieg verloren. Mit „wir" meinte er nicht die Vereinigten Staaten. Wenn Kennedy „wir" sagte, meinte er damit die Nicht-Juden.

Joe Kennedy glaubte, dass es die Juden waren, die den Zweiten Weltkrieg gewonnen hatten". Er fährt fort, indem er Kennedy zitiert. „Ich habe alles getan, was ich konnte, um gegen die jüdische Macht über dieses Land zu kämpfen. Ich habe versucht, den Zweiten Weltkrieg zu stoppen, aber ich habe versagt. Ich habe alles Geld verdient, das ich brauchte, und jetzt gebe ich alles, was ich gelernt habe, an meine Söhne weiter."

Doch bevor er durch einen Botschafterposten in England einen Fuß in die Politik setzte, war Joe Kennedy ein sehr erfolgreicher Krimineller, der sich viele mächtige Feinde gemacht hatte. Einer von ihnen war Meyer Lansky, dessen Partner Michael Milan in *Final Judgment* die folgende Geschichte erzählt. „Fragen Sie Meyer Lansky, was er von Joe Kennedy hält, und Sie werden sehen, dass Mr. L. bei einer der seltenen Gelegenheiten einen heftigen Nervenzusammenbruch erleiden würde. Was man zur Zeit der Prohibition sagte, war, dass man Kennedy nicht trauen konnte, sein Wort zu halten. Er hat seine Freunde so sehr bestohlen, dass er ihnen nicht helfen konnte. Er hatte seine Freunde so sehr bestohlen, dass er keine Freunde mehr hatte. Und kurz vor dem

Zweiten Weltkrieg drehte sich dieser Hurensohn um und sagte, dass wir alle auf Hitlers Seite sein sollten; dass die Juden zur Hölle fahren könnten".

Die Feindschaft zwischen Kennedy und Lansky reicht bis in die 1920er Jahre zurück, als beide Bootlegging betrieben. Michael Collins Piper erzählt uns, wie Lucky Luciano und Lansky Kennedy eine ganze Ladung Shine stahlen, alle seine Wachen töteten und ihn so um eine große Summe Geld brachten. Aufgrund von Kennedys Unehrlichkeit und Lanskys erbitterter Loyalität gegenüber seinem jüdischen Erbe, so Milan, verfluchte Lansky die gesamte Kennedy-Familie mit einem Racheakt, den er dann an seine Söhne weitergab. Die Dinge eskalierten so sehr, dass Joe Kennedys Leben durch einen von der Mafia angeordneten Auftrag in Gefahr geriet. Zu Kennedys Glück griff Sam Giancana ein und schloss mit dem alten Kennedy einen Deal ab, damit die Dinge mit der Mafia in Ordnung kommen. Um sich zu revanchieren, sagte Kennedy Giancana, dass, wenn einer seiner Söhne ins Weiße Haus käme, er eine „Vorspeise" bekommen würde. Um dieses Versprechen zu halten, ist der alte Kennedy jedoch erneut auf die Hilfe von Sam Giancana angewiesen.

Wenn Sie Schwierigkeiten haben, diese Information zu akzeptieren, sollten Sie sich daran erinnern, dass eine der berühmtesten Frauen, mit denen JFK eine Affäre hatte (mit Ausnahme von Marilyn Monroe), Miss Judith Exner war. Und wer war sie

Die Geliebte von Sam Giancana! Darüber hinaus belegen laut David Heyman in *A Woman Named Jackie* FBI-Dokumente und abgehörte Telefongespräche, dass JFK während seiner Präsidentschaftskampagne 1960 direkt von Person zu Person mit Meyer Lansky kommuniziert hat. Außerdem soll Sam Giancana selbst gesagt haben: „Ich helfe Jack, gewählt zu werden, und im Gegenzug stellt er die Kosten ein. Es wird wie immer sein".

Wie wir heute alle wissen, war es Sam Giancana zu verdanken, dass JFK 1960 Richard Nixon besiegen konnte, indem er ihm Chicago überließ („wähle früh und wähle oft"). Probleme traten jedoch auf, als JFK und sein Bruder Bobby den Mafiosi nicht den Rücken kehrten, sondern sie überholten und ihnen Feuer unter dem Hintern machten.

An dieser Stelle werden die Dinge schwierig und es ist ein wenig Psychologie gefragt. Allen Anschein nach haben sich die Kennedy-Brüder mit der Mafia angelegt, was eine der dümmsten Entscheidungen aller Zeiten war. Zunächst einmal war der alte Kennedy ein Alkoholschmuggler mit engen Verbindungen zum organisierten Verbrechen. Er wusste, wie die Mafia dachte und handelte.

Außerdem wollte er eine Kennedy-Präsidenten-Dynastie aufbauen, beginnend mit Jack, gefolgt von Bobby und Teddy. Und mit Leuten wie Sam Giancana im Rücken könnten sie in Zukunft weitere Wahlen manipulieren.

Wenn man das alles im Hinterkopf behält, warum sollten Jack und Bobby dann anfangen zu versuchen, sie alle ins Gefängnis zu werfen? Das klingt lächerlich. Aber John Kennedy war bei weitem kein Dummkopf. Er wusste, dass die Mafia ihn umso mehr zur Rechenschaft ziehen würde, je länger seine Präsidentschaft dauern würde. Und da die Kennedy-Familie viele Leichen im Keller hatte - Jacks sexuelle Affären, Joes Nazi-Sympathien und seine Verbindungen zum organisierten Verbrechen -, wusste John Kennedy, dass er irgendwann von den Gangstern bestochen und als Geisel genommen werden würde. Wenn er sich nicht ihren Wünschen beugte, würden sie damit beginnen, diese Informationen an die Presse „durchsickern" zu lassen.

Und angesichts des Hasses, den Kennedy bei vielen Menschen auslöste, hätte die Mafia, wenn sie der Meinung gewesen wäre, dass sie nicht ihren gerechten Anteil am Kuchen (d. h. an den Bestechungsgeldern der Regierung) erhalten hätte, Kennedy einfach wie eine Marionette an einer Schnur aufgehängt und ihm ständig gedroht, ihn zu verraten. Dieses Szenario wäre für JFK eine Katastrophe gewesen, weshalb Bobby und er beschlossen, sie loszuwerden.

Natürlich konnte die Mafia Bobbys Bemühungen als Staatsanwalt nicht ignorieren, zumal Joe und Giancana einen Pakt geschlossen hatten. Nun waren die Kennedy-Brüder aber gerade dabei, diesen zu brechen, und eine solche Haltung konnte nicht toleriert werden. Oder, wie Sam Giancana die Situation beschrieb: „Das ist ein genialer Schachzug von Joe Kennedy. Er wird Bobby bitten, uns auszuschalten, um ihre eigenen Spuren zu verwischen, und das alles wird im Rahmen des Kennedy'schen 'Kriegs gegen das organisierte Verbrechen' geschehen. Brillant."

All diese Täuschungsmanöver waren schon schlecht für Kennedy, aber wenn man die lange Zugehörigkeit der Mafia zur Central Intelligence Agency (die Kennedy ebenfalls verachtete) hinzurechnet, wird klar, dass die Flammen immer weiter lodern.

Und obwohl ich nicht auf die vielfältigen Verbindungen zwischen diesen beiden Entitäten eingehen kann, erzählt Michael Collins Piper, wie die US-Regierung während des Zweiten Weltkriegs begann, mit Lucky Luciano und der Mafia zu verkehren, und sich dann bis zu den Mordversuchen an Fidel Castro („Operation Mongoose" und ZR/Rifle Team) vorarbeitete, und nicht zu vergessen den Transport und den Handel mit Drogen aus dem Goldenen Dreieck während des Vietnamkriegs.

Sam Giancana beschrieb die Verbindungen zwischen der CIA und der Mafia in sehr knappen Worten. „Das ist es, was wir sind, das Outfit und die CIA, zwei Seiten derselben Medaille.

Manche fragen sich vielleicht, warum andere prominente Politiker diese entsetzliche Situation nicht angeprangert haben. Sie hätten es wahrscheinlich tun können, wenn sie nicht so tief verstrickt gewesen wären wie die Kennedy-Familie. In *Mafia Kingfish* (McGraw-Hill) beschreibt John Davis, wie Carlos Marcello Lyndon Baines Johnson mehr als 50.000 Dollar pro Jahr zahlte, während James Jesus Angleton und Meyer Lansky kompromittierende Fotos von J. Edgar Hoover besaßen (die sich auf dessen Homosexualität bezogen).

So wurde auch er korrumpiert, um zu schweigen. Um die Sache noch prekärer zu machen, weist Michael Collins Piper auf die Verbindungen der ADL zum organisierten Verbrechen und zum streng geheimen COINTELPRO hin, wo die ADL Geheimdienstberichte über hochrangige Beamte sammelte.

Diese jüdischen Mafiosi, die über die ADL operierten, waren dieselben, die die von der Bronfman-Familie geleitete Alkoholindustrie legitimierten und kontrollierten.

Nachdem ich nun eine Verbindung zwischen den Juden und dem organisierten Verbrechen erwähnt habe, könnte ich auf eine der Hauptbehauptungen von Michael Collins Piper in *Final Judgment eingehen, nämlich dass* Meyer Lansky der „capo di tuti capi" war, also der unbestrittene Anführer der riesigen Unterwelt des organisierten Verbrechens, und dass die Juden diejenigen waren, die das Sagen hatten, während sie die Italiener als Fassade benutzten, um die Oberhand zu gewinnen und die Aufmerksamkeit von ihrer Seite abzulenken. In diesem Sinne waren die Juden die eigentlichen Drahtzieher der Mafia, während alle anderen Namen - Giancana, Trafficante, Marcello etc. - waren Untergebene von Meyer Lansky.

Hank Messick schrieb in *Lansky*, 1971 von Berkley Medallion Books veröffentlicht: „Die eigentlichen Verbrecherbosse blieben im Verborgenen, während die Ordnungskräfte des Landes minderjährige Schläger verfolgten". Er fügte hinzu: „Die Bosse der Mafia haben sich jahrzehntelang hinter der Vendetta-Gesellschaft [der italienischen Mafia] versteckt".

Diese Wahrnehmung wurde im Bewusstsein der Öffentlichkeit jahrelang durch Hollywood-Filme und Fernsehsendungen verstärkt. Es ist allgemein bekannt, dass Juden Hollywood gegründet haben und auch heute noch einen großen Einfluss ausüben und mit Produktionen wie *Der Pate und Die Sopranos* das Stereotyp des italienischen Mafiosi aufrechterhalten.

Wer nicht glaubt, dass Hollywood von Menschen jüdischer Herkunft gegründet wurde, braucht sich nur die Namen seiner Gründer anzusehen:

- Universal Studios - Carl Laemmle - Jude

- 20th Century Fox - William Fox - Jude

- Warner Brothers - HM Warner - Jüdisch

- Paramount Pictures - Adolph Zukor - Jude

- MGM - Samuel Goldwyn - Jude

- MGM - Louis B. Mayer - Jude

Neil Gabler erklärt in *An Empire of Their Own, How the Jews Invented Hollywood (Ein eigenes Reich, wie die Juden Hollywood erfanden)*, das 1988 bei Crown erschien: „Die Juden in Hollywood haben ein mächtiges Bündel von Bildern und Ideen geschaffen... so mächtig, dass sie in gewissem Sinne die amerikanische Vorstellungskraft kolonialisiert haben.

Letztendlich wurden die amerikanischen Werte durch die Filme definiert, die von Juden gemacht wurden". Ähnlich wie bei den Taktiken der Kontrolleure, bei denen bestimmte Gruppen oder Einzelpersonen im Vordergrund stehen, wurden also auch hier die Italiener zu Sündenböcken, während sich Lansky und seine Kumpane hinter den Kulissen versteckten.

Wie Michael Collins Piper zeigt, wurde Meyer Lansky durch seine Drogengeschäfte bekannt, die ihn später im Rahmen einer Operation namens „Operation Underworld" mit dem OSS und dem Marine-Nachrichtendienst in Kontakt brachten. Das Hauptquartier dieser Operation befand sich im Rockefeller Center in New York City und wurde von William Stephenson geleitet, nach dessen Vorbild Ian Fleming seine Figur des James Bond gestaltet hatte.

Das Folgende ist nur eine Skizze der Verbindungen zwischen bestimmten jüdischen Kräften, der Unterwelt und den Geheimprogrammen der Geheimdienste, und ich tue dies sicherlich nicht mit der gleichen Gerechtigkeit wie Michael Collins Piper. Wie dem auch sei, hier ist, worum es geht. William Stephenson leitete Anti-Nazi-Operationen in der ADL und beim FBI und war später an der Gründung des Mossad beteiligt. (Die ADL wurde schließlich zu einem Organ für die Sammlung von Informationen und Propaganda für den Staat Israel). Stephensons Vertrauter war jedenfalls Louis Bloomfield, der Anwalt der Bronfmans (Schmuggel- und Alkoholmagnaten).

Und hier werden die Dinge erst richtig interessant! Stephenson und Bloomfield waren ebenfalls Waffenhändler für den jüdischen Untergrund (in der heutigen Umgangssprache würde man sie Terroristen nennen), und es sind die gleichen Leute, die zur Regierung Israels wurden! Dies bestätigt einmal mehr meine Ansicht, dass die Regierungen der Welt nichts anderes sind als ein riesiges Syndikat des organisierten Verbrechens. Sie sind alle Kriminelle

Auf jeden Fall war es Louis Bloomfield, der den Waffenhandel im Jüdischen Institut Sonneborn koordinierte. Und wer hat ihm dabei geholfen? Die Bronfmans und Meyer Lansky! Meyer Lansky passt besonders gut in diesen Zusammenhang, weil er die Banken gründete, die zum Waschen des Mossad-Geldes verwendet wurden.

Übrigens: Wenn Sie nicht glauben, dass es diese Art von illegalen Regierungsgeschäften auch heute noch gibt, lesen Sie Mike Rupperts Buch *The Truth and Lies of 9-11 (Die Wahrheit und die Lügen des 11. September)*. Unsere Regierung und viele andere betreiben immer noch Geldwäsche, Waffenhandel und Drogenhandel in großem Stil. Wenn Sie sich außerdem die Hintergründe der Personen anschauen, die die Welt regieren - die Bronfmans, die Kennedys, die Rockefellers, die Bushs, die Gründer von Skull & Bones und viele andere - werden Sie feststellen, dass sie alle Kriminelle sind. Und damit meine ich nicht die lachhaften Kriminellen vom Typ Richard Nixon, sondern ganz reale illegale Aktivitäten.

Jedenfalls wurde Meyer Lansky so mächtig, dass Anthony Summers in *Conspiracy* (McGraw-Hill) erzählt, wie er in den 1940er Jahren den kubanischen Diktator Fulgencio Batista zu einem vorübergehenden Rücktritt überredete, um seine Interessen im Bereich Glücksspiel, Prostitution und Drogen zu schützen.

Neben seinen kriminellen Unternehmungen (und angesichts seines jüdischen Erbes) war Lanskys andere unverbrüchliche Loyalität dem Staat Israel gewidmet, zu dem er enorme Beiträge geleistet hat. Als er David Ben-Gurions Zorn über JFKs Weigerung, Israels nukleare Bestrebungen zu unterstützen (oder auch nur zuzulassen), mitbekam, verwandelte sich sein alter Groll gegen die Kennedy-Familie in regelrechten Groll. Und angesichts der Tatsache, dass der alte Kennedy ein Betrüger war, empfanden die Kontrolleure ein enormes Gefühl des Verrats, als sie sich so sehr bemühten, John Kennedy an die Macht zu bringen, und dieser sich dann umdrehte und versuchte, ihre beiden mächtigsten Arme bei der Durchsetzung und Umsetzung zu zerstören - die CIA und die Mafia. Jemand wie Sam Giancana konnte Kennedy nie verzeihen, dass er sie verraten hatte, vor allem nicht, als der alte Kennedy seine Seele verkaufte, um sein Leben zu schonen. Als JFK eine langjährige Abmachung zurücknahm und dann mit zerstörerischer Gewalt zurückschlug, unterzeichnete er buchstäblich sein eigenes Todesurteil. Die Fluglotsen waren so wütend, weil sie betrogen worden waren, dass sie ihn töten *mussten*. Und da Michael Collins Piper behauptet, dass Meyer Lansky an der Spitze der Machtstruktur des organisierten Verbrechens stand, war er zusammen mit dem Mossad und James Jesus Angleton von der CIA die „operative" treibende Kraft hinter der Ermordung Kennedys.

Letztendlich ist es Sam Giancana, der den Erfolg mit diesen gruseligen Worten am besten zusammenfasst. „Die Politiker und die CIA haben die Dinge vereinfacht.

Jeder von uns würde seine eigenen Leute für den Job bereitstellen. Ich würde die Outfit-Seite der Dinge beaufsichtigen und Jack Ruby und einige zusätzliche Verstärkungen hinzufügen, und die CIA würde ihre eigenen Leute abstellen, um sich um den Rest zu kümmern".

VIETNAM UND DER DROGENHANDEL DER CIA

Das vielleicht größte Geheimnis des Vietnamkriegs ist, dass unser Zentraler Nachrichtendienst während dieser Zeit die Kontrolle über das berüchtigte Goldene Dreieck übernommen hat und dann mit Hilfe verschiedener Elemente des organisierten Verbrechens riesige Mengen Heroin aus dieser Region in unser Land verschifft hat. Da sich mit dieser und vielen anderen Praktiken viel Geld verdienen ließ, nahmen diejenigen, die von diesem schrecklichen Krieg nur profitieren konnten - Waffenhersteller, Bankiers, Militärs und Drogenhändler - jeden Vorschlag, sich aus Vietnam zurückzuziehen, sofort mit Bestürzung auf.

Doch genau das hatte John F. Kennedy nach seiner Wiederwahl vor. Tatsächlich hatte er bereits geplant, dem amerikanischen Volk mitzuteilen, dass seine Truppen 1965 nach Hause zurückkehren würden. Denken Sie einen Moment über diese entscheidende Entscheidung nach. Wären wir 1965 aus Vietnam herausgekommen, hätten acht Jahre Blutvergießen im Dschungel und zivile Unruhen in den Straßen und auf den Campus der USA gemildert werden können.

Michael Collins Piper schreibt in *Final Judgment*: „Kennedys geplante Änderung der Vietnampolitik - sein Plan, sich einseitig aus dem Schlamassel zurückzuziehen - brachte nicht nur die CIA, sondern auch Teile des Pentagons und ihre Verbündeten aus dem militärisch-industriellen Komplex in Rage.

Zu dieser Zeit hatte das Lansky-Syndikat natürlich bereits ein internationales Netzwerk für den Heroinschmuggel aus Südostasien über die mit der CIA verbundene korsische Mafia in der Mittelmeerregion aufgebaut. Die gemeinsamen Lansky-CIA-Operationen in der internationalen Drogenerpressung waren ein lukratives Geschäft, das dank des tiefen Engagements der USA in Südostasien als Deckmantel für die Drogenschmuggelaktivitäten florierte".

Pipers Erklärung, die aus einem einzigen Absatz besteht, ist vielleicht der prägnanteste Überblick über den Vietnamkrieg, der je geschrieben wurde. Das Militär und die Rüstungskonzerne bereicherten sich wie Banditen an der Kriegsmaschinerie, während die CIA-Gauner und die von Lansky (über Santo Trafficante als Hauptdealer) angeführten Mafiosi sich ebenfalls die Taschen füllten. Der Autor Peter Dale Scott erklärte in *Deep Politics and the Death of JFK* zu diesem Phänomen: „Der Zustrom von Drogen in dieses Land seit dem Zweiten Weltkrieg war eines der wichtigsten 'unausgesprochenen' Geheimnisse, mit denen die Ermordung Kennedys vertuscht wurde".

Um dieser Situation eine breitere Perspektive zu geben, sagte Professor Alfred McCoy in *The Politics of Heroin:* „Seit dem Verbot von Betäubungsmitteln im Jahr 1920 haben Allianzen zwischen Drogenhändlern und Geheimdiensten den weltweiten Drogenhandel geschützt.

Angesichts der Häufigkeit solcher Bündnisse scheint es eine natürliche Anziehungskraft zwischen Geheimdiensten und kriminellen Organisationen zu geben.

Beide praktizieren das, was ein pensionierter CIA-Agent als „geheime Künste" bezeichnete, d. h. die Kunst, außerhalb der normalen Kreisläufe der Zivilgesellschaft zu operieren. Von allen Institutionen der modernen Gesellschaft sind die Geheimdienste und die Verbrechersyndikate die einzigen, die große Organisationen unterhalten, die in der Lage sind, geheime Operationen durchzuführen, ohne befürchten zu müssen, entdeckt zu werden".

Auf Regierungsseite waren die beiden Hauptverantwortlichen für das Goldene Dreieck Ted Schackley und Thomas Clines, dieselben beiden Männer, die auch die *Operation Mongoose* (das Komplott zur „Beseitigung" Fidel Castros) leiteten.

So setzte die CIA von 1960 bis 1975 eine geheime Truppe von 30.000 Angehörigen der Hmong-Stämme ein, um die laotischen Kommunisten zu bekämpfen. Außerdem richtete sie in dieser Region Heroinlabore ein und transportierte das Heroin dann über ihre eigene private Fluggesellschaft Air America.

Alfred McCoy beschreibt in *The Politics of Heroin: The CIA's Complicity in the Global Drug Trade*, wie die CIA Heroin zunächst an unsere eigenen US-Soldaten in Vietnam verfütterte, bevor sie es in die USA verschiffte, wo Lanskys Mafiosi es auf der Straße weiterverkauften.

Sam Giancanas Biografen bekräftigten diesen Punkt, indem sie erklärten, dass, während das organisierte Verbrechen seine Arbeit machte, „die CIA die Augen verschloss und es ermöglichte, dass illegale Drogen im Wert von über 100 Millionen Dollar pro Jahr über Havanna in die Vereinigten Staaten transportiert wurden. Die CIA erhielt 10% des Erlöses aus dem Drogenverkauf und füllte damit ihre verdeckte schwarze Kasse".

Sobald die Mafia und die CIA dieses schmutzige Geld erwirtschaftet hatten, wuschen sie es auf geheimen Bankkonten, die von internationalen Bankiers kontrolliert wurden. Auf diese Weise konnte die Regierung nicht darauf zugreifen und das Geld konnte an der Börse investiert, an andere Unternehmen verliehen oder in die schwarzen Budgets der Geheimdienste geleitet werden.

Auch wenn die obigen Informationen nur die Spitze des Eisbergs sind, verstehen Sie jetzt, warum es für die CIA, die Mafia und die internationale Bankenkabale so wichtig war, dass JFK Amerika nicht aus Vietnam abzieht? Das Geld (über den illegalen Handel mit Drogen und für die Kriegsmaschinerie) war unglaublich, während die Kontrolle über eine andere Region der Erde (das Goldene Dreieck) gesichert war.

Schließlich, nur vier Tage nach der Ermordung John Kennedys, setzte Lyndon Baines Johnson, sein Nachfolger, seinen Namen unter NSAM 273, die unser verstärktes Engagement in Südostasien garantierte. Diese Männer verschwendeten keine Zeit! Innerhalb weniger Monate stieg unser Engagement in Vietnam von 20.000 Mann auf eine Viertelmillion! Die CIA hatte gewonnen, und zehn Jahre später waren 57.000

Amerikanische Soldaten starben - ein wirklich schockierendes und abscheuliches Verhalten - eine Schande und eine Geißel für das amerikanische Gewissen.

DIE MEDIEN ALS MITSCHULDIGE AN KENNEDYS ERMORDUNG

Während ich diese Analyse des Buches *Final Judgment* von Michael Collins Piper abschließe, ist das letzte Puzzleteil, das wir untersuchen müssen, die Rolle der Medien bei der Vertuschung der Hinrichtung von JFK am 22. November 1963. Wie wir in den vorangegangenen Artikeln gesehen haben, war die Organisation, die über die meisten Mittel, Ressourcen und Motive verfügte, um diese abscheuliche Tat durchzuführen, die CIA, mit direkter Hilfe des Mossad und Meyer Lanskys internationalem Verbrechersyndikat. Um die Langley-Barbaren weiter zu belasten, muss man nur untersuchen, in welchem Umfang sie in der zweiten Hälfte des 20. Jahrhunderts die amerikanischen Medien infiltriert haben. Und falls jemand angesichts dieser Anschuldigungen „Verschwörungstheorie" schreit, denken Sie an das Sprichwort: Eine Sache ist keine Theorie mehr, sobald sie als wahr bewiesen wurde. Der mit dem Pulitzer-Preis ausgezeichnete Journalist Carl Bernstein unterstützt diesen Punkt in seinem berühmten Artikel vom 20. Oktober 1977 für den *Rolling Stone*, als er berichtete, wie 400 von der CIA finanzierte Journalisten im Rahmen der Operation „Mockingbird" die amerikanischen Medien infiltrierten. Er schrieb: „Die CIA infiltrierte 400 von der CIA finanzierte Journalisten in die US-Medien:

„Joseph Alsop ist einer von mehr als 400 amerikanischen Journalisten, die in den letzten 25 Jahren heimlich Missionen im Auftrag der CIA durchgeführt haben, wie aus Dokumenten hervorgeht, die in der CIA-Zentrale archiviert sind. Außerdem wurde CBS News in den 1950er und 1960er Jahren als „CIA Broadcasting System" (CIA-Sendesystem) bezeichnet.

Wir müssen uns also fragen, wer die Ressourcen und die Fähigkeit hatte, den letzten Schritt dieses sorgfältig geplanten Attentats umzusetzen. Die Antwort gibt Jerry Pollicoff in *Government by Gunplay* (Signet Books). „Die Vertuschung des Kennedy-Mordes hat nur deshalb so lange überlebt, weil sich die Presse, vor die Wahl gestellt, entweder zu glauben, was man ihr erzählt, oder die Fakten unabhängig zu untersuchen, für Ersteres entschied.

Um die Bürger zu verwirren, haben die Medien jede erdenkliche Theorie aufgestellt, nur nicht die, dass Israel darin verwickelt war. Wie der Filmemacher Oliver Stone *am 20*. Dezember 1991 gegenüber der *New York Times* erklärte: „Wenn ein Führer eines beliebigen Landes ermordet wird, fragen sich die Medien normalerweise, welche politischen Kräfte gegen diesen Führer waren und von seiner Ermordung profitieren würden".

Doch wie Michael Collins Piper in *Final Judgment* feststellt, ging Oliver Stone der israelischen Spur nicht weiter nach, vielleicht weil der ausführende Produzent seines Films über *JFK* ein gewisser Arnon Milchan war, den Alexander Cockburn am 18. Mai 1992 in der Zeitschrift *The Nation* als „wahrscheinlich Israels größten Waffenhändler" bezeichnete. Darüber hinaus bezeichnete Benjamin Beit-Hallahmi Milchan als „Mossad-Mann".

Was unsere Medien im Wesentlichen zu tun hatten, war: 1) die Schlussfolgerungen der Warren-Kommission weiterzugeben und zu unterstützen; 2) die Theorie des „einsamen Wahnsinnigen" aufrechtzuerhalten.

3) Andersdenkende angreifen

4) Verhinderung jeglicher Diskussion über die Beteiligung Israels Wie Michael Collins Piper zeigt, standen im Zentrum dieser Verschleierung die WDSU-Medien, die von der Stern-Familie geleitet wurden, die zu den größten Beitragszahlern der ADL gehörte. Der Drahtzieher der CIA, James Jesus Angleton, arbeitete mit diesen Medien und den wichtigsten Netzwerken zusammen. Diese Kräfte waren das Herzstück einer Verschwörung, die darauf abzielte, die Medien mit falschen Spuren (Desinformation) zu versorgen, , und jegliche Ermittlungen von der wahren Motivation für die Ermordung Kennedys abzulenken.

Der wohl wichtigste Faktor, der von den Medien ignoriert wurde, ist ein Gebilde namens Permindex, das als Anlaufstelle für die CIA, den Mossad und die Lansky-Mafia diente. Wer war Permindex? Nun, Permindex war ein in Rom ansässiger Waffenlieferant, der auch Geld wusch und Verbindungen zur CIA, zu Meyer Lansky und zum Staat Israel hatte.

Obwohl ich nicht in der Lage bin, dieses Thema so zu vertiefen, wie Michael Collins Piper es in *Final Judgment* getan hat, hier ein kurzer Überblick über die Rolle dieser Entität bei der Ermordung Kennedys. Der Vorstandsvorsitzende von Permindex war Major Louis M.

Bloomfield (bereits zuvor in dieser Serie erwähnt), der eine der beiden Hauptfiguren bei der Gründung des Mossad und des Staates Israel war. Bloomfield besaß auch die Hälfte der Aktien von Permindex, war von J. Edgar Hoover in der berüchtigten „Abteilung 5" des FBI angestellt und wurde zum Strohmann der mächtigen Bronfman-Familie.

Die Bronfmans, das sollte man nicht vergessen, waren Alkoholschmuggler (wie Joe Kennedy), die ihr Imperium über das Verbrechersyndikat Lansky aufgebaut haben.

Einer der anderen Hauptaktionäre von Permindex war Tibor Rosenbaum, der in Genf eine Einheit namens BCI (Banque de Crédit International) gründete. Rosenbaum war auch der Direktor für Finanzen und Beschaffung des Mossad, während seine BCI die wichtigste Geldwäscheeinrichtung von Meyer Lansky war. Schließlich war die BCI eng mit dem Mossad verbunden, während ihr Gründer, Tibor Rosenbaum, als „Pate" der israelischen Nation bezeichnet wurde.

Wenn man bedenkt, wie entscheidend der Staat Israel für Personen wie David Ben-Gurion und die oben genannten Männer war und wie sehr sie sich in ihrem eigenen Überleben bedroht fühlten, ist es nicht unbedeutend, dass all diese Kräfte (der Mossad, die CIA und die Lansky-Mafia) um Permindex herum zusammenliefen. Jede von ihnen hatte direkte Verbindungen zu dieser Entität und jede hatte ihre eigenen Gründe, Kennedys Tod zu wollen.

Aber welchen Blickwinkel haben die US-Medien gewählt? Die Ein-Mann-Theorie, , nach der eine unglückliche Person wie Lee Harvey Oswald den größten Staatsstreich des 20. Jahrhunderts durchgeführt hat! Das ist unglaublich.

Anschließend beauftragten die Verschwörer Jack Ruby, Oswald zu töten, um ihre Spuren zu verwischen und ihre „Taube" (die offensichtlich bald zu singen beginnen würde) zu beseitigen. Doch wieder einmal kamen die Medien ihrer Pflicht, die Wahrheit zu berichten, nicht nach. Anstatt einfach nur ein „trauernder Amerikaner" zu sein, der sich verpflichtet fühlte, Oswald zu töten, um Jackie Kennedy weiteren Liebeskummer zu ersparen, war Jack Ruby (echter Nachname: Rubinstein) ein Mitglied der jüdischen Mafia von Meyer Lansky! Warum hat uns das *Time* Magazine diese kleine Information nicht mitgeteilt

Oder warum wurden die „verlorenen" Aufnahmen des Journalisten John Henshaw nicht veröffentlicht, auf denen Jack Ruby von Beamten des Justizministeriums durch das Polizeihauptquartier von Dallas geführt wird, vorbei an den Kontrollbeamten, FBI-Agenten und Detektiven, die das Gelände eigentlich sichern sollten? Dies ist ein ERSTER BEWEIS! Warum wurde sie der Öffentlichkeit nie zur Kenntnis gebracht

Noch merkwürdiger ist die Entscheidung des Richters Earl Warren, Jack Ruby nicht vor seiner Kommission aussagen zu lassen. Was war der Grund dafür? Vielleicht, weil die Warren-Kommission aus Mitgliedern des Council on Foreign Relations, einem Mitglied der Bilderberger (Gerald Ford, der später nach Nixons Sturz von der Präsidentschaft belohnt wurde) und Allen Dulles bestand, der von JFK entlassen wurde! Denken Sie über die Absurdität dieser Situation nach. John Kennedy entließ den Direktor der CIA, Allen Dulles, und drohte, seine Organisation in tausend Stücke zu zerschlagen und in alle Winde zu zerstreuen.

Und doch, was ist passiert? Allen Dulles wurde in die Warren-Kommission berufen, um den Mord an dem Mann, der ihn entlassen hatte, zu „untersuchen".

Dulles' Organisation spielte eine entscheidende Rolle bei dem Attentat. Die Forscherin Dorothy Kilgallen sagte der *Philadelphia News am* 22. Februar 1964: „Eines der bestgehüteten Geheimnisse des Ruby-Prozesses ist das Ausmaß, in dem die Bundesregierung mit der Verteidigung kooperiert. Die beispiellose Allianz zwischen Rubys Anwälten und dem Justizministerium in Washington könnte dem Fall das dramatische Element verleihen, das ihm bisher fehlte: Das Geheimnis".

Es gibt noch unzählige andere Besonderheiten, die die Medien hätten aufdecken können, z. B. wie die Kennedys groß angelegte Zukunftspläne hatten, um die von den Rothschilds kontrollierte Federal Reserve zu untergraben, und wie diese die amerikanische Wirtschaft und das Währungssystem im Griff hatte, aber stattdessen verkauften sie nur ihre Seele und berichteten, dass das ganze Debakel von einem einsamen Mörder - Lee Harvey Oswald - angeführt worden sei. Und bis heute, obwohl der Kirchenausschuss in den 1970er Jahren zu dem Schluss kam, dass es ein Komplott zur Ermordung von Präsident Kennedy gab und unsere Regierung darin verwickelt war, fördern die Medien und unsere öffentlichen Schulen weiterhin die Theorie des einsamen Mörders. Erstaunlich.

Aber Michael Collins Piper geht noch weiter, viel weiter...

listet die WIRKLICHEN NAMEN der Verantwortlichen für das Attentat auf John F. Kennedy auf - die Hauptplaner, die direkt von dem Mord wussten, sowie die Nebenakteure und diejenigen, die sich am Rande befanden. Ich empfehle Ihnen dringend, dieses Buch zu kaufen und selbst herauszufinden, wer hinter dieser makabren Tat stand. Sobald Sie in *Final Judgment* eingetaucht sind, werden Sie die Rollen sehen, die jede der unten genannten Entitäten gespielt hat:

Der Mossad - das geschwärzte Herz **Die CIA** - der verrückte Geist

Die Lansky-Mafia - der Muskel

Die amerikanischen Medien - blinde Augen und stummer Mund Hervé Lamarr fasst in *Abschied von Amerika* die Situation wie folgt zusammen: „Die Ermordung von Präsident Kennedy war das Werk von Zauberern. Es war ein Bühnentrick, mit Requisiten und falschen Spiegeln, und als der Vorhang fiel, verschwanden die Schauspieler und sogar das Bühnenbild. Aber die Zauberer waren keine Illusionisten, sondern Profis, Künstler auf ihre Weise".

Das ist ein unglaublicher Unterschied zu einem desillusionierten „einsamen" Attentäter, der diese grandiose Tat ganz allein vollbracht hat. Und wenn Sie glauben, dass sich diese schreckliche Situation in den letzten vierzig Jahren auch nur um ein Jota verändert hat, dann irren Sie sich gewaltig. Um dies zu belegen, schließe ich mit diesem Ausschnitt aus einem Interview mit Greg Palast in der Zeitschrift

Hustler. Es handelt sich um den ersten Vertuscher der Geschichte, Dan Rather, dessen gesamte Karriere sich um das Kennedy-Attentat drehte.

Palast: Mir wird schlecht, wenn ich Rather sehe, denn er ist eigentlich ein Journalist. Er kam in meine Sendung *Newsnight* in England und sagte: „Ich darf nicht über die Nachrichten berichten. Ich darf keine Fragen stellen. Wir werden unsere Kinder und unsere Ehemänner in die Wüste schicken und ich darf keine Fragen stellen, weil ich dann gelyncht werde. Er sah besiegt und schrecklich aus und ich dachte mir... Warum tut mir dieser millionenschwere Mann leid? Er sollte sich zur Kamera drehen und sagen: „Nun, jetzt die Wahrheit! Zu dir, Greg, nach London". Das Problem ist, dass er die Geschichte der Geheimdienstmitarbeiter nicht erzählen kann, **denen** gesagt wird, dass sie sich nicht für die Familie Bin Laden interessieren sollen, dass sie sich **nicht** für die Finanzierung des Terrorismus durch Saudi-Arabien interessieren sollen.

Hustler: Was lässt Rather Angst davor haben, seine Arbeit zu tun

Palast: Es ist nicht nur so, dass es brutale Hirten wie Rupert Murdoch gibt, die da sind, um jeden Journalisten **zu verprügeln**, der die falschen Fragen stellt; es geht darum, billige Informationen zu machen... bis zu einem gewissen Grad wissen sie, dass es bestimmte Dinge gibt, die man nicht sagen darf. Rather sagt, man würde ihm ein Halsband anlegen, weil er die Wahrheit sagt.

Leider ist die Vertuschung des Kennedy-Mordes vor vierzig Jahren genau die gleiche wie heute die Vertuschung des 11. Septembers. Damals wie heute.

KAPITEL XXI

Die Hohepriester des Krieges von Michael Collins Piper
17. Mai 2004

Victor Thorn

Nachdem ich *Final Judgment* gelesen hatte, sagte ich scherzhaft zu einem Bekannten: „Michael Collins Piper hat meine gesamten Nachforschungen über JFK ruiniert, weil im Vergleich zu seinem Buch alles andere wie ein Kinderspiel erscheint. Dasselbe gilt heute für die Berichterstattung der Mainstream-Medien über die Männer, die unseren Irak-Krieg orchestrieren. Im Gegensatz zu dem, was Michael Collins Piper in seinem letzten Buch *The High Priests of War* erreicht hat, gleichen unsere Journalisten einer Bande entmannter Poser, die dem amerikanischen Volk nicht sagen können (oder wollen), was in den Korridoren der Macht in der Hauptstadt unserer Nation wirklich vor sich geht.

Beginnend mit einem kurzen Überblick über den Betrug des Kalten Krieges, der sich in allen Einzelheiten und mit viel Dramatik auf der Weltbühne abspielte, zeigt Piper, wie eine kleine, aber eng verbundene Kabale von „Neokonservativen" aus Trotzkis Schatten trat, Anhänger von Senator Henry „Scoop" Jackson (übrigens ein Demokrat) wurde und sich dann in den Regierungen von Reagan und Bush senior niederließ, wo sie weithin als „Verrückte" angesehen wurden, die es einzudämmen galt.

Auf dem Weg dorthin erfahren wir auch, wie eng diese verdrehten Intellektuellen mit einer zugrunde liegenden zionistischen Sache verbunden sind und wie sie ihre Ziele über ein etabliertes Netzwerk von Medien, Denkfabriken und Politikern, die ihre Seele schon vor langer Zeit verkauft haben, fördern können.

Pipers größte Stärke liegt jedoch in seiner Fähigkeit, diese heimlichen Elemente, die andere meiden, offenzulegen und miteinander zu verknüpfen, wie die Rolle von Richard Perle und William Kristol bei der Entwicklung unseres gegenwärtigen Krieges, ihre Verbindungen zu den Bilderbergen und dem CFR und wie eine wenig bekannte Gruppe - das B-Team - den außenpolitischen Arm der Republikanischen Partei unterwandert hat. Doch der Autor belässt es nicht dabei, sondern listet sorgfältig alle Personen und Organisationen auf, die in diesen berüchtigten Kosher Nostra verwickelt sind.

Zwei Zitate in diesem Buch sind besonders interessant, da sie deutlich machen, wo die Loyalitäten einiger unserer Machthaber in Washington liegen. Das eine stammt von Senator John McCain aus Arizona (über das Überleben Israels), das andere von dem ehemaligen CIA-Analysten George Friedman über diejenigen, die am meisten von den Terroranschlägen vom 11. September profitiert haben. Es versteht sich von selbst, dass diese Passagen uns die Augen öffnen und die Art von Kräften offenbaren, mit denen wir konfrontiert sind.

Schließlich muss man Michael Collins Piper zugute halten, dass er den wahrscheinlich wichtigsten Aspekt des Phänomens der Neokonservativen angesprochen hat: die Art und Weise, wie die Vereinigten Staaten von Amerika als Spielball benutzt werden, um die Drecksarbeit für eine Gruppe von Globalisten in ihrem Streben nach einem zentral regierten internationalen Imperium zu erledigen. In diesem Sinne ist das, was wir in den Abendnachrichten sehen oder in unseren Tageszeitungen lesen, nicht die ganze Geschichte, denn es ist ein geheimes Programm am Werk, ein Programm, das systematisch eingesetzt wird, um unser Land zu manipulieren und zu schwächen, bis es sich schließlich der Vision der Elitisten von einer Neuen Weltordnung beugt. Dieses Buch ist ein Muss für alle, die glauben, dass die Experten in den Medien und die Talking Heads nicht mit offenen Karten spielen.

KAPITEL XXII

Das neue Jerusalem von Michael Collins Piper 31. August 2005

Victor Thorn

Manche Worte brennen mit der Wut von Borsäure durch Stahl. Diese Aussage trifft sicherlich auf ein Zitat zu, das Michael Collins Piper gegen Ende von *Das neue Jerusalem* aus dem unveröffentlichten Tagebuch des ehemaligen Präsidenten Harry S. Truman verwendet: „Die Juden haben keinen Sinn für Proportionen und kein Urteilsvermögen in Bezug auf die Angelegenheiten der Welt. Ich finde, dass die Juden sehr, sehr egoistisch sind. Es ist ihnen egal, wie viele Esten, Letten, Finnen, Polen, Jugoslawen oder Griechen als Vertriebene [nach dem Krieg] ermordet oder misshandelt werden, solange die Juden eine Sonderbehandlung genießen. Doch wenn sie die Macht - physisch, finanziell oder politisch - innehatten, mussten weder Hitler noch Stalin Grausamkeiten oder Misshandlungen gegenüber den Zurückgelassenen an den Tag legen".

Diese Worte sind so kraftvoll und ergreifend wie alles, was in den Annalen der Geschichte geschrieben wurde; aber wie Piper betont, war Truman nicht der einzige Präsident, der solche Ressentiments gegenüber Juden hegte. Natürlich kennen wir alle die Ansichten von Richard Nixon (er bezeichnete den Finanzier Robert Vesco einmal als „billigen Kike" und sagte, dass „das Finanzamt voller Juden ist"). Aber wie viele Menschen kannten Jimmy Carters Wiederwahlhoffnungen aus dem Jahr 1980: „Wenn ich wiedergewählt werde, werde ich f- - - - die Juden". Ebenso hatte der Außenminister von George Bush senior, James Baker, erklärt (lange bevor die Neocons an die Macht kamen): „F- - - die Juden: „Fuck the Jews. Sie wählen uns sowieso nicht".

Harry S. Trumans Aussagen über Juden und Weltgeschehen sind heute noch wahrer, denn Piper eröffnet *Das neue Jerusalem*, indem er zeigt, wie die beiden wichtigsten Ereignisse unseres jungen 21. Jahrhunderts

- der 11. September und der Krieg im Irak - beide unmissverständlich auf der Politik der USA in Bezug auf Menschenrechte und Demokratie im Nahen Osten basieren.

Was den 11. September betrifft, so können Sie, wenn Sie naiv genug sind, immer noch an die „offizielle" Version der Ereignisse zu glauben - nämlich dass 19 in Höhlen lebende Araber die Terroranschläge vom 11. September geplant, inszeniert und ausgeführt haben - nicht leugnen, dass sie durch die selbstgefällige Beziehung Amerikas zur Terroristennation Israel verursacht wurden. Aber wie wir wissen, war der 11. September in Wirklichkeit ein internes Werk, das von einer kleinen Kabale innerhalb (und außerhalb) unserer Regierung verübt wurde. Und warum sollten sie einen solchen psychopathischen und blutrünstigen Massenmord begehen? Antwort: Weil er als Vorwand für unseren Krieg im Nahen Osten diente, bei dem die USA nichts anderes sind als ein Bevollmächtigter, der die Drecksarbeit für Israel erledigen soll. In diesem Sinne ist Pipers Behauptung völlig korrekt.

In diesem Zusammenhang verweist Piper auf ein Buch von Benjamin Ginsberg mit dem Titel *The Fatal Embrace: Jews and the State*. Wie der Titel schon sagt, haben die Juden den Staat immer „umarmt", weil dies, rein machiavellistisch ausgedrückt, ihr Weg zum ultimativen Ziel - der Macht - war. Diese Umarmung erwies sich jedoch oft als fatal, denn wo immer die Juden - seit biblischen Zeiten - ansässig waren, wurden sie versklavt, vertrieben oder massenhaft getötet. Überall

Auch hier fragen Sie sich vielleicht, warum das so ist. Die Antwort ist überraschend einfach. Zu allen Zeiten haben die Juden das „System" manipuliert, um großen Reichtum und Macht zu erlangen. Und obwohl die Juden heute nur 2% der amerikanischen Bevölkerung ausmachen, schließen sie sich mit Gleichgesinnten zusammen, um eine Reihe sehr mächtiger Organisationen und Lobbys zu schaffen, die letztlich nicht nur nach politischer Macht streben, sondern auch nach gesellschaftlichem Einfluss (d. h. Hollywood, Fernsehen usw.).

Diese Arroganz wird von Herrn Ginsberg sehr deutlich zum Ausdruck gebracht. „Juden halten sich oft, ob heimlich oder nicht, für moralisch und intellektuell überlegen gegenüber ihren Nachbarn".

So beginnen die Juden unweigerlich, ihre Macht zu missbrauchen, und werden schließlich entlarvt und nach den oben beschriebenen

Methoden behandelt. Wird das gleiche Schicksal auch die heutigen Neokonservativen erwarten, zusammen mit der weit verzweigten zionistischen Lobby, den korrupten Medienbossen, dem völkermörderischen Regime von Ariel Sharon und denjenigen, die eine Apartheidmauer vom nördlichen Ende des Westjordanlandes bis nach Jerusalem bauen? Wenn man sich auf die Vergangenheit verlässt, wird die Geschichte diese Menschen nicht so behandeln, wie sie es bisher getan haben.

Die „Feinde des Volkes" freundlich.

Eines der unglücklichen Ergebnisse dieses arroganten Machtstrebens ist der klare Krieg. Wie Michael Collins Piper erklärt, zielen drei Viertel der amerikanischen Ausgaben für Auslandshilfe (direkt oder indirekt) darauf ab, die Sicherheit Israels zu gewährleisten. So überweisen wir nicht nur jedes Jahr 10 Milliarden Dollar an Israel, sondern unsere jährlichen Ausgaben für Ägypten werden hauptsächlich aus einem einzigen Grund verwaltet - damit es Israel nicht angreift. Ist es nicht offensichtlich, dass durch unsere Unterwerfung unter Israel ein Teufelskreis entstanden ist, der uns als Nation in eine verwundbare Position bringt

Schlimmer noch: Das derzeitige Debakel im Irak ist nicht der erste Krieg, der von jüdischen Eliten geplant wurde. Jeder, der sich um ein objektives Geschichtsstudium bemüht, wird dieselben verborgenen Hände hinter dem Bürgerkrieg entdecken (in dem die Rothschild-Interessen sowohl den Norden als auch den Süden finanzierten), ebenso wie hinter der bolschewistischen Revolution, dem Ersten Weltkrieg, dem Zweiten Weltkrieg und dem ersten Irakkrieg „Desert Storm".

Piper kommt das Verdienst zu, zu veranschaulichen, wie dieses Muster heute mit unserem Orwellschen „Krieg gegen den Terror" existiert. Viele Menschen verstehen diesen entscheidenden Punkt nicht: Es ist nicht Präsident George W. Bush, der die Führung übernimmt. Vielmehr haben die Kontrolleure der Neuen Weltordnung wieder einmal eine Schar von Agenten entsandt, um ihre Befehle auszuführen (in der gleichen Reihe wie Colonel Edward Mandel House & Woodrow Wilson, Henry Kissinger, Zbigniew Brzezinski und Samuel P. Huntington). Diesmal ist der Provokateur Natan Sharansky, der sich mit anderen Neocons zusammengeschlossen hat, die in Pipers vorherigem

Buch *The High Priests of War* erwähnt werden (Wolfowitz, William Kristol und Richard Perle („Prinz der Finsternis") usw.).

Piper schreibt: „Bushs Agenda (eher die Agenda der zionistischen Bush-Manipulatoren) ist nichts anderes als eine modernisierte Form des altmodischen Bolschewismus, der vom verstorbenen Leo Trotzki inspiriert wurde".

Und obwohl die schädlichen Auswirkungen einer solchen Infiltration offensichtlich sind (vor allem in Bezug auf die Außenpolitik), führt Kritik an Israel in bestimmten Kreisen zu schnellen und rachsüchtigen Vergeltungsmaßnahmen. Tatsächlich ist eines der faszinierendsten Elemente in Pipers Buch seine prägnante Analyse der zionistischen Gemeinschaft insgesamt, die jede Kritik an Israel beschuldigt, nicht nur antisemitisch und antiisraelisch, sondern auch antiamerikanisch und antichristlich zu sein, weil (zumindest in ihren Augen) die Ziele Israels und die Ziele Amerikas die gleichen sein sollten. Eine solche Philosophie ist jedoch nicht neu, denn sie reicht mehrere Generationen zurück, als Familien wie die Rosenwalds, Friedsams, Blumenthals, Schiffs, Warburgs, Lehmans, Baruchs, Bronfmans und Guggenheims an Bedeutung gewannen. Diese Einzelpersonen sowie die Vertreter und Organisationen, die sie hervorbrachten, wurden schließlich zu dem, was Ferdinand Lundberg als „De-facto-Regierung" bezeichnet hat, die „in Wirklichkeit die Regierung der Vereinigten Staaten ist - informell, unsichtbar, schattenhaft" (*„America's Sixty Families"*).

Seltsamerweise werden die oben genannten Themen in den Talkshows am Sonntagmorgen oder auf den Meinungsseiten der großen Tageszeitungen nur selten angesprochen. Es scheint, dass wir in diesem Land über praktisch jedes Thema intellektuell diskutieren können - Abtreibung, Schusswaffenkontrolle, Steuern, Standortverlagerung nach China, Hugo Chavez' Ölpolitik, Russlands Sicht auf den Westen oder Aids in Afrika; aber jeder, der kritisiert (oder auch nur diskutiert), wie der Schatz der jüdischen Lobby die amerikanischen Gesetzgeber beeinflusst, wird sofort als Antisemit bezeichnet.

Es versteht sich von selbst, dass Pipers *The New Jerusalem* eine unschätzbare Ressource für jeden ist, der klar sehen möchte, wie dieses Land (und die Welt als Ganzes) von einer verborgenen (und weniger verborgenen) zionistischen Macht manipuliert wird. Darüber hinaus untersucht der Autor neben den bereits erwähnten Themen auch die zionistischen Verbindungen zu Enron, die Inslaw-Affäre und die PROMIS-Software, die Beziehungen zwischen der kriminellen Bronfman-Familie und John McCain, die Kontrolle der Medien (insbesondere der *Washington Post* der verstorbenen Katharine Graham), die Art und Weise, wie Unternehmensjournalisten durch die Operation Mockingbird kompromittiert wurden, die Möglichkeit, dass es einen weiteren „Deep Throat" gibt, Donald Trump, sowie ein Who's who der jüdischen Elite. Auf historischer Ebene behandelt Piper außerdem die Holocaust-Industrie und wie sie von denen ausgenutzt wird, die ständig nach der Opferrolle suchen, die jüdische Kontrolle über den transatlantischen Sklavenhandel von Afrika aus, den Mord an dem Autor/Forscher Danny Casolaro durch eine Untereinheit des OSI (Office of Special Investigations) des Justizministeriums und die Fortsetzung der Analyse von *Final Judgment* über Meyer Lanskys Verbindungen zur Mafia und seine Rolle bei Schlüsselereignissen im 20.

Wenn Sie dieses Buch einmal gelesen haben, garantiere ich Ihnen, dass Sie die Welt um sich herum nie wieder mit denselben Augen sehen werden.

Biografie des Autors

MICHAEL COLLINS PIPER

Seit etwa 25 Jahren ist Michael Collins Piper über unabhängige amerikanische Medien einer der offenherzigsten, produktivsten und meistgelesenen amerikanischen Journalisten, der eine konsequente Position gegen die bedingungslose Unterstützung Israels durch die USA einnimmt und die US-Politik kritisiert, die den Beziehungen der USA zur arabischen und muslimischen Welt geschadet hat. Es überrascht nicht, dass Piper häufig Ziel von Angriffen war, die unter anderem von der Anti-Defamation League (ADL) der B'nai B'rith, dem Simon Wiesenthal Center und dem Middle East Media Research Institute (MEMRI), neben anderen israelischen Lobbygruppen in den USA, veröffentlicht wurden.

Pipers Buch *Final Judgment: The Missing Link in the JFK Assassination* Conspiracy *(Das fehlende Glied in der* JFK-Attentatsverschwörung*), das* die vielfältigen Verbindungen zwischen dem israelischen Geheimdienst Mossad und der Ermordung von Präsident John F. Kennedy dokumentiert, wurde von der Israel-Lobby hart angegriffen, etablierte sich jedoch als eines der überzeugendsten und enthusiastischsten Bücher, die je zu diesem Thema geschrieben wurden. 1991 veröffentlichte die angesehene Gesellschaft Dar El Ilm Lilmalayin mit Sitz in Beirut die allererste Übersetzung von Das *Jüngste Gericht* in arabischer Sprache. Im Jahr 2004 wurde das Buch in Malaysia auf Englisch veröffentlicht und wird derzeit auch auf Malaiisch und Japanisch herausgegeben. Pipers andere Bücher, *The High Priests of War*, eine Studie über das pro-israelische neokonservative Netzwerk, das den amerikanischen Krieg gegen den Irak inszenierte, und *The New Jerusalem*, ein umfassender und aktueller Überblick über den Reichtum und die Macht der zionistischen

Gemeinschaft in Amerika, wurden hier und im Ausland weit verbreitet und sind in Malaysia sowohl auf Englisch als auch auf Malaiisch erschienen. Die Veröffentlichung von *The High Priests of War* auf Arabisch ist geplant.

PERSÖNLICHER UND BILDUNGSHINTERGRUND

Geboren in Pennsylvania, USA, am 16. Juli 1960. Sohn von Thomas M. Piper (verstorben) und Gloria Armstrong Piper (verstorben).

Hat einen Bachelor-Abschluss in Politikwissenschaft. Hat ein einjähriges Studium der Rechtswissenschaften absolviert. Piper ist deutscher, irischer, niederländischer und indianischer Abstammung.

Er ist der Ur-Ur-Enkel des berühmten Brückenbauers „Colonel" John L. Piper, Geschäftspartner der ersten Stunde und Vaterfigur des amerikanischen Industriegiganten Andrew Carnegie. Obwohl Piper keine eigenen Kinder hat, ist er stolzer Patenonkel von zwei Jungen, einem afroamerikanischen und einem amerikanisch-japanischen. Piper ist ein großer Tierschützer und ein scharfer Kritiker der brutalen und unmenschlichen Praktiken des koscheren Schlachtens.

FACHLEUTE

- Als Student war er 1979 als Praktikant im nationalen Wahlkampfteam des John Connally for President Committee tätig. Der ehemalige Gouverneur von Texas und Finanzminister unter Präsident Richard M. Nixon - der bei der Ermordung von Präsident John F. Kennedy 1963 in Dallas verwundet wurde - sah sich gezwungen, sich aus dem Rennen um die Präsidentschaft zurückzuziehen, nachdem er die Bevorzugung Israels durch die USA und ihre Voreingenommenheit gegenüber der arabischen Welt offen kritisiert hatte, was ihm zahlreiche Angriffe seitens der amerikanischen Medien einbrachte.

- Er begann 1980 als Student in Teilzeit zu arbeiten, 1983 dann in Vollzeit für Liberty Lobby, eine Bürgerlobby mit Sitz in Washington, D.C., die wegen der Kritik von Liberty Lobby an der Bevorzugung Israels durch die USA lange Zeit das Ziel Nummer eins der Anti-Defamation League (ADL) der B'nai B'rith war. Er arbeitete weiterhin für Liberty Lobby und deren wöchentliche Zeitung *The Spotlight* bis zum 27. Juni 2001, als Liberty Lobby geschlossen wurde. Anmerkung:

Obwohl Liberty Lobby eine florierende Einheit war, wurde die Institution nach einem Zivilprozess in die Insolvenz getrieben.

- Am 16. Juli 2001 schloss sich Piper mit ehemaligen Mitarbeitern von Liberty Lobby und anderen Personen zusammen, um eine neue nationale Wochenzeitung ins Leben zu rufen,

American Free Press, die landesweit etwa 50.000 wöchentliche Leser hat. Als regelmäßiger wöchentlicher Korrespondent der Zeitung beteiligte er sich aktiv an deren Programmen zum Spendensammeln per Postwurfsendung und zur Erhöhung der Abonnentenzahlen, verfasste Werbebriefe, Werbematerial für Bücher und Videos und bereitete zahlreiche Sonderprojekte vor. Er war Schatzmeister und Vorstandsmitglied der Gesellschaft, *die American Free Press* herausgibt.

- Im September 1994 war Herr Piper an der Einführung des monatlich (heute alle zwei Monate) erscheinenden historischen Magazins *The Barnes Review* beteiligt, das seither ununterbrochen erscheint.

Er ist mitarbeitender Redakteur und war Mitglied des Vorstands der Foundation for Economic Liberty, der Gesellschaft, die *The Barnes Review* herausgibt. Die Zeitschrift hat rund 9.000 zahlende Abonnenten (darunter viele aus der ganzen Welt). Bis zu seinem kürzlichen Tod saß Issa Nakleh, langjähriger Vertreter des Arabischen Hochkomitees für Palästina bei den Vereinten Nationen, neben Herrn Piper im Redaktionsausschuss von *The Barnes Review*. In den letzten Jahren zitierte Herr Nakleh zahlreiche Schriften von Herrn Piper in verschiedenen Briefen, Pressemitteilungen und anderen Dokumenten, die zur Unterstützung der palästinensischen Sache veröffentlicht wurden.

SCHRIFTEN, VORTRÄGE, RADIOBEITRÄGE

- In 25 Jahren hat Piper etwa 4000 Artikel und Reportagen für *The Spotlight* und jetzt *American Free Press* geschrieben, dazu kommen Dutzende von Hintergrundartikeln für die Zeitschrift *The Barnes Review*. Viele seiner Artikel befassten sich mit den Aktivitäten und dem Einfluss der Israel-Lobby in den USA und verwandten Themen, obwohl seine Arbeit auch eine Vielzahl anderer Themen umfasste, darunter die Gesetzgebung des US-Kongresses, das organisierte Verbrechen, politische Geschichte, Rede- und Meinungsfreiheit, Voreingenommenheit und Zensur der US-Medien und vieles mehr. Seine Arbeiten wurden auch in der in der Schweiz erscheinenden *Zeitenschrift* und in *The European* magazine veröffentlicht.

- Herr Piper war Gast in über 100 Radiosendungen auf und wurde zu Dutzenden von öffentlichen Foren eingeladen, oft als Hauptredner. Er hielt auch Vorträge vor Schul- und Universitätsklassen, wo seine Vorträge sehr gut ankamen.

- Im Januar 2002 gehörte Piper zu den Rednern der ersten internationalen Konferenz über globale Probleme der Weltgeschichte, die unter der Schirmherrschaft von Oleg Platonow und dem Redaktionsausschuss *der Encyclopedia of Russian Civilization* und *der Barnes Review* an der Humanitarian Social Academy in Moskau, Russland, abgehalten wurde.

- Am 11. März 2003 war Piper der Hauptredner des Zayed Centre for Coordination and Monitoring in Abu Dhabi, Vereinigte Arabische Emirate, wo er über die Rolle der zionistischen Lobby bei der Beeinflussung der US-Berichterstattung über das Palästinenserproblem und den arabisch-israelischen Konflikt diskutierte. Über Pipers Vortrag wurde in einer Reihe von englisch- und arabischsprachigen Publikationen berichtet, darunter *Gulf News*, *Khaleeq Times* und *Al-Wahda*.

Anschließend veröffentlichte das Zayed Centre einen Bericht über Pipers Vortrag in englischer und arabischer Sprache. Während seines Besuchs wurde Herrn Piper auch die Ehre zuteil, vom stellvertretenden Premierminister der Vereinigten Arabischen Emirate, Scheich Sultan bin Zayed al Nahyan, in seinem Palast in Abu Dhabi in Audienz empfangen zu werden. Pipers Vortrag (und andere Vorträge) sorgte bei israelischen Lobbyorganisationen wie der Anti-Defamation League (ADL) und dem Middle East Media Research Institute (MEMRI) für so viel Aufregung, dass diese Organisationen Pipers Vortrag in zahlreichen Pressemitteilungen und Beschwerden an die Bush-Regierung erwähnten, woraufhin die Regierung Druck auf die Regierung von Abu Dhabi ausübte, die unter dem Beschuss der Kritik die Finanzierung des Zayed-Zentrums strich.

Etwa 10.000 Nachdrucke von Pipers Rede in Abu Dhabi wurden in den USA und weltweit verteilt, und auch im Internet wurde sie an vielen Stellen nachgedruckt.

- Im August 2004 wurde Herr Piper nach Kuala Lumpur in Malaysia eingeladen, wo seine Bücher *Final Judgment* und *The High Priests of War* in Englisch veröffentlicht wurden. Während seines Aufenthalts in Malaysia sprach Herr Piper an vielen Orten, wo er viel Beifall erhielt.

- Im November 2004 wurde Piper nach Tokio, Japan, eingeladen, wo er unter der Schirmherrschaft eines prominenten japanischen Nationalisten, Dr. Ryu Ohta, sprach, der eine gekürzte Fassung von Pipers Buch *The High Priests of War* ins Japanische übersetzt hat. Darüber hinaus ist eine japanische Übersetzung von Pipers Buch *Final Judgment* in Arbeit.

- Ende 2004 und Anfang 2005 sprach Piper unter der Schirmherrschaft der Canadian Association for Freedom of Speech an vielen Orten in Kanada, von Toronto im Osten bis Vancouver im Westen.

- Am 23. Juni 1986 identifizierte Piper in *The Spotlight* als erster Journalist Roy Bullock aus San Francisco, Kalifornien, als langjährigen verdeckten Informanten der Anti-Defamation League (ADL) von B'nai B'rith. Obwohl Bullock die Anschuldigung bestritt und Piper mit einer Verleumdungsklage drohte, wurde die Wahrheit über Bullocks Aktivitäten in der ADL in einer weithin beachteten Untersuchung der ADL durch das FBI und das San Francisco Police Department Ende 1992 offiziell entlarvt - mehr als sieben Jahre, nachdem Piper zum ersten Mal eine korrekte Verbindung zwischen Bullock und der ADL hergestellt hatte. Bullock gab später zu, dass Pipers *Spotlight-Artikel* die Ereignisse ausgelöst hatte, die zu den Ermittlungen des FBI und dem daraus resultierenden Skandal führten, der das öffentliche Image der ADL beschädigte.

Später redigierte und verfasste Piper die Einleitung zu einem Buch, das den ADL-Skandal beschrieb, mit dem Titel: *The Garbage Man: The Strange World of Roy Edward Bullock,* das offizielle Dokumente des FBI und der Polizei enthielt, in denen die Spionageaktivitäten der ADL gegen arabische Amerikaner und andere Zielpersonen der Israel-Lobby beschrieben wurden.

Als der ehemalige Abgeordnete Paul N. (Pete) McCloskey (R-Calif.) im Namen von Personen, die von der ADL ins Visier genommen worden waren, gegen die ADL klagte, stellte Piper - auf Wunsch McCloskeys - Recherchematerial zur Verfügung, das McCloskey in seiner Klage verwendet hatte. Die Klage wurde vor kurzem von der ADL beigelegt, die den Opfern Schadenersatz zahlte.

ABSCHLIESSENDES URTEIL - SEHR UMSTRITTEN

Pipers Buch Final Judgment: The Missing Link in the JFK Assassination Conspiracy wurde erstmals 1994 veröffentlicht. Rund 35.000 Exemplare des 768 Seiten starken Buches (dessen sechste, erweiterte und aktualisierte Auflage mehr als 1.000 Fußnoten enthält) sind heute im Umlauf.

Das Buch enthält eine Einleitung von Dr. Robert L. Brock, einem Veteranen des afroamerikanischen politischen Aktivismus. Wie bereits erwähnt, wurde 2001 eine arabischsprachige Ausgabe von einem großen arabischsprachigen Verlag herausgegeben, obwohl das Unternehmen zu Pipers Enttäuschung offenbar keine größeren Anstrengungen unternommen hat, um die Ausgabe zu fördern, wie Pipers Quellen im Nahen Osten berichten. In den USA war *Final Judgment* jedoch sehr umstritten und wurde heftig diskutiert.

- Im September 1997 wurde ein Vortrag, den Piper am Saddleback College in Orange County, Kalifornien, halten sollte und der sich mit dem Thema des Buches befasste, nach einer massiven Druckkampagne der ADL abgebrochen und abgesagt. Der Skandal schaffte es auf die Titelseite der *LA Times* und führte zu Presseartikeln, die in ganz Amerika veröffentlicht wurden. Trotz der Kontroverse forderte die Redaktion der Zeitung des Saddleback College die Lobbygruppe der ADL heraus und lud Piper zu einem privaten Vortrag vor den Mitarbeitern der Zeitung ein.

- Anfang 2000 löste das Buch *Final Judgment* in der Metropolregion Chicago, Illinois, erneut eine breite öffentliche Kontroverse aus, als die ADL vergeblich versuchte zu verhindern, dass das Buch in der Schaumburg Public Library, Illinois, einem der renommiertesten Bibliotheksnetze des Bundesstaates, aufgestellt wurde. Im Mai 2001 erschien Piper persönlich in der Bibliothek und hielt vor rund 200 Personen einen Vortrag über das Buch und die Kontroverse um das

Buch. Der Fall wurde in zahlreichen Publikationen aus dem Großraum Chicago angekündigt und in der Zeitschrift der American Library Association landesweit referenziert.

- *Final Judgment* wurde öffentlich nicht nur von einem ehemaligen hochrangigen Beamten des US-Außenministeriums gebilligt, dessen begeisterte Rezension des Buches vom Diplomaten selbst auf amazon.com veröffentlicht wurde, sondern auch von einem ehemaligen hochrangigen Beamten des Pentagon, einem bekannten Hollywood-Drehbuchautor, einem angesehenen Beamten einer amerikanischen Stiftung und einem vielfach veröffentlichten Autor sowie von anderen Personen.

- *Final Judgment* wurde Anfang 2004 in der sechsten erweiterten Auflage nachgedruckt (und in einem zweiten, leicht überarbeiteten und aktualisierten Druck der sechsten Auflage im Jahr 2005), und es wurden etwa 5 000 zusätzliche Exemplare verkauft, wobei viele Käufer bis zu 16 Exemplare (in einem Großkarton) auf einmal erwarben. Während der kurzen Zeit, in der der Band vorübergehend vergriffen war, wurden gebrauchte Ausgaben des Buches (als Taschenbuch) im Internet zu einem Preis von bis zu 185 Dollar pro Exemplar verkauft, was die Nachfrage nach diesem höchst umstrittenen „Untergrund-Bestseller" belegt.

DIE HOHEPRIESTER DES KRIEGES DIE NEOKONSERVATIVEN KRIEGSTREIBER

- Michael Collins Pipers Buch *The High Priests of War aus dem* Jahr 2003 verkaufte sich über 20.000 Mal und wurde auf einer Reihe von Internetseiten positiv rezensiert. Das Buch untersucht „die geheime Geschichte, wie die [pro-israelischen] amerikanischen Trotzkisten „Neokonservativen" an die Macht kamen und den Krieg gegen den Irak inszenierten, den ersten Schritt in ihrem Streben nach einem Weltreich".

Das Buch mit 128 Seiten, einschließlich eines ausführlichen Fototeils, wurde in Malaysia in Englisch und Malaiisch veröffentlicht und wird derzeit von einem großen Verlag in Saudi-Arabien in Arabisch herausgegeben. Eine gekürzte Ausgabe wurde auch auf Japanisch veröffentlicht.

DAS NEUE JERUSALEM: ZIONISTISCHE MACHT IN AMERIKA

- *Das neue Jerusalem - eine* 184-seitige Studie über die zionistische Macht in Amerika, mit einem detaillierten Profil der Familie Bronfman, Zusammenfassungen der Namen und Details zu 200 der mächtigsten zionistischen Familien in Amerika und weitreichenden Zitaten (ausschließlich aus zionistischen Quellen) über das Ausmaß des zionistischen Einflusses in Politik, Regierung, Medien, Finanzwesen und Kultur der Vereinigten Staaten. Dieses Buch wurde in Malaysia auf Englisch und Malaiisch veröffentlicht.

- **Piper hat außerdem Einführungen zu den folgenden veröffentlichten Büchern verfasst:**

- *Out of Debt, Out of Danger* des verstorbenen ehemaligen US-Kongressabgeordneten Jerry Voorhis (eine kritische Studie über das System der US-Notenbank Federal Reserve)

- *Das dritte Rom: Holy Russia, Tsarism & Orthodoxy*, von Dr. *M. Raphael Johnson, eine Geschichte des zaristischen Russlands*

- *A Primer on Money* des verstorbenen ehemaligen US-Kongressabgeordneten Wright Patman (D-Texas) - eine weitere kritische Studie über das System der US-Notenbank); und

- *The Passion Play of Oberammergau* - ein Nachdruck der berühmten Erzählung des verstorbenen W. T. Stead der berühmten Erzählung über die christliche Aufführung der Passion Christi, die alle zehn Jahre in Oberammergau, Deutschland, stattfindet.

Andere Titel

Das entscheidende Thema in der heutigen Welt ist die marxistische Indoktrination

Die Programmierung der Illuminatensekte verstehen

Diese Lektüre bietet auf alarmierende Weise eine höchst überzeugende Endlösung...

OMNIA VERITAS® OMNIA VERITAS LTD PRÄSENTIERT:

DIE ENTEIGNETE MEHRHEIT

DAS TRAGISCHE UND DEMÜTIGENDE SCHICKSAL DER AMERIKANISCHEN MEHRHEIT

OMNIA VERITAS®

LICHTTRÄGER DER FINSTERNIS

Dieses Buch ist ein Versuch, durch dokumentarische Beweise zu zeigen, dass die gegenwärtigen Weltverhältnisse unter dem Einfluss von mystischen und geheimen Gesellschaften stehen, durch die das Unsichtbare Zentrum versucht, die Nationen und die Welt zu lenken und zu beherrschen.

OMNIA VERITAS®

DIE SPUR DER SCHLANGE

Ein Versuch, die Verehrung der alten Schlange, des schöpferischen Prinzips, des Gottes aller Eingeweihten der Gnostiker und Kabbalisten, die von den hellenisierten Juden in Alexandria ausging, nachzuzeichnen.

www.ingramcontent.com/pod-product-compliance
Lightning Source LLC
Chambersburg PA
CBHW070803270326
41927CB00010B/2276